EUROPAVERLAG

BERND INGMAR GUTBERLET

»*Sollen sie doch Kuchen essen!*«

Verleumdungen, Fälschungen und Verschwörungsmythen der Geschichte

EUROPAVERLAG

Inhalt

Wenn unser Bild von der Vergangenheit trügt

Vergangenheit hat Zukunft. Was sich anhört wie ein zweifelhafter Wahlslogan, ist ein vielfach zu beobachtendes Phänomen: die Konjunktur von Geschichte außerhalb der rein akademischen Fachwelt. Die Vermittlung von Geschichte an eine breite Öffentlichkeit, von »E« bis »U«, also seriös bis unterhaltsam, hat viele, mitunter sogar kuriose Facetten: historische Filme, mal lehrreich, mal bloß spannend; anspruchsvolle oder reißerische Romane, die in näherer oder fernerer Vergangenheit spielen; Freizeittrends wie Mittelaltermärkte; die Nachstellung von Schlachten durch Reenactment-Fans; die Paläo-Diät, die Nahrung der Steinzeitmenschen als lifestylige Ernährungsweise empfiehlt. Sucht man nach Beispielen für den Einsatz der Geschichte in allen möglichen Spielarten, findet man immer mehr.

Doch die Vergangenheit hat ihre Tücken. Denn nicht alles, was Filme zeigen, Geschichtslehrer gelehrt haben oder auf andere Weise in unser historisches Allgemeinwissen eingegangen ist, entspricht den Tatsachen. Auf dem Schauplatz der Geschichte tummeln sich nämlich ungezählte zweifelhafte Berichte, Gestalten und Objekte. Da gibt es die mittelalterliche Chronik, die es mit der genauen Beschreibung der Verhältnisse ganz offensichtlich nicht allzu genau nimmt. Oder den zeitgenössischen Politiker, der mittels eigener Feder an dem Bild retuschiert, das die Nachwelt von ihm bewahren soll. Da findet sich die Legende, die über Jahrhunderte in der öffentlichen Meinung ihr (Un-)Wesen treibt. Oder die wichtige Urkunde, die Generation um Generation für echt hielt – bis sie sich eines Tages als Fälschung entpuppte. Schließlich gibt es Verleumdungen, an denen eisern festgehalten wird, sowie Verschwörungsmythen, die »alternative Fakten« propagieren, als könne man sich die Tatsachen aussuchen. Und dann wären da noch große Helden der Geschichte, die gar nicht existiert haben oder alles andere als heldenhaft waren; Lebenslügen, die ganze Nationen irreleiten; oder Anekdoten, die so hübsch sind, dass man sie für unbedingt wahr halten möchte. Und schließlich Forschungskontroversen, deren Verlauf mitunter spannender ist als das Thema, an dem sie sich entzündet haben. Die Liste ist lang.

Für manches Falsche ist die geschichtswissenschaftliche Zunft selbst verantwortlich. Warum sollte es der Geschichtsschreibung auch besser ergehen als anderen Wissenschaften? Fehler schleichen sich ein und setzen sich fest. Eitelkeiten, unsauberes Arbeiten, die Lust an gewagten Theorien oder politische Interessen führen zu Ergebnissen, die späterer Überprüfung nicht standhalten. Neue Beweismittel tauchen auf, die alles verändern. Und nicht zuletzt bewirkt in unserer spätmodernen Mediengesellschaft die Gier nach Sensationen und aufsehenerregenden Entdeckungen, dass bloße Hypothesen und Meinungen vorschnell als gesicherte Erkenntnisse gehandelt werden, und verleiht mediale Aufmerksamkeit zweifelhaften Theorien den Rang wissenschaftlicher Ergebnisse. Viele volkstümliche Legenden und zahllose Mythen bilden sich aber auch ohne Zutun der Historiker heraus, werden weitererzählt und sind alsbald nicht mehr totzukriegen. Harmlose, illustre Geschichten werden ebenso gerne zum Besten gegeben wie gefährliche Verschwörungstheorien. Beide entwickeln ein Eigenleben – bis ihr Wahrheitsgehalt als selbstverständlich vorausgesetzt wird.

Der Ahnherr der neueren deutschen Geschichtswissenschaft, Leopold von Ranke, hat vor zweihundert Jahren den Historikern ein Ideal vorgegeben: Sie sollten die Vergangenheit beschreiben, »wie es eigentlich gewesen«. Wer sich als Laie für Geschichte zu interessieren beginnt, stößt denn auch auf Schlagworte wie »Rekonstruktion der Vergangenheit« oder »historische Wahrheit« – Begriffe, die vorgeben, man könne per Geschichtsschreibung gewissermaßen die Kamera auf das halten, was von der Vergangenheit übrig ist, und erhielte so eine Art authentischen Film über den Hergang. Wir wissen natürlich, dass das unmöglich ist, denn die historische Wahrheit ist eine Schimäre. Geschichtsschreibung versucht vielmehr, der Vergangenheit nahezukommen, aber immer in der Gewissheit, eben nur eine Annäherung zu erreichen.

Geschichte sagt außerdem mindestens ebenso viel aus über die Zeit, die sie beschreibt, wie über die, aus deren Perspektive sie beschrieben wird. Der Preis für die Wiederbelebung der Vergangenheit ist ein gewisses Maß an Auslegung, Gewichtung und Einfärbung. Historiker arbeiten nicht nur mit Quellen, sie setzen überdies ihre Kreativität ein, ihr Vorstellungs- und Einfühlungsvermögen. Das ist stets eine Gratwanderung.

Irrtümer und Kontroversen, Lügen und Fälschungen, Legenden und Verschwörungsmythen in der Geschichte: Das ist das Thema dieser Buchreihe. Der vorliegende erste Band *Sollen sie doch Kuchen essen!* befasst sich mit Verleumdungen in der Geschichte, mit Fälschungen und Verschwörungsmythen. Das sind drei gewichtige Kategorien, die viel Unheil angerichtet haben und weiterhin anrichten. Gefälscht und geschummelt wird immer, aber die Urheber von Fälschungen, Verleumdungen und Verschwörungsmythen tun das nicht immer in voller Absicht, mitunter hat es auch mit mangelndem Wissen zu tun oder mit Vorurteilen – so bei den unzähligen Fällen von übler Nachrede gegenüber Frauen fast die gesamte Geschichte hindurch. Einem Zweck dient es in jedem Fall: was die Frauen angeht, so vor allem den Männern, die ihre Macht nicht teilen wollen. Besonders schillernd und gefährlich wird das

Fälschen bei Verschwörungsmythen, die sich in unserer Gegenwart leider einer verstärkten Beliebtheit erfreuen. Sie zu entlarven ist besonders wichtig, denn Verschwörungsmythen treiben zu allen Zeiten Schindluder mit der Wahrheit, um ihr eben nicht zu dienen, sondern sie in böser bis teuflischer Absicht zu verfälschen. In vielen Fällen wurde Geschichte politisch missbraucht – und das geschieht bis heute ständig. Die Verfälschung von Geschichte für politische Zwecke hat gegenwärtig sogar Hochkonjunktur, wenn Regierungschefs überall in der Welt mit bemerkenswerter Dreistigkeit die Geschichte für ihre politischen Absichten und Pläne missbrauchen, als wäre die Vergangenheit ein Stück Knetmasse, das sich nach Belieben formen ließe. Daher möchte dieses Buch zweierlei: zum einen durch die Jahrhunderte hindurch der unterhaltsamen Vielfalt des Falschen vergnüglich nachspüren und zum anderen immunisieren, um der Instrumentalisierung von Geschichte nicht auf den Leim zu gehen, sondern an den richtigen Stellen skeptisch zu werden.

Verleumdungen

Untergang auf Raten

Man kann sich einen schlechteren Ausgangspunkt denken für einen Spaziergang durch zweieinhalb Jahrtausende voller Fälschungen, Verleumdungen und Verschwörungsmythen als die Mutter aller Universalbibliotheken, denn schließlich dienen Bibliotheken als Wissensspeicher, und die Menschheit verwahrt hier seit mehreren Tausend Jahren Wissen und Kultur. Man kann in ihnen der Vergangenheit nachgehen und natürlich auch dem, wo die Überlieferung der Geschichte fehlerhaft ist. Die Zahl der Bibliotheken ist riesig, ihr Bau und ihr Unterhalt sind nicht selten auch eine Frage des Prestiges.

Zu Anfang des 21. Jahrhunderts wurde in Ägypten mit großem Pomp und als PR-Aktion des Staates eine Bibliothek »wiedereröffnet«, die trotz ihres Untergangs vor vielen Jahrhunderten zu den bekanntesten der Welt gehört und als die wichtigste der Antike gilt: die Bibliothek von Alexandria. Über das traurige Schicksal der antiken Bibliothek gibt es verschiedene Versionen: Mal soll sie 48/47 v. Chr. im Alexandrinischen Krieg zerstört worden sein, als Julius Cäsar im Hafen der Stadt die Schiffe der ägyptischen Flotte in Brand setzen ließ und damit ein verheerendes Feuer auslöste. In anderen Erklärungen heißt es, die Bibliothek sei der Christianisierung Alexandrias Ende des 4. Jahrhunderts n. Chr. zum Opfer gefallen. Eine weitere Version macht den Islam

14

für die Zerstörung der Bibliothek verantwortlich: Als der Feldherr Amr 642 n. Chr. Alexandria eroberte, soll Kalif Omar I. entschieden haben, den gesamten Bestand der Bibliotheken zu vernichten. Die Begründung war ebenso einfach wie folgenreich: Die Bücher, die dem Koran widersprachen, gehörten ohnehin vernichtet. Alle anderen aber waren überflüssig, weil der Koran ausreichte, und hatten ihr Existenzrecht mithin ebenfalls verwirkt. Ein halbes Jahr lang seien die 4000 Badestuben der Stadt mit den Rollen befeuert worden. All diese Erklärungen erscheinen mehr oder weniger glaubwürdig, und Altertumsforscher haben viel Energie und Leidenschaft darauf verwandt, aus dem Schicksal der ersten Universalbibliothek der Geschichte schlau zu werden. Wer aber ist wirklich verantwortlich für dieses Verbrechen am kulturellen Erbe der Antike? Es lässt ja zumindest aufhorchen, dass da Schuldige angeführt wurden, denen man sowieso alles Schlechte zutraute – jedenfalls aus der Perspektive ihrer Widersacher. Aber treffen die Verdächtigungen wirklich zu, oder handelt es sich um bloße Verleumdung?

Die hellenistische Welt verstand seit dem 4. Jahrhundert v. Chr. die Bibliothekskultur als Teil einer umfassenden Kulturpolitik. In Alexandria wurden unter den Ptolemäern gleich zwei bedeutende Buchsammlungen begründet: eine kleinere Bibliothek im Tempel des Serapis, die über 40 000 Buchrollen verwahrte, und die erheblich größere, bis heute legendäre Bibliothek im Museion, die mehr als eine halbe Million Rollen besaß. Das ist für die damalige Zeit eine bemerkenswerte Sammlung, zumal weitaus die meisten Buchrollen nicht nur ein Werk, sondern mehrere enthielten. Das Museion im Stadtteil Brucheion war eine Akademie nach dem Vorbild der aristotelischen Schule in Athen, die sich den Wissenschaften widmete, aber sie war gleichzeitig noch mehr: nämlich erstmals eine Universität nach unseren Maßstäben, mit Fachbereichen aller Art, darunter naturwissenschaftlichen. In der zugehörigen Büchersammlung konnten die Gelehrten der Akademie das gesammelte Wissen der damaligen Zeit studieren. So berühmt wurde die Bibliothek, dass der König für seine Akademie die Besten unter den Gelehrten anwerben konnte, denn sie waren begierig darauf, die Bücherschätze zu nutzen. Das Museion und seine Bibliothek hatte Ptolemaios I. Soter um 300 v. Chr. gegründet; sie lag im Palastviertel und wurde von seinem Nachfolger noch erheblich erweitert. Ptolemaios I. war einer der Diadochen, die nach dem Tod Alexanders des Großen um dessen Weltreich kämpften und es schließlich aufteilten. Der Ehrgeiz der ptolemäischen Könige bestand darin, das gesamte Wissen der Menschheit zusammenzutragen: »Alle Bücher aller Völker der Erde« sollten es sein. Dies gehörte zum Programm der Hellenisierung des uralten ägyptischen Reiches und der übrigen Teile des Herrschaftsgebietes der Ptolemäer. Das Kalkül war einfach, aber klar: Um fremde Völker zu beherrschen, musste man ihre Kultur verstehen; dafür wiederum musste man ihre Bücher kennen, die daher ins Griechische übersetzt werden sollten. Ptolemaios I. schrieb an die Fürsten der Welt, ihm Bücher zu schicken.

Daneben durften es aber auch krumme Wege sein, um die Bücher nach Ägypten zu holen. Zur Erwerbspolitik der Bibliothek gehörte zum Beispiel, dass die Bücher von in Ägypten eintreffenden Schiffen beschlagnahmt wurden, um sie der Bibliothek zuzuschanzen. Die rechtmäßigen Besitzer wurden mit oft schlampig erstellten Abschriften abgespeist. Besonders dreist ging Ptolemaios III. vor, in einem Fall ein paar Jahrzehnte nach Gründung der Sammlung: Er lieh in Athen gegen ein Pfand die offiziellen Ausgaben Athens der Tragödien der klassischen Dramatiker Aischylos, Sophokles und Euripides aus und gab sie nicht mehr zurück. Selbst das stolze Athen musste sich mit einer Abschrift begnügen. Aber nicht alle Bücherrollen der Bibliothek waren solch zweifelhaften Ursprungs, sondern fanden auf akzeptablen Wegen ihren Platz in der legendären Alexandreia. Agenten im Dienste der Bibliotheken kauften im ganzen Reich Bücher, die sie nach Alexandria schickten. So oder so, die Sammlung wuchs, und die Alexandreia wurde zur größten und wichtigsten Bibliothek der Welt.

Die Bibliothek beschäftigte sich aber nicht nur mit dem Sammeln von Büchern. Bedeutende Gelehrte leiteten sie, und unter ihnen wurden Bibliografien, Kataloge, Kommentare und kritische Textausgaben erstellt. Wer in der Bibliothek arbeiten durfte, war privilegiert: steuerbefreit, gut bezahlt und in jeder Hinsicht bestens versorgt. Die gelehrten Mitarbeiter der Bibliothek dienten als Erzieher der königlichen Familie sowie als politische und kulturelle Ratgeber. Unter den Nutzern der Alexandreia waren viele wichtige Geschichtsschreiber wie Kallimachos, Plutarch und Strabo. In ihrer Arbeit wirkte die Alexandreia beispielgebend, und noch heute bekommen Bibliothekshistoriker feuchte Augen, wenn sie an die verlorenen Schätze von Alexandria denken.

Die Bedeutung der Bibliothek und ihr hervorragender Ruf dürften dazu beigetragen haben, dass für ihre Zerstörung unterschiedliche Erklärungen in Umlauf gebracht wurden. Auffällig ist aber schon, wie abwechselnd Heiden, Christen und Moslems für den Untergang dieses Symbols der antiken Kultur verantwortlich gemacht wurden.

Tatsächlich führten die Aktivitäten des Julius Cäsar 48/47 v. Chr. zu Zerstörungen in Alexandria, denen auch Bücherrollen zum Opfer fielen. Wie groß das Feuer im Hafen war und wie verheerend es wütete, ist allerdings umstritten. Und wie sehr die Bibliothek betroffen war, ist noch schwerer zu klären, da bis heute unklar ist, wo genau die Bibliothek stand – wie nah am Hafen und damit am Brandherd. Möglicherweise handelte es sich bei den damals zerstörten Büchern auch nur um jene rund 40 000 für den Export bestimmten Exemplare, die im Hafen der Stadt aufbewahrt wurden, denn die Bibliothek kaufte nicht nur, sondern handelte auch mit Büchern. Wahrscheinlich wurden das Museion selbst und die dort untergebrachte Bibliothek nicht allzu stark betroffen oder blieben gar unversehrt. Kleopatras römischer Ehemann

17

Antonius, Widersacher Octavians, der als Augustus Roms erster Kaiser werden sollte, soll ihr später zum Trost für die verlorenen Kulturgüter mit 200 000 Rollen ausgeholfen haben: aus dem Besitz der Bibliothek von Pergamon, der schärfsten Konkurrentin der Alexandreia. Das allerdings ist vermutlich nur eine hübsche Geschichte ohne historischen Wahrheitsgehalt.

Zur eigentlichen Zerstörung der Bibliothek kam es Ende des 3. Jahrhunderts anlässlich der Kämpfe Kaiser Aurelians gegen Zenobia von Palmyra; ihnen fiel das Stadtviertel Brucheion zum Opfer, in dem der Königspalast und das Museion lagen. Ein gutes Jahrzehnt später schickte auch Diokletian Truppen nach Alexandria, um Aufstände niederzuschlagen. Die Gelehrten der Bibliothek mussten auf die kleinere Bibliothek im Serapistempel ausweichen, die rund 120 Jahre später ebenfalls zerstört wurde. Dieses Mal waren es Christen, vor Kurzem noch selbst wegen ihres Glaubens verfolgt, die nun ihrerseits über den Wert von Büchern richteten. Bischof Theophilos führte 391 eine erboste Menschenmenge an, die es auf die heidnischen Tempel abgesehen hatte. Der Serapis-Tempel ging dabei unter – vermutlich mitsamt seiner Büchersammlung.

Die Geschichte der islamischen Zerstörung der übrig gebliebenen Büchersammlung im 7. Jahrhundert ist unter den Fachleuten umstritten. Immerhin achtet der Islam die beiden anderen Buchreligionen Judentum und Christentum und verbietet die Vernichtung christlicher und jüdischer Schriften, die einen Teil der Bücher ausmachten. Auch hat ein erheblicher Teil der Schriften des Altertums das Mittelalter überhaupt nur dank des Islam überlebt, während das Christentum damals viel fundamentalistischer gesinnt war. Der islamische Feldherr Amr, der Ägypten im Jahr 640 im Namen der neuen Religion eroberte, war zudem ein überaus gebildeter Mann mit Respekt vor anderen Kulturen. Aufhorchen lässt aber, dass die Berichte darüber erst sechs Jahrhunderte nach der islamischen Eroberung Ägyptens entstanden, während frühere Autoren davon nichts schreiben, selbst wenn sie den Muslimen feindlich gesinnt waren. Das ist durchaus verdächtig und lässt vermuten, dass die Geschichte mit Absicht erfunden wurde.

Bemerkenswerterweise handelt es sich aber nicht um eine antiislamische Verleumdung aus dem christlichen Europa, sondern um eine innerislamische Angelegenheit – entstanden zur Zeit des berühmten Sultans Saladin, der nicht nur gegen christliche Kreuzfahrer, sondern auch gegen Glaubensbrüder kämpfte: die Fatimiden in Kairo, die er als Spalter und Abweichler vom wahren Islam ansah. Nachdem er die Fatimiden besiegt hatte, ließ er eine große Bibliothek mit mutmaßlich ketzerischen Büchern verkaufen – wofür ihn seine Bewunderer mit dem Verweis auf die islamische Zerstörung der Bibliothek von Alexandria rechtfertigten, die auf höchster Ebene durch den Kalifen sanktioniert worden war. Als im 17. Jahrhundert die falschen Geschichten per Übersetzung die christliche Welt erreichten, wurden sie übrigens recht schnell angezweifelt.

Fraglich ist ohnehin, ob zur Zeit der angeblichen Zerstörungen auf Befehl Amrs überhaupt noch Nennenswertes von der gelehrten Pracht der Alexandreia übrig geblieben war. Über die Jahrhunderte seit dem Ende der Ptolemäer hatte die Stadt längst ihre kulturelle und politische Stellung eingebüßt – und wohl ebenso ihre berühmte Bibliothek verloren. Am Untergang der berühmten »Mutter aller Bibliotheken« tragen viele Seiten Mitschuld, und einseitige Schuldzuweisungen sind daher tatsächlich verleumderisch.

Rufmord durch die Bibel

Als vermutlich im 4. Jahrzehnt unserer Zeitrechnung – das Datum ist nicht mehr zweifelsfrei feststellbar – der Stifter des Christentums Jesus von Nazareth durch Kreuzigung hingerichtet wurde, geschah dies auf Befehl des römischen Statthalters der Provinz Judäa in Palästina, Pontius Pilatus. Kein anderes Ereignis der Antike ist so umfassend untersucht worden, und der Prozess Jesu ist der wohl berühmteste der Weltgeschichte. Pontius Pilatus aber wurde nur durch diese Geschehnisse, die für den weiteren Verlauf der Weltgeschichte von größter Bedeutung waren, bis heute zu einem Begriff. Noch immer führt das christliche Glaubensbekenntnis aller Konfessionen seinen Namen als Peiniger Jesu. Ihm wird im Allgemeinen die Verurteilung Jesu angekreidet, sie hat das historische Bild von ihm für immer geprägt.

Das Neue Testament charakterisiert den Römer als schwachen Machthaber, der Judäa miserabel regierte. Nach den Evangelisten verlief die Angelegenheit so: Um den gefährlichen Querkopf Jesus loszuwerden, schwärzten die jüdischen Hohepriester von Jerusalem ihn beim Vertreter des römischen Kaisers Tiberius als politischen Aufrührer an, weil er sich als »König der Juden« bezeichne und ein Umstürzler sei. Dies aber richte sich gegen die Herrschaft Roms, das seit fast einem Jahrhundert die Geschicke Palästinas bestimmte, und sei ein Majestätsverbrechen. Obwohl ihm klar war, dass es sich hier um ein durchsichtiges Manöver der Hohepriester handelte, so die Evangelisten, habe Pilatus dem Druck des jüdischen Volkes nachgegeben, das die Hinrichtung Jesu forderte. Der Evangelist Matthäus geht sogar so weit zu erzählen, der Römer Pilatus habe den jüdischen Brauch der Handwaschung vollzogen, um seine Unschuld zu dokumentieren.

Aber stimmt diese Beurteilung der Regierungszeit des Pontius Pilatus und seiner unrühmlichen Rolle im Prozess gegen Jesus von Nazareth mit der historischen Wahrheit überein? Und haben Prozess und Verurteilung Jesu so überhaupt stattgefunden? Oder haben die Evangelisten einen Rufmord in Gang gesetzt, der den römischen Statthalter seit nun schon fast zwei Jahrtausenden als einen wankelmütigen Opportunisten verleumdet?

In der Tat brauchten die jüdischen Gelehrten, um den unliebsamen, nach ihrer Auffassung blasphemischen, weil selbst ernannten Messias Jesus zu beseitigen, die Unterstützung der römischen Besatzungsmacht. Und um den Wirrkopf loszuwerden, der grundlegende jüdische Gebote infrage stellte, benötigten sie einen weltlichen Grund, denn in innerreligiöse Streitigkeiten mischte sich die Besatzungsmacht Rom nicht ein. Also schwärzten sie Jesus von Nazareth bei Pontius Pilatus als gefährlichen politischen Aufrührer an, mit dem es ein Ende haben musste, bevor er in der unruhigen Provinz einen weiteren Aufstand provozierte. Mit einer ähnlichen Taktik hatten sie schon vorher versucht, sich des charismatischen Wanderpredigers zu entledigen. Den Vorwurf des Majestätsverbrechens gegen Rom konnte Pilatus nicht auf sich beruhen lassen, und mit Rebellen verfuhr Rom wenig zimperlich, wobei die Kreuzigung eine gängige Hinrichtungsart darstellte. Die Evangelisten berichten, die Gelehrten hätten, als Pilatus die Schuld des Angeklagten anzweifelte, das Volk aufgewiegelt und Pilatus habe sich vom Zorn der Menge hinreißen lassen, Jesus zum Tode zu verurteilen, obwohl er von seiner Unschuld überzeugt war.

In der Regierungszeit von Pontius Pilatus (26–36 n. Chr.) gab es eine ganze Menge Volksaufstände, die der römische Statthalter blutig niederschlagen ließ. Damals standen im gesamten Römischen Reich diejenigen Provinzen, die an seinem Rand lagen, unter erheblichem römischem Integrationsdruck der *pax romana*. Die Juden Palästinas widersetzten sich dem besonders massiv, weil sie ihre jüdische Identität nicht aufgeben wollten. Dagegen ging Pontius Pilatus rücksichtslos vor. Diese Tatsachen passen jedoch nicht zum Bild des schwachen Provinzfürsten, das die Evangelisten gezeichnet haben. Andere Chronisten beschreiben Pilatus denn auch als taktisch klugen, gleichzeitig unerbittlichen und brutalen Machtmenschen, der jede Opposition gegen den Herrschaftsanspruch Roms erbarmungslos niederknüppelte.

Das Bild des schwachen, willenlosen Statthalters, dessen Schwäche das Kalkül der Schriftgelehrten aufgehen lässt, ist also nicht historisch. Es ist vielmehr von der Konkurrenz zwischen Juden und Anhängern Jesu bestimmt und zielt darauf ab, die Juden für den Tod Jesu verantwortlich zu machen. Je prekärer nach der Kreuzigung der Konflikt zwischen der alten Religion und ihrer Abspaltung wurde, desto mehr Anlass für Propaganda gab es, mit der jeweils eine Seite die gegnerische zu diskreditieren versuchte. Nach Darstellung der frühchristlichen Propaganda gehörte zur perfiden Taktik der Juden der schwache römische Statthalter, der zum Werkzeug der Schriftgelehrten wird.

Wenn sich aber Pontius Pilatus gar nicht einfach instrumentalisieren ließ – wieso hat er Jesus dann hinrichten lassen? Hat er vielmehr aus kühler Überlegung dem Druck von unten nachgegeben und den jüdischen Mob zufriedengestellt, der Jesus am Kreuz sehen wollte? Oder hat er Jesus zwar nicht für schuldig befunden, aber dennoch für einen potenziell gefährlichen Aufrührer gehalten, der seiner Politik von Modernisierung und römischem Druck zur kulturellen Integration entgegenstand? War das Grund genug, den merkwürdigen Sektierer vorsorglich unschädlich zu machen?

Tatsächlich führt nicht nur die landläufige Meinung über den Schwächling Pilatus in die Irre. Ebenso wenig spielte die jüdische Bevölkerung Jerusalems die entscheidende Rolle, die ihr das Neue Testament zuschreibt. Ein »Kreuziget ihn!« ist historisch unwahrscheinlich, weil der Prozess entgegen der neutestamentarischen Überlieferung ohne Öffentlichkeit stattfand – wenn es ihn überhaupt gab. Richtig ist, dass Pilatus Jesus jener Vergehen für unschuldig hielt, die ihm seitens der jüdischen Schriftgelehrten angehängt werden sollten. Immerhin besaß der Mann keine Waffen, zudem sah Pilatus keine Veranlassung, auch dessen Gefolgsleute verfolgen zu lassen. Was aber war Pilatus' Motivation, die Kreuzigung anzuordnen?

Zunächst war die unerbittliche Verfolgung jüdischer Aufrührer römische Politik, dafür gibt es zahlreiche Beispiele. Das Interesse war ja durchaus beiderseitig, denn Unruhestifter wie dieser Jesus waren den römischen ebenso wie den jüdischen Autoritäten ein Dorn im Auge – mit dem Unterschied allerdings, dass Jesu Vergehen für die Juden ein todeswürdiges Verbrechen darstellte, während es aus römischer Sicht als religiöse Sache jedoch nicht justiziabel war. Also kostete es Pontius Pilatus wenig, dem Hohepriester Kaiphas einen Gefallen zu erweisen, zumal der römische Statthalter und der jüdische Einheimische offenbar generell einvernehmlich kooperierten. Das Bild des Neuen Testaments, dass da ein schwacher Römer den perfiden Juden ein willfähriges Instrument war, führt also in die Irre. Auch der Prozess selbst hat mit einiger Wahrscheinlichkeit gar nicht stattgefunden, den erlebten auch andere hingerichtete jüdische Unruhestifter nicht. Selbst das Messias-Bekenntnis, in dem Jesus vor Pilatus seinen göttlichen Auftrag bestätigte, lässt sich historisch weder belegen noch herleiten. Fürs katholische Dogma war es allerdings unverzichtbar.

Cäsarenwahn und Perversion

Pontius Pilatus ist beileibe nicht der einzige Römer, dem in der historischen Beurteilung Unrecht widerfuhr. Unser Bild vom alten Rom ist vermutlich weit mehr, als wir es uns eingestehen wollen, von Hollywoodfilmen, historischen Romanen und zweifelhaften Erzählungen launiger Reiseführer bestimmt. Das gilt in besonderem Maße für die Kaiserzeit, die sich als Steinbruch für schillernde Figuren und saftige Skandale regelrecht aufdrängt. Schon von Cäsar haben wir klare Vorstellungen: ein hagerer, asketischer Mann mit silbernem Haar und strengem Gesichtsausdruck. Majestätisch muss dagegen Augustus gewesen sein, Begründer des Prinzipats, weiser Landesvater und gütiger Friedenskaiser. Nach Augustus' Tod in hohem Alter 14 n. Chr. aber rückten zweifelhafte Gesellen an die Spitze der Weltmacht Rom. Da sehen wir einen größenwahnsinnigen Nero ruhelos und Laute spielend durch seinen Palast irren. Da gibt es einen verdorbenen Alten namens Tiberius, der auf der Insel Capri seinen perversen Begierden nachgeht. Da ist der trottelige Claudius, der sich von zweifelhaften Frauen und Sklaven das Regiment abnehmen lässt, oder der sadistische Caligula, der auch mal ein Pferd zum Senator ernannte, oder im 2. Jahrhundert n. Chr. der brutale Commodus, der sich mit Gladiatoren gemeinmachte. Sie alle gelten als kaiserliche Ausfälle, als bestenfalls verantwortungslose und charakterlich verdorbene, wenn nicht wahnsinnige Gestalten, die dem Weltreich Rom nichts als Schande machten. Aber ist das so? Und wenn nicht, wo haben diese Bilder von den römischen Kaisern ihren Ursprung? Und wie lässt sich zum Beispiel im frühen Kaiserreich zusammenbringen, dass das Imperium gerade damals seinen Bürgern Wohlstand und Stabilität gewährleistete, wenn doch an der Spitze solche Satansbraten saßen?

Römischen Geschichtsschreibern ging es nicht um Objektivität; ihr Anspruch lag vielmehr darin, ihre Zeitgenossen zu unterhalten und zu belehren – und darin durchaus einen politischen oder moralischen Zweck zu verfolgen. Antike Geschichtsschreibung ist aus heutiger Sicht näher an Literatur als Kunstform als an wissenschaftlicher Darstellung, deshalb ist vorgeblich Echtes stets mit Vorsicht zu genießen. Der Historiker Tacitus betonte zwar, er wolle »ohne Zorn und Eifer« schreiben, also ohne Parteinahme und an den Tatsachen orientiert. Doch diesen Anspruch löste er nicht ein, sondern zeichnete ein übertrieben schlechtes Bild der Nachfolger des Augustus. Auch zwei weitere Historiker der frühen Kaiserzeit, Sueton und später Cassius Dio, nahmen es mit der Wahrheit nicht so genau, sehr zur Freude späterer Romanschriftsteller und Drehbuchautoren, die auf Sex, Skandale und Sensationen aus waren, um sie genüsslich auszuschlachten. Viele der Historiker waren Mitglieder des römischen Senats, der in der Monarchie an Bedeutung und Gestaltungsmöglichkeiten im Vergleich zur republikanischen Zeit eingebüßt hatte – Grund genug also, mittels Geschichtsschreibung den eigenen Machtverlust zu kompensieren, und zwar weniger durch grundlegende Systemopposition als in Gegnerschaft zu einzelnen Kaisern oder Kaiserfamilien. Darin drückten sie aus, wie tief Rom gesunken war seit den vermeintlichen goldenen Zeiten der Republik – und begründeten Verleumdungen, die die Jahrhunderte überdauerten.

Die eigenartige Konstruktion des römischen Prinzipats war Teil des Problems: Es gab da einen Mann, an dem die antiken

25

Historiker ihre Kaiser maßen – und das war Augustus, der noch als Octavian nach der Ermordung Cäsars an die Spitze Roms rückte, nach fünfzehn Jahren Bürgerkrieg im Jahr 27 v. Chr. die Alleinherrschaft übernahm und das römische Kaiserreich begründete. Er tat das der Form nach, ohne dabei die Republik abzuschaffen, eigentlich eine Art Quadratur des Kreises. Das war von Anfang an gewagt, aber Augustus gelang der Drahtseilakt. Seither herrschten die Kaiser unumschränkt, und das Römische Reich war faktisch eine Monarchie. Offiziell jedoch wurde die Republik wiederhergestellt und der Senat in seine alten Rechte wiedereingesetzt, doch eigentlich gab man auf der Bühne der römischen Politik bloß eine Aufführung namens Republik: Es sollte sein wie in der glorreichen Vergangenheit, und doch war alles anders. Dieses heikle Konstrukt fortzuführen war die Aufgabe der Nachfolger des Augustus, die sich damit zunächst schwertaten – wenig verwunderlich, da stets der Schein gewahrt sein musste, aber nicht erprobt war, wie die Dinge vonstattengehen sollten. Unter anderem das hat das Urteil der antiken Geschichtsschreiber über die frühen Kaiser geprägt und damit über viele Jahrhunderte bis heute das Bild der römischen Kaiser bestimmt.

Die Herrschaftsverhältnisse im Römischen Reich waren also einigermaßen verworren. Doch mit viel Feingefühl und einiger Anstrengung inszenierte Augustus das Theater namens Rom überzeugend und zur allseitigen Zufriedenheit. Er hatte mit dieser paradoxen Konstruktion Rom befriedet und galt seither als gerechter, maßvoller und kluger Herrscher – und das umso mehr, je schwerer sich seine Nachfolger mit ihrer Aufgabe taten. Die Schwierigkeit bestand darin, trotz der tatsächlichen Machtverhältnisse das sogenannte Prinzipat so aussehen zu lassen, als habe nicht der Kaiser allein, sondern mit ihm der römische Senat die Geschicke des Reiches weiterhin in der Hand, als würde Rom einvernehmlich von den Senatoren regiert und der Kaiser in ihrer Runde eine Art Vorsitz einnehmen. Nur war der Senat praktisch machtlos, und der Kaiser herrschte unumschränkt. Prägend wurde außerdem, dass Rom kein Erbkaisertum geworden war, sodass ein Machtwechsel immer auf dünnem Eis vollzogen wurde. Den Biografen der nachfolgenden Kaiser diente Augustus sozusagen als Goldstandard, den seine Nachfolger in ihren Augen kaum erreichten. Dass die Forschung längst viel differenzierter urteilt, dringt ins allgemeine Bewusstsein nur schwer vor – zu hartnäckig und lieb gewonnen sind die Klischees der exaltierten und degenerierten Männer an der Spitze des Römischen Imperiums.

* * *

Höchst ungerecht verfährt die populäre Geschichtstradition bereits mit Augustus' direktem Nachfolger Tiberius, der Rom von 14 bis 37 n. Chr. regierte. Wer die Insel Capri mit ihrer weltberühmten Blauen Grotte besucht, wird von diesem römischen Herrscher hören. Er hatte die malerische Insel fernab vom hauptstädtischen Getöse Roms zu seinem Alterssitz erkoren und sich dorthin zurückgezogen. Ein Dutzend prächtiger Villen besaß der römische Princeps auf Capri, heute Anziehungspunkte für Touristen, die sich wohlig gruseln, wenn ihnen der »Salto di Tiberio« gezeigt wird: Von dort, 300 Meter über dem Meer, ließ der böse alte Mann seine Opfer ins Meer stürzen, hört man. In Wahrheit war Tiberius jedoch eher menschenscheu, was aber nicht allzu viel hergibt für Geschichten, mit denen man Touristen unterhalten kann. Glücklicherweise jedoch können Reiseführer zitieren, was die römischen Geschichtsschreiber Tacitus und vor allem Sueton über Tiberius geschrieben haben: Nach dessen Bericht mussten »Scharen von überallher zusammengesuchten Mädchen und Lustknaben und Erfinder allerlei widernatürlicher Unzucht in Dreiergruppen miteinander Geschlechtsverkehr treiben. Er schaute dabei zu, um durch diesen Anblick seine erschlafften Kräfte aufzupeitschen.« Sueton zeichnete Tiberius als alten Lüstling, der Orgien

27

inszenierte und seine hilflosen Gespielen hinterher gar brutal ermordete. Auch wenn er Sklaven loswerden wollte oder andere missliebige Untertanen und selbst hochgestellte Persönlichkeiten, ließ er sie grausam töten. Zum reinen Vergnügen veranlasste er die Hinrichtung Unschuldiger oder dachte sich Foltermethoden aus, um sich an den Qualen der Opfer zu weiden. Kurz gesagt, der alte Tiberius lebte nur für seine perversen Gelüste und überließ die römische Politik ihrem Schicksal.

Sueton schrieb seine bösen Worte einige Jahrzehnte nach dem Tod des römischen Kaisers. Seine Einordnung des Tiberius als dem Ersten der selbstsüchtigen, verderbten Despoten, die das stolze Erbe Cäsars und Augustus' verrieten und Rom dem Niedergang preisgaben, ist bis heute populär. Auch Suetons Kollege Tacitus stimmte in die Verurteilung ein, ebenso wie bis ins 20. Jahrhundert hinein Schriftsteller das schlechte Image des Tiberius als heimtückischer Tyrann weitergaben. Dazu gehören auch der Schöpfer des *Graf von Monte Christo* Alexandre Dumas sowie Robert Graves, Autor des Longsellers *Ich, Claudius, Kaiser und Gott*.

Erst Mitte des 20. Jahrhunderts wurde Tiberius rehabilitiert – eigentlich erstaunlich, denn es fiel nicht weiter schwer, die Verleumdungen zu widerlegen. Doch eine kritische Geschichtswissenschaft, wie sie heute als selbstverständlich gilt, entwickelte sich erst im 19. Jahrhundert. Zum Beispiel ist auffällig, dass sich keine ernst zu nehmende zeitgenössische Kritik an Tiberius finden lässt, die die späteren Berichte bestätigt. Der Kaiser kümmerte sich während seiner Zeit auf Capri durchaus um seine Amtsgeschäfte. Auch die recht gut dokumentierte Rechtsgeschichte Roms legt nahe, dass die angeblichen Prozess- und Hinrichtungsorgien des Tiberius nie stattgefunden haben. Dagegen ist belegt, dass er den Opfern eines Großbrandes in Rom großzügige Hilfszahlungen zukommen ließ.

Nüchtern erforscht, ergibt das Leben des Tiberius ein ganz anderes Bild: Der Herrscher war gar nicht zügellos und selbstsüchtig, sondern im Gegenteil überaus bescheiden. Die Ehre, wie Cäsar und Augustus zum Namensgeber eines Monats zu werden, wies er zurück. Er war ein nüchterner Staatsmann, hochgebildet und mit einem ausgeprägten Gerechtigkeitssinn. Damit aber und mit seiner zurückhaltenden, kontaktscheuen Art passte er nicht recht in die schillernde Politszene Roms. Trotzdem zeichnete er sich schon vor der Herrschaftsübernahme aus, glänzte als Oberbefehlshaber in Germanien, wirtschaftete als Princeps sparsam und kümmerte sich um die Verwaltung der römischen Provinzen. Andererseits brachte Tiberius in sein hohes Amt eine Hypothek ein. Er hatte, bevor er als Mittfünfziger an die Spitze des Imperiums rückte, über die Jahre mit vielen persönlichen Enttäuschungen und Demütigungen, mit nicht erfüllten Hoffnungen und hässlichen Intrigen fertigwerden müssen. Als Stiefsohn des Augustus und für die Thronfolge vorgesehen, viel herumgeschubst und im Volk nicht sonderlich beliebt, glich sein Leben über lange Strecken dem Bad in einem Haifischbecken. Das hatte ihn zu einem einsamen Menschen gemacht und mehr als einmal dazu bewogen, Rom verbittert den Rücken zu kehren. Anlass dazu bot wohl auch die ständige Einflussnahme seiner machtbewussten Mutter Livia, die als Witwe des Augustus einen enormen politischen Einfluss besaß. Ihr verdankte er die Thronfolge, weil sie in diesem Sinn auf Augustus eingewirkt hatte, aber dafür gängelte sie ihren Sohn gehörig. Sein Einstand als Kaiser ging ziemlich daneben, denn Tiberius vermochte nicht recht, im Anschein republikanischer Verhältnisse mit dem Senat sogleich ein gütliches Auskommen zu finden. Obwohl er alles richtig machen und die standesbewussten Senatoren einbinden wollte, verstand der Senat sein Bemühen falsch und reagierte aufgebracht. Das lag am noch unerprobten Ritual der Machtübernahme, aber wohl ebenso am mangelnden Gespür des neuen Kaisers und dem Unvermögen der überaus stolzen Senatorenschaft, mit ihrer Machtlosigkeit umzugehen – jedenfalls war die Atmosphäre fürs Erste vergiftet.

Die Verleumdungskampagne gegen den römischen Kaiser Tiberius begann vermutlich mit Vipsania Agrippina (die Ältere), die ihn des politischen Mordes an ihrem Mann Germanicus, dem Adoptivsohn des Tiberius, beschuldigte. Tiberius setzte sich zur Wehr, aber dem Erfolg stand sein Mangel an Popularität entgegen – heute würde man sagen, es fehlte ihm an medialer Ausstrahlung und einem fähigen PR-Team. Zahlreiche schmutzige Politaffären wurden mit seinem Namen in Verbindung gebracht, auch wenn er damit meist gar nichts zu tun hatte. Dass er sich im fortgeschrittenen Alter trotz seiner Verpflichtungen als Princeps nach Capri zurückzog, brachte ihm in Rom, wo die öffentliche Meinung nun einmal gemacht wurde, nur noch mehr Feinde ein. Denn nach allgemeiner Überzeugung gehörte ein Kaiser nach Rom, das schließlich Zentrum des Imperiums und Nabel der Welt war. Doch Tiberius verbrachte sein letztes Lebensjahrzehnt auf Capri, ohne noch einmal nach Rom zurückzukehren.

Vollends in Verruf geriet Tiberius aber nach seinem Tod. Die Zeit der Schreiber Tacitus und Sueton war geprägt vom verklärenden Blick auf die vergangene Blütezeit Roms und von Pessimismus unter dem Eindruck des Niedergangs ins Despotentum, den sie Tag für Tag erlebten. Diese beklagenswerte Entwicklung musste in den Augen der Nachgeborenen irgendwo greifbar ihren Anfang genommen haben, deshalb wurde Tiberius posthum zum Opfer politisch gefärbter Geschichtsschreibung. So wenig wie die Inkarnation des grausamen Despoten dürfte Tiberius das sanfte Unschuldslamm gewesen sein. An seinem Beispiel erweist sich jedoch, dass Politiker seit ehedem gut daran tun, sich zu Lebzeiten um ihr bleibendes Ansehen zu kümmern.

∗ ∗ ∗

Zu Ostern 1894 erschien in Leipzig ein schmales Bändchen. Autor war der Historiker und spätere Friedensnobelpreisträger Ludwig

Quidde, der damit einen handfesten Skandal auslöste. Gegenstand der Schrift *Caligula* war Tiberius' Nachfolger, der dritte der römischen Kaiser, aber dem zeitgenössischen Leser konnte kaum entgehen, dass der Autor eigentlich auf den deutschen Kaiser höchstpersönlich zielte: Wilhelm II. Der Untertitel des Buches lautete *Eine Studie über römischen Cäsarenwahnsinn*, und der berüchtigte Caligula, seine allgemein bekannten pathologischen Charaktereigenschaften und die Monstrositäten seines Handelns dienten dazu, Wilhelm als modernes Beispiel des sogenannten Cäsarenwahnsinns vorzuführen. Das Kalkül der Publikation lag darin, Parallelen zwischen einem bekanntermaßen wahnsinnigen römischen Imperator und dem deutschen Kaiser aufzuzeigen, ohne sie direkt anzusprechen. Damit begab sich Ludwig Quidde mit einem Bein ins Gefängnis, denn Majestätsbeleidigung stand unter Strafe. Seine akademische Karriere fand ein jähes Ende.

Die Reihe von Herrschern quer durch die Weltgeschichte, die als wahnsinnig gelten, ist ziemlich lang, aber Caligula (37–41 n. Chr.) ist zweifellos einer der bekanntesten. Eifrig untermauern antike Autoren den vernichtenden Befund mit saftigen Details aus Caligulas Regierungszeit: Er wollte ein Pferd zum Konsul machen. Er aß in Essig aufgelöste Perlen und mit Gold überzogene Speisen. Er machte aus dem Kaiserpalast ein Bordell und zwang die Vornehmsten Roms, sich zu prostituieren. Er führte ein Schreckensregiment und ließ wahllos Menschen hinrichten. Er unterhielt inzestuöse Beziehungen zu seinen Schwestern. Er inszenierte irrsinnige Triumphspektakel. Er ließ sich als Gott anbeten. Die Sache scheint also klar – der Mann war ein brutaler, unzurechnungsfähiger und gefährlicher Psychopath.

Caligula regierte nur wenige Jahre, bereits 41 n. Chr. fiel er einer Verschwörung zum Opfer und wurde gerade einmal 28-jährig ermordet. Für die Geschichte Roms ist er gar nicht weiter von Belang, dafür ist er als historische Figur so populär wie langlebig: vor allem als Stoff für Dramen, Romane und Filme. Als schillerndster,

31

berüchtigtster römischer Kaiser ist seine posthume Medienkarriere atemberaubend, sogar pornografische Werke, in denen ein hemmungsloser Kaiser seinen perversen Gelüsten nach Lust und Laune nachgeht, berufen sich auf Caligulas Lebensgeschichte. Und im öffentlichen Bewusstsein setzte sich dieser Befund hartnäckig fest – schließlich sind es die skandalösen, überdrehten und besonders illustren Gestalten, die im Gedächtnis haften bleiben. Nur blieb bei dieser posthumen Karriere Caligulas in Geschichtsbüchern und Dramen, TV-Serien und Pornofilmen die Wahrheit auf der Strecke, denn Caligula war nicht wahnsinnig.

Die üble Nachrede über Caligula begann unmittelbar nach seinem Tod. In einer Rede vor dem römischen Senat bezeichnete ihn der Konsul Gnaeus Sentius Saturninus zunächst als extremen Tyrannen – zum Befund der Geisteskrankheit war es da gleichwohl noch ein Stück Weges. Andere Zeitgenossen bemühten bereits den Begriff »Wahnsinn« oder »verwirrter Geist«, darunter der berühmte Philosoph Seneca, später auch der Historiker Tacitus. Diese Einschätzung bezog sich bei näherem Hinsehen aber nicht auf eine Geisteskrankheit, sondern diente – ähnlich wie heute – als Synonym für übersteigertes, verwerfliches Handeln, als politische Verurteilung also. Den Vorwurf des Wahnsinns im pathologischen Sinne hingegen erhob erstmals der Historiker Sueton fast 200 Jahre nach Caligulas Tod – der schon über Tiberius nicht verlässlich berichtete und stets auf Pointen und Anekdoten aus war, ohne sich allzu viel um deren Wahrheitsgehalt zu scheren. Jahrzehnte später taten es ihm die Geschichtsschreiber Cassius Dio und Flavius Josephus gleich. Und sie erreichten, dass noch viele Jahrhunderte später, zur Zeit des deutschen Kaiserreichs, Caligula als Inbegriff des »Cäsarenwahnsinns« galt.

Nicht alle modernen Historiker sind der schematischen Verteufelung Caligulas gefolgt, aber das Märchen vom unzurechnungsfähigen Psychopathen auf dem Thron ist noch immer lebendig. Dabei wurden all die Vorwürfe, die eine Geisteskrankheit belegen sollten, inzwischen akribisch widerlegt. Vor allem der Berliner Althistoriker Aloys Winterling hat in seiner Caligula-Biografie die fraglichen Punkte eingehend untersucht. Bei genauerer Betrachtung wird aus dem Wahnsinnskaiser zwar kein vorbildlicher Herrscher oder sympathischer Tugendbold – aber aus der Schwarz-Weiß-Skizze eines Sueton wird ein differenziertes Porträt mit vielen Schattierungen.

Caligulas eigentlicher Name lautet Gaius Julius Cäsar Germanicus, er war der Sohn des römischen Volkshelden Germanicus, der den Namen seinen (nach der Schmach im Jahre 9) siegreichen Feldzügen gegen die Germanen verdankte, und Agrippinas der Älteren, einer Enkelin des Augustus. Noch von Augustus als Tiberius' Nachfolger vorgesehen, starb Germanicus jedoch bereits im Jahr 19 n. Chr. Da war sein Sohn Caligula sieben Jahre alt – und sollte der erste römische Herrscher werden, der zu einer Zeit zur Welt kam, als Rom bereits von Kaisern regiert wurde. Er kannte also weder die Zeit der römischen Republik noch den verheerenden Bürgerkrieg aus eigener Erinnerung. Für ihn war Kaiserherrschaft eine Selbstverständlichkeit, und seine Anwartschaft darauf bestand von Geburt an. Seine ersten Lebensjahre waren die unbeschwerten eines kleinen Jungen in einer glamourösen Familie, die noch dazu viel in der Welt herumkommt. Hätte es schon moderne Medien gegeben, der kleine Caligula wäre von Paparazzi umlagert worden, um ein gutes Motiv für das nächste Titelblatt abzugeben. Schon der Spitzname Caligula, Stiefelchen, verweist auf die Beliebtheit des Jungen, der im germanischen Feldlager, das sein Vater befehligte, die römischen Soldaten bespaßte. Das änderte sich schlagartig mit dem Tod des Vaters, denn damit wurde der kleine Junge allen Schutzes beraubt und mitten in die Intrigen und Gefahren der römischen politischen Klasse katapultiert.

Rom war ein überaus gefährliches Pflaster für ein Kind, das als künftiger Herrscher infrage kam. Eine geregelte Thronfolge gab es nicht, was das Leben Caligulas bedrohte, denn die kaiserliche

33

Großfamilie war in zwei Lager gespalten und Caligulas Familie wurde Opfer einer Verschwörung. Seine ehrgeizige Mutter, die einst selbst hatte Kaiserin werden wollen und nun im Sinne ihrer Kinder tätig war, sowie seine beiden älteren Brüder Drusus und Nero wurden von Tiberius in die Verbannung geschickt bzw. eingekerkert und starben den Hungertod. Auch vorher dürfte Caligulas Mutter ihrem kleinen Sohn, auf den sie alle ihre enttäuschten Ambitionen projizieren musste, kaum eine nur fürsorgliche Mutter gewesen sein, die das Kindeswohl über alles andere stellt. Als nicht weniger dominant gilt die Urgroßmutter Livia, einflussreiche Witwe des Augustus und schon für Tiberius immer wieder ein Problem. Caligulas jugendliches Alter rettete ihm das Leben, aber bewahrte ihn nicht vor traumatischen Erlebnissen. Bei Tiberius in dessen Residenz auf Capri lebend, musste der junge Caligula vor allem überleben und bewies dabei beachtliches Geschick. Das hatte er auch bitter nötig, wollte er nicht wie seine Brüder enden. Zu seinen überlebenden Schwestern hatte Caligula ein sehr inniges Verhältnis: zur Lieblingsschwester Drusilla bis zu ihrem vorzeitigen Tod im Jahr 38, zu den beiden anderen, bis sie gegen ihn intrigierten.

Stark und hart aber musste ein Junge werden, der eine solche Kindheit und Jugend erlebte, und die notwendige Folge aus ständiger Bedrohung und dem Zwang zur Verstellung waren Misstrauen, Rücksichtslosigkeit, unbedingter Durchsetzungswille und kaum ein Hauch von Zimperlichkeit oder Nachsicht, dafür eine Anlage zur Bösartigkeit. Und offenbar eine Abscheu dem politischen System gegenüber, gepaart mit dem Vorsatz, sich darin um jeden Preis zu behaupten, sollte er Tiberius' Nachfolge antreten.

Als schließlich im Jahr 37 Tiberius starb und Caligula an die Macht kam, galt er im Volk nach dem unbeliebten Tiberius als Hoffnungsträger, seiner Jugend und seines reichsweit bewunderten Vaters wegen. Zum ersten Mal trat an die Spitze des Staates kein gereifter, sondern ein junger Mann, der die Herzen des Volkes eroberte und große Hoffnungen weckte. Das gewohnte Spiel zwischen Alleinherrscher und Senat spielte er zwar zunächst mit, ja er versprach die Teilung der Macht und hofierte den Senat. Diese ersten Monate nach Regierungsantritt ließen vermuten, Caligula werde in die Fußstapfen des Augustus treten. Nicht einmal die Verantwortlichen für den Tod seiner Mutter und seiner Brüder ließ er zur Rechenschaft ziehen. Dann aber wurde der Kaiser ernstlich krank, was ihm vor Augen führte, dass er auch als Herrscher kaum weniger gefährdet war als zuvor am Hof des Tiberius – denn an seiner Nachfolge wurde bereits gebastelt. Machtbehauptung um jeden Preis bot die größtmögliche Sicherheit vor Bedrohung, nicht nur für Caligula selbst, sondern für seine gesamte Familie.

Seither verhielt er sich weniger konziliant und ausgleichend als Augustus und stieß die Senatoren, die mit ihrem Machtverlust ohnehin schwer zurechtkamen, immer wieder vor den Kopf. Das ging trotzdem noch einige Zeit gut, zumal Caligula sich als fähiger Herrscher erwies. Dann aber fanden sich höchste Kreise zu Intrigen gegen den Kaiser zusammen. Als diese fehlschlugen, ließ Caligula alle Rücksicht fahren und entblößte mit Ironie, Zynismus und Spottlust die Fassade einer Republik, die gar keine mehr war. Er demütigte den stolzen Senat, den er als Versammlung eitler, aber machtloser Heuchler vorführte. Er verhöhnte die Luxussucht, mit der die Oberschicht Roms ihren politischen Bedeutungsverlust kompensierte. Statt den Schein zu wahren, präsentierte er sich als der Alleinherrscher, der er faktisch ja auch war. Das aber widersprach dem stillschweigenden Abkommen aus Augustus' Zeiten und schuf Caligula hasserfüllte Feinde in den Reihen der gedemütigten römischen Aristokratie. Weitere Verschwörungen gegen ihn folgten, von denen eine schließlich Erfolg hatte: Am 24. Januar 41 wurde Caligula bei einer Theateraufführung auf dem Palatinhügel in Rom von Prätorianern ermordet.

Die Vorwürfe gegen Caligula sind keineswegs allesamt frei erfunden. Der wahre Kern wurde jedoch von den Autoren mal grotesk überzeichnet, mal so aus dem Zusammenhang gerissen, dass der Eindruck entstand, der entstehen sollte: dass Caligula verrückt war. Die Sache mit dem Pferd beispielsweise war ein derber, aber zielgerichteter Scherz Caligulas. Wenn er ankündigte, sein Pferd Incitatus (Heißsporn) zum Konsul zu machen, und es mit eigenem, überaus luxuriösem Hausstand ausstattete, verspottete er die Senatoren, die ihre Machtlosigkeit mit einem verschwenderischen Lebensstil übertünchten. In diese Richtung zielte auch der Verzehr vergoldeter Speisen und in Essig aufgelöster Perlen: Caligula verhöhnte die römische Aristokratie mit ihrer hohlen Luxussucht und übertrumpfte sie auf offensichtlich groteske Weise mit ihren eigenen Mitteln. Auch das angebliche Bordell auf dem Palatin entpuppt sich bei näherem Hinsehen als rationale Vorsichtsmaßnahme: Caligula lud die Familien der Senatoren ein, bei ihm auf dem Palatin zu leben, wodurch ihm als Garantie für den Fall einer erneuten Intrige hochgestellte Geiseln zur Verfügung standen. Der Vorwurf der Prostitution hingegen ist haltlos, schon die entsprechenden Schilderungen sind in sich unlogisch. Jeder Grundlage entbehrt auch das angeblich inzestuöse Verhältnis zu seinen drei Schwestern – derartige Vorwürfe wurden zum Zwecke der Denunziation früher wie heute gern erfunden. In diesem Fall geschieht das aber erst ein Jahrhundert nach Caligulas Tod, während zwei frühere und besser informierte Biografen, die ansonsten nichts ausließen, was ihnen an Caligula verwerflich erschien, davon nichts berichten. Auch dass Caligula sich schon zu Lebzeiten als Gott verehren ließ, ist kein Anzeichen von Verrücktheit, denn die Antike kannte die Vergöttlichung von Herrschern. Caligula schlug damit keine neuen Wege ein, schließlich hatte der Senat selbst schon Cäsar und Augustus göttliche Ehren angetragen, die diese aber ausschlugen. Caligula hingegen ließ die Vergöttlichung als Erster zu – auch damit führte er den Senat als unterwürfigen Papiertiger vor. Selbst der Vorwurf, Caligula habe wahllos und zum grausamen Zeitvertreib in Majestätsprozessen Menschen hinrichten lassen, geht ins Leere. Merkwürdigerweise erheben antike Autoren zwar den Vorwurf, bleiben die Opfernamen jedoch fast immer schuldig. Caligula ließ aber durchaus schnell und rücksichtslos zuschlagen, wenn eine Verschwörung gegen ihn im Gange war – das war ebenso üblich wie notwendig, wenn ihm sein eigenes Leben lieb war. Das antike Rom ging mit Menschenleben nicht gerade zimperlich um. Schließlich bleibt noch der Vorwurf grotesker Triumphinszenierungen: In der Tat trieb Caligula im Jahr 40 ungeheuren Aufwand für einen Triumphzug, wie man ihn von heimkehrenden Feldherren erwartete. Aber statt mit großem Gefolge im prachtvollen Wagen in Rom einzufahren, wie es üblich war, ließ er am Golf von Neapel bei Pozzuoli eine rund fünf Kilometer lange Pontonbrücke bauen und vollzog einen Ritt übers Meer. Der Aufwand und die Symbolik waren unerhört, alle Welt sprach davon – und ebendas war das Ziel der Aktion. Und ebenfalls nicht unerheblich: Nicht der Senat ehrte den Feldherrn, sondern Caligula inszenierte den Triumph aus eigener Machtfülle. Bemerkenswert bei alldem sind der regelrecht vergnügte Sarkasmus und der Einfallsreichtum des Kaisers.

Der berühmteste Psychopath der Antike war also gar keiner, allerdings war er auch alles andere als der richtige Kandidat für den Posten des römischen Kaisers und mutmaßlich ein ziemlich unerträglicher Zeitgenosse. Das Krasse, Extreme jedoch hat sich festgesetzt und hält bis heute vor. Dahinter steckt aber keine reine Bosheit seiner Biografen, sondern kühl kalkulierte Denunziation, die seit nunmehr zwei Jahrtausenden Bestand hat. So wie hinter des Kaisers vermeintlichem Wahnsinn durchaus System steckte, wurde er posthum Opfer systematischer Verteufelung. Caligula sollte in die Nachwelt als ein sozusagen entarteter Tyrann eingehen, um damit zugleich die römische Aristokratie zu rehabilitieren, die vom Kaiser so maßlos gedemütigt worden war. Das lag schon im Interesse seines Nachfolgers Claudius, der die Lesart ausgab, da sei kein nobler Herrscher ermordet worden, sondern ein irrer Tyrann. Die Informanten, oder besser: Denunzianten, auf die sich die Biografen stützen, stammen denn auch aus der römischen Oberschicht, die nunmehr Rache für alle Zeiten übte – wenn man kritiklos glaubt, was Seneca und Sueton, Plinius d. Ältere, und Flavius Josephus, Cassius Dio und Tacitus über Caligula wider besseres Wissen geschrieben haben. Vor allem Sueton ist für das verzerrte Bild Caligulas verantwortlich, das er mit medizinischen Befunden anfüttert, die ebenso erfunden sind. Seine Schrift über Caligula entstand ein Jahrhundert nach dessen Ermordung, als Kaiser und Senat im Prinzipat wieder ein gütliches Auskommen gefunden hatten und der Mann, der den Senat derart vorgeführt und sich zum Monarchen aufgeschwungen hatte, als Schreckensbild diente, wie man es nicht machen durfte.

Auf den früh ermordeten Caligula folgte sein Onkel Claudius, was der Chronist Sueton als Zufall bezeichnete, und jahrhundertelanger Einschätzung zufolge war diese Nachfolge zugleich auch ein Unglück. Plakativ ausgedrückt, kam nach dem verderbten Alten Tiberius und dem irren jungen Caligula der schwächliche Claudius. Im patriarchalischen Gefüge der römischen Gesellschaft galt als vornehmste Aufgabe des Familienoberhaupts, seine Familie unangefochten und mit kluger Strenge zu führen – schon deshalb straften die antiken Historiker Claudius überwiegend mit Verachtung, weil er angeblich unter dem schädlichen Einfluss seiner Frauen stand. (Eine davon war Messalina, auf die wir später zurückkommen werden.) Wie sollte ein Mann ein guter Kaiser sein, wenn er nicht einmal die eigene Familie im Griff hatte? Außerdem war Claudius der schrullig wirkende Bruder des strahlenden Helden Germanicus und konnte dem legendären Volkshelden in den Augen der römischen Öffentlichkeit nicht das Wasser reichen. Ein unwahrscheinlicher Kaiser war Claudius in jedem Fall: Weder Mitglied der bisherigen Herrscherfamilie, wenn auch der kleine Bruder des ruhmvollen Germanicus, vor allem aber hatte er bislang gar keine Rolle spielen dürfen wegen seiner körperlichen Konstitution, die ihn zu einer schrägen Erscheinung machte, denn er hinkte, stotterte und hatte seinen Körper nicht immer unter Kontrolle. Geistig beeinträchtigte ihn sein Handicap hingegen keineswegs.

Claudius musste sich daher behaupten, denn verschiedene Parteiungen betrieben Putschpläne. Doch das gelang ihm, wie er ebenso in seiner Regierung Erfolge hatte. So gründete er die Provinz Britannien und betrieb auch sonst eine kluge Provinzialpolitik. Ebenso setzte er in Rechtsprechung, mit Bauvorhaben und Verwaltung neue Maßstäbe und wirkte weit über die eigene Regierungszeit hinaus. Problematisch war dagegen das Verhältnis zum Senat, schon weil Claudius sich auf Freigelassene stützte, was die Senatsaristokratie als Affront verstand. Das war einer der Gründe für das schlechte Urteil über ihn, ein weiterer war seine Behinderung, derentwegen Claudius den römischen Vorstellungen vom stolzen Erscheinungsbild eines Kaisers nicht entsprach. Und schließlich gaben sich sein Stiefsohn und Nachfolger Nero und dessen Berater, darunter der berühmte Seneca, alle Mühe, Claudius posthum schlechtzumachen und damit Nero aufzuwerten, der wiederum im jüngeren Britannicus, leiblicher Sohn des Claudius mit Messalina, einen Konkurrenten hatte. Der stand bereits kurz vor der Volljährigkeit, und Nero ließ ihn alsbald beseitigen.

Es ist aufschlussreich, wie viel leichter es modernen Historikern fiel, Claudius differenzierter und positiver darzustellen als etwa Nero oder Caligula, aber insgesamt fällt das Urteil trotzdem höchst widersprüchlich aus und reicht vom »Herrscher ohne Willen« bis zum genialsten aller römischen Kaiser.

✳ ✳ ✳

Claudius hat das Glück oder Unglück, von zwei der schillerndsten Figuren der römischen Kaiserzeit eingerahmt zu werden: vom Vorgänger Caligula und vom Nachfolger Nero. Letzterer ist im Image der Nachwelt so schlecht weggekommen wie kein anderer römischer Kaiser. Mit ihm verbinden wir die klassische Vorstellung des korrupten, wahnsinnigen und menschenverachtenden Herrschers, im modernen Sinn ein rücksichtsloser Egomane. Peter Ustinov verkörperte diesen Nero meisterhaft in der Verfilmung des berühmten Romans *Quo vadis,* aber seine bestechende Darstellung ist zwar brillant, aber völlig unhistorisch.

Dieses ausschließlich negative Image Neros, dessen erste Regierungsjahre ausgesprochen erfolgreich waren, ist entscheidend von der Tatsache bestimmt, dass in seine Herrschaft der große Brand von Rom und die sich anschließende grausame Verfolgung der Christen fallen. Frühmorgens an einem Sommertag Mitte Juli 64 brach am Circus Maximus ein Brand aus, vermutlich dort, wo leicht entflammbare Bretterbuden standen. Das Feuer breitete sich in Windeseile aus und konnte erst nach sechs Tagen und sieben Nächten gelöscht werden, als man die Flammen mit Schneisen daran hindern konnte, noch weitere Teile der Stadt in Mitleidenschaft zu ziehen. Aber nicht alle Brandherde waren ausgerottet, und erneut loderten die Flammen auf und setzten ihre Zerstörungsarbeit noch einige Tage fort. Brände gab es in Rom damals häufig: Holz war ein wichtiges Baumaterial und der Brandschutz unzureichend. Die römische Feuerwehr war zwar vergrößert worden, aber dieser Brand stellte alles bisher Gekannte in den Schatten. Die Überlieferung über das Ausmaß der Katastrophe ist uneinheitlich, mal ist von zwei Dritteln Roms die Rede, die der Brand zerstörte, mal heißt es, von den vierzehn Stadtteilen habe der Brand nur zwei verschont. In jedem Fall waren die Auswirkungen des Großfeuers verheerend. Wohn- und Geschäftsviertel fielen dem Brand ebenso zum Opfer wie alte Tempel oder öffentliche Gebäude. Viele Menschen starben in den Flammen, 200 000

Römer wurden obdachlos, die stolze Stadt blieb zu großen Teilen nur mehr als Aschewüste zurück.

Schon weil das Feuer so ungemein hartnäckig gewütet hatte, verbreitete sich das Gerücht, es habe sich um Brandstiftung gehandelt, ebenso schnell wie eben noch die Flammen. Gerüchte waren im alten Rom von politischer Brisanz, und Nero bekam es über viele Jahre immer wieder damit zu tun, mehr als jeder andere Kaiser. Und mit jedem Mal wurde es gefährlicher. Gerüchte konnten einen Princeps zu Fall bringen, wenn das römische Volk ihm die Gefolgschaft verweigerte, und gegen Nero richteten sich nun der Zorn und die Verzweiflung der Römer angesichts ihrer zerstörten Stadt. Im Unterschied zu Augustus, der sich bei Katastrophen blicken ließ und dem Volk gut zuredete, blieb Nero erst einmal auf seinem Sommersitz. Diesen Fehler begehen Politiker bis in unsere Tage immer wieder, und die Öffentlichkeit trägt es ihnen jedes Mal nach. Zurück nach Rom kam Nero erst, als auch sein Palast vom Feuer bedroht war.

Mehrere Autoren beschuldigten bereits damals den Kaiser, für den Brand verantwortlich zu sein. Allerdings machten sie bei Nero unterschiedliche Motivationen für diese Tat aus: Mal habe Nero den Brand Trojas nachempfinden wollen und deshalb am Beispiel Roms nachgeholt. Mal habe er *tabula rasa* machen wollen, um seine Bauwut zu befriedigen und die Stadt nach dem Brand als Neropolis prächtig wiederaufzubauen. Ein weiteres Motiv besagt, Nero habe sich wegen zahlreicher Verschwörungen gegen seine Person an der Stadt Rom rächen wollen. Einem wilden, besonders gefährlichen Gerüchte zufolge war Nero dabei gesehen worden, wie er während des Brands vom Turm seines Palastes aus mit seiner Leier ein Lied über das brennende Troja zum Besten gab.

Aber diese Beschuldigungen, ob vorsichtig angedeutet oder mit haltlosen »Beweisen« unterfüttert, waren allesamt falsch. Die günstige Gelegenheit, die durch die schreckliche Katastrophe, eine verängstigte Bevölkerung und das Chaos in Rom entstanden war, hatte sich eine oppositionelle Gruppe zunutze gemacht. Sie trug ihre Ablehnung des Kaisers wirkungsvoll ins Volk.

Dabei war der Kaiser weder für den Brand verantwortlich noch ließ sich an seinen rasch getroffenen Maßnahmen etwas aussetzen. Nero öffnete sogleich nach seiner Rückkehr nach Rom seine Gärten für Obdachlose und stellte Geldmittel und Baumaterial bereit, um den Geschädigten zu helfen. Damit der Wiederaufbau rasch vorangehen konnte, verfügte er Anreize für die geschädigten Hausbesitzer. Vor allem aber erließ er nützliche Vorschriften für Traufhöhen und Bauweise, um neue Brände zu verhindern und künftig die Brandbekämpfung zu erleichtern. Daneben ließ Nero mit Opferfesten die Götter ehren – ein wichtiger Aspekt, um die verängstigte Bevölkerung zu beruhigen. Nero tat also alles in seiner Macht Stehende, um die Folgen des Brandes zu lindern und die Stadt möglichst schnell wiederaufzubauen.

Die Angst vor dem Zorn der Götter mochten die Kultrituale lindern, aber sie konnten die Gerüchte über Neros Rolle als Brandstifter nicht zerstreuen. In einer derart prekären Situation in der zerstörten Stadt konnte die ablehnende Stimmung rasch in offene Feindseligkeit einer unberechenbaren Masse umschlagen. Fatal geriet Neros Reaktion auf diese wüsten Beschuldigungen. Der Kaiser tat, was andere vor und nach ihm ebenso taten, wenn sie sich in die Enge getrieben sahen: Er lieferte einen Sündenbock, an dem die kochende Volksseele ihr Mütchen kühlen konnte. So kam es zur Verfolgung der römischen Christen, deren wachsender Zulauf ohnehin verdächtig war, ganz zu schweigen von ihren merkwürdigen religiösen Ansichten. Nero ließ einige Mitglieder dieser neuen Sekte festnehmen und ihnen unter Folter ein Schuldeingeständnis abpressen. Das Volk von Rom bekam, wonach es verlangte: Schauprozesse und Hinrichtungen und eine noch kaum bekannte, zweifelhafte Sekte als willkommenen Schuldigen für die schreckliche Katastrophe. Und Kaiser Nero hatte sich aus dem Visier des Volkszorns bugsiert.

Diese Christenverfolgung aber nahmen die späteren christlichen Geschichtsschreiber Roms dem heidnischen Kaiser Nero übel. Diese Tradition fand ihre Fortsetzung über das christliche Mittelalter (Johannes von Salisbury bezeichnete ihn im 12. Jahrhundert als schlechtesten Menschen aller Zeiten) bis in unsere Zeit. Und weil zum verabscheuungswürdigen, unschuldige Christen verfolgenden Tyrannen passt, dass er seine Stadt anzündet, überlebten auch diese antiken Stammtischgerüchte vom irren Brandstifter zwei Jahrtausende. Darüber hinaus galt in der Beurteilung Neros dasselbe wie für Tiberius: Mehr noch als dieser gehörte Nero in die Zeit des vermeintlichen Niedergangs Roms, für den sein schlechter Charakter und seine Staatsführung verantwortlich gemacht wurden. Hinzu kommt, dass das nachfolgende Herrschergeschlecht der Flavier Nero als letzten Vertreter des julisch-claudischen Kaiserhauses aus Gründen der Selbstdarstellung schlechtmachte – spätestens da begann das Bild Neros, sich für die Nachwelt zu verdunkeln. So stellten Generationen von Geschichtsschreibern die vermeintlichen (und auch echten) Verbrechen Neros in den Vordergrund und blendeten all das aus, was ihn zu einem gewöhnlichen Herrscher mit Stärken und Schwächen macht.

Mit den frühen Kaisern Roms ist die Reihe der verleumdeten Herrscherfiguren noch lange nicht zu Ende. Wenigstens einer sei noch erwähnt, schon weil er und seine Regierungszeit im zweiten Jahrhundert einem berühmten Hollywood-Blockbuster den Handlungsrahmen lieferten: In Ridley Scotts *Gladiator* aus dem Jahr 2000 mit Russell Crowe als Feldherr Maximus, der dem neuen Kaiser Commodus (Joaquin Phoenix) die Gefolgschaft verweigert, weil er dessen (unhistorischen) Vatermord an Marc Aurel verurteilt. Commodus lässt ihn verfolgen und seine Familie ermorden, Maximus gerät in die Sklaverei, wird Gladiator und kämpft sich durch bis zum Showdown im Kolosseum, wo es zum Kampf gegen den Kaiser kommt, der sich als Gladiator verdingt – was wiederum historisch belegt ist. Nicht zuletzt die Rolle des Kaisers als Gladiator machte Commodus zu einem weiteren der schwarzen Schafe in der römisch-kaiserlichen Ahnengalerie. Er galt nicht nur als schlechter Kaiser, sondern als wahnsinnig, weil er sich mit dem göttlichen Helden Herkules identifizierte und sich entsprechend kleidete und darstellen ließ – als Statuen und auf Münzen. Dazu passte gut, dass er sich den Frevel erlaubte, als Kaiser den Gladiator zu geben, und die Monatsnamen nach sich umbenennen ließ. Sein Biograf Herodian war nicht der Einzige, der ihn als geisteskrank bezeichnete; er beschrieb ihn aber ebenso als schönen Mann mit athletischem Körper und blonden Locken.

Nicht nur äußerlich, sondern ebenso von Geburt war Commodus eigentlich ganz besonders geeignet, den Reihen der römischen Kaiser zur Ehre zu gereichen, denn er war der erste purpurgeborene Thronfolger. Das heißt, er wurde geboren, als sein Vater Marc Aurel bereits Kaiser war. Er ließ seinen Sohn außerdem auf das Amt vorbereiten und beteiligte ihn noch zu Lebzeiten an der Regierung. Nachdem sein Vater auf einem Feldzug gegen die Germanen an der Donau gestorben war, möglicherweise an der Pest, übernahm Commodus 180 n. Chr. mit achtzehn Jahren die Alleinregierung. Sein Einzug in Rom wurde bejubelt, das Volk hoffte auf einen würdigen Nachfolger Marc Aurels, der schon zu Lebzeiten und bis heute als einer der besten römischen Kaiser gilt. Commodus verfolgte sogleich eine Politik des Friedens und beendete den Krieg gegen die Markomannen. Auch sonst war seine Regierung durchaus solide. Selbst dass er schon bald mit dem Senat über Kreuz lag, war für sich genommen noch kein Problem, das war anderen Kaisern genauso gegangen. Commodus brachte die ehrwürdigen Senatoren auf Dauer gegen sich in Stellung, weil er sie politisch ausbootete. Schlimmer noch: Sie bekamen es mit ehemaligen Sklaven zu tun, die für den Kaiser die Geschäfte erledigten – die Senatoren fühlten sich dramatisch deklassiert, quasi als Sklaven von Sklaven. Die Beziehung zum Senat war bereits nach einem Jahr ziemlich zerrüttet, während das Volk weiterhin auf Commodus' Seite stand.

Doch als er sich ein Jahrzehnt nach der Regierungsübernahme als kaiserlicher Gladiator und göttlicher Herkules neu aufstellte, überschritt er Grenzen und brachte sich letztlich selbst zu Fall. Sein Ziel scheint es gewesen zu sein, seine Herrschaft auf eine neue Grundlage zu stellen. Vielleicht weil Commodus die militärische Erfahrung fehlte, also der soldatische Stallgeruch, auf den man in Rom großen Wert legte, verlegte er sich darauf, seine kriegerischen Fähigkeiten als Gladiator unter Beweis zu stellen. Das entsprach einerseits römischen Gepflogenheiten und vermittelte Volksnähe, andererseits stellte es eine Grenzüberschreitung dar, weil hier ein Kaiser in die Arena trat und sich mit den Gladiatoren gemeinmachte. Diese mochten umjubelte Stars sein, aber sie blieben antike Underdogs, mit denen sich ein Kaiser nicht einlassen durfte. Nunmehr schwand auch im römischen Volk der Rückhalt, bis nur noch Soldaten und Prätorianer zu ihm hielten. Die Ablehnung des Volkes fand ihren Ausdruck in einem Gerücht, das besagte, der Kaiser ziele bei seinen Auftritten in der Arena mit Pfeil und Bogen wahllos auf Zuschauer. Prompt blieben die Zuschauer aus, wenn der Kaiser in die Arena stieg. Jedenfalls vermochte Commodus seiner Herrschaft kein tragbares neues Fundament zu bauen, nicht in Anknüpfung an Herakles, nicht mit Monaten, die seine Namen und Titel trugen, und auch nicht als kaiserlicher Gladiator, der seine Allmacht im Abschlachten unzähliger Tiere unter Beweis stellte.

So stürzte Commodus, der wie Caligula als junger Hoffnungsträger vom Volk gefeiert worden war, wie Nero über böse Gerüchte, die auszuräumen er nicht vermochte. Und wie Nero und Caligula fiel das Urteil der Geschichte, eingeleitet von den antiken Historikern, verheerend aus. Die Autoren der Kaiserzeit schlugen sich, wieder einmal, ganz überwiegend auf die Seite des Senats. Sie berichteten ausführlich von Morden, Perversionen, Verfehlungen und exaltierten Anwandlungen wie derjenigen, sich als göttlicher Herkules anzusehen. Sie nannten ihn Mörder, Feind des Volkes, der Götter und des Senats. Sie stellten das Schreckensregiment der Präfekte, die Commodus einsetzte, heraus und ließen die Erfolge seiner Regierung, die außen- wie innenpolitisch durchaus bemerkenswert waren, nicht gelten. Nach diesen Darstellungen war der Übergang vom idealen Kaiser Marc Aurel zum wahnsinnigen Tyrannen Commodus eine Wasserscheide vom Guten zum Bösen, Abgründigen, zur Katastrophe. Unter all dem Guten, das Marc Aurel dem Römischen Reich getan hatte, war da diese eine Verfehlung: den missratenen Sohn zum Nachfolger zu bestimmen – so ein zeitgenössischer Historiker. Im gleichen Maß, wie der Vater als idealer Herrscher gerühmt und verherrlicht wurde, verteufelte die Nachwelt den Sohn, dessen Regierungsantritt das Ende der Blütezeit unter den Adoptivkaisern markierte – und den Beginn einer schlimmen Ära mit Bürgerkrieg und weiteren Tyrannen auf dem Kaiserthron. Vielleicht hatte Commodus angesichts des überragenden Erbes seines Vaters gar keine wirkliche Chance – er war weder der Erste noch der Letzte, der am drückenden Vermächtnis eines großen Vorgängers scheiterte. Doch wie die anderen Kaiser hat er es verdient, differenziert eingeschätzt zu werden, damit die überzogen schlechten Beurteilungen und krassen Verleumdungen ein Ende haben.

Am Vorabend des Jahres 193 jedoch, als Commodus wieder einmal einen spektakulären Auftritt geplant hatte, erdrosselte ihn im Bad einer Gladiatorenschule, wo er sich auf seinen Auftritt vorbereitete, sein Personal Trainer, der Athlet Narcissus. Das Gerücht kursierte, der Kaiser wolle beim nächsten Auftritt im Kolosseum zwei unliebsame Senatoren töten, die daraufhin dringenden Handlungsbedarf sahen. Nach nur dreizehn Jahren an der Macht war Commodus einer Verschwörung zum Opfer gefallen. Mit ihm endete die Epoche der Adoptivkaiser, und sofort verhängte der römische Senat über Commodus die *damnatio memoriae:* Sein Name wurde nicht mehr genannt und aus Inschriften getilgt, alle Ehren wurden ihm aberkannt, jedes Gedenken wurde verboten. Das hob zwar Septimius Severus, der in den Nachfolgewirren des Vierkaiserjahrs 193 schließlich obsiegte, nur drei Jahre später wieder auf und sprach ihm göttliche Ehren zu. Er ließ seinen Vorgänger außerdem noch ehrenvoll im Mausoleum des Hadrian beisetzen. Doch die Interpretationshoheit behielt der Senat, dessen Urteil vom schlechten Kaiser die Biografen aufgriffen und in die Neuzeit trugen. Und die fand in Commodus einen besonders spektakulären Imperator, dessen Biografie man trefflich ausschlachten konnte, wie die populären Darstellungen des Commodus in Literatur und Film zeigen.

Was nicht sein darf

Nachdem das Römische Reich untergegangen war, produzierte es keine Vorlagen mehr für neue Skandale und Personen, aber eine kaum weniger schillernde Institution trat an seine Stelle: die katholische Kirche. Die vielleicht berühmteste Erzählung aus der Kirchengeschichte des Mittelalters ist die der Päpstin: von einer Frau, die es ungehörigerweise bis an die Spitze der männerdominierten Kirchenhierarchie geschafft haben soll. Eine Frau auf dem Papstthron in Rom? Unvorstellbar. Ein Papst, der während einer Prozession ein Kind gebiert und somit offenbart, dass »er« eine Frau ist? Kaum zu glauben. Eine Frau, die Mitte des 9. Jahrhunderts als Mann verkleidet eine Gelehrtenlaufbahn einschlägt und es bis zur Papstwürde bringt? Mehr als unwahrscheinlich. Und doch berichten Chronisten seit dem 13. Jahrhundert von einer Frau als gewählter Nachfolgerin des Petrus, einem der – in ihren Augen – schmachvollsten Kapitel in der Geschichte des frühmittelalterlichen Papsttums. So unsäglich sei diese Angelegenheit gewesen, so unendlich peinlich für das Ansehen der Kurie und der katholischen Kirche insgesamt, dass man Johannes VIII., wie Johanna als Papst hieß, aus der offiziellen Zählung der Päpste herausnahm und schlichtweg verschwieg. Die Geschichte ist so abstrus und faszinierend, dass man annehmen möchte, sie müsse einfach wahr sein. Nicht auszudenken eben.

Martin von Troppau, ein schlesischer Dominikanermönch und Kaplan am päpstlichen Hof, hat die unrühmliche Geschichte 1278 am detailliertesten beschrieben, nachdem einige Jahre zuvor verschiedene Chronisten im lothringischen Metz, in Frankreich und in Thüringen mit unterschiedlichen Details als Erste davon berichtet hatten. Der Metzer Chronist datierte die Geschichte auf um 1100, während Martin von Troppau in seiner Papst- und Kaiserchronik vom Jahr 855 erzählt, in dem auf Papst Leo IV. Johannes Anglicus aus Mainz gefolgt sei und zwei Jahre, sieben Monate und vier Tage an der Spitze der römischen Kirche gestanden habe. Doch dieser Papst sei eine Frau gewesen, die in Männerkleidung ihren Liebhaber nach Athen begleitet und sich dort, vorgeblich als Mann, in den Wissenschaften bewährt hatte. Später habe sie in Rom gelehrt und sich dort ebenfalls einen Namen gemacht. Aufgrund ihres auch moralischen Ansehens habe man sie schließlich einstimmig zum Papst gewählt. Allerdings sei sie während ihrer Amtszeit geschwängert worden. So sei es dazu gekommen, dass Johanna/Johannes auf dem Weg von St. Peter zum Lateran, zwischen dem Kolosseum und der Kirche San Clementi, von Wehen überrascht worden sei und auf offener Straße ein Kind geboren habe. Ebendort sei sie auch gestorben und begraben worden. Dieser Ort werde seitdem von den Päpsten streng gemieden. Martin von Troppau, gelegentlich als »Geschichtslehrer des Mittelalters« bezeichnet, war einer der meistgelesenen – und meistkopierten – Chronisten des Altertums, und seine Version der Geschichte wurde überall im christlichen Europa aufgegriffen.

Andere mittelalterliche Chronisten verweisen auf ein verdächtiges Element der Papstkrönung im Lateranpalast und der dazu gehörigen Basilika. Noch vor der eigentlichen Weihe nahm der neu gewählte Papst nacheinander auf zwei antiken Sesseln Platz. Diese sogenannten kurulischen Stühle, die nichts mit dem eigentlichen Papstthron zu tun haben, existieren heute noch: der eine im Pariser Louvre, der andere im Museum des Vatikan. Die Besonderheit dieser Sitzgelegenheiten, nachweislich seit 1099 bei der Papstinthronisation benutzt: Ein Teil der Sitzfläche fehlt. Wurde so das Geschlecht eines gewählten, aber noch nicht geweihten Papstes geprüft, um einen erneuten Skandal auszuschließen? Was sonst soll dieses anatomische Detail bedeuten – in einer Zeremonie, die durch und durch symbolbeladen war? Dazu passend berichtet ein Hofliterat des Medici-Papstes Leo X. Anfang des 16. Jahrhunderts davon, dass die Prüfung des päpstlichen Geschlechts ganz öffentlich in der Lateranbasilika vor sich gehe und das Ergebnis dem versammelten Volke von einem Geistlichen kundgetan und im Protokoll vermerkt werde.

Und tatsächlich gibt es in Rom eine kleine Straße, die die Päpste auf ihren Prozessionen umgingen. Dort befand sich, bevor Papst Sixtus V. sie entfernen ließ, eine Statue, die offenbar eine Mutter mit ihrem Kind darstellte. Die Inschrift eines Steins mit rätselhaftem Inhalt an anderer Stelle der Gasse wird verständlich, wenn man ihn auf Johanna bezieht: Es muss ihr Grabstein sein. Haben die Päpste deshalb jahrhundertelang diese Gasse schamvoll gemieden? Um mit den Zeugnissen dieser Schande nicht unmittelbar konfrontiert zu werden? Die Straße lag auf dem direkten Weg zwischen Lateran und Vatikan – eine Strecke, die jeder Papst immer wieder zurückzulegen hatte. Warum also sollten die Päpste jedes Mal einen Umweg in Kauf nehmen? Und warum hat sich immerhin 200 Jahre lang niemand darüber beschwert, dass in der Kathedrale von Siena in der Reihe der Päpste auch eine Frau zu sehen war? Selbst dem später verbrannten Ketzer Johannes Hus widersprach während seines Verhörs auf dem Konstanzer Konzil keiner der anwesenden Vertreter der Kurie, als er Johanna als Päpstin bezeichnete.

Dass sich die vielen Erzählungen über Johanna stark voneinander unterscheiden, ist nicht weiter verwunderlich: Mittelalterliche Chronisten schmückten ihre Berichte fast immer aus. Mal stirbt Johanna bei der Geburt, mal wird sie von der entsetzten Volksmenge verjagt oder gesteinigt. Gelegentlich wird berichtet, der Sohn sei später Bischof von Ostia geworden, und manchmal ist auch zu lesen, Johanna habe für den Rest ihres Lebens in einem Kloster Buße getan.

Doch ob Johanna nun um das Jahr 1100 den römischen Männerklub aufgemischt haben soll oder nach Martin von Troppau bereits im 9. Jahrhundert: Die historischen Quellen schweigen sich bemerkenswerterweise mehrere Jahrhunderte lang über dieses doch sehr besondere Pontifikat aus. Den Menschen des Mittelalters müssen die Berichte von der Päpstin Johanna als ungeheure Monstrosität vorgekommen sein, denn ein Papst musste doch ein Mann sein. Trotzdem hielt man die Geschichte lange Zeit für wahr, sogar von offizieller Seite. Und noch heute befassen sich Historiker mit diesem Thema und wägen oft von Neuem ab, was an der Sache dran sein könnte.

Genau da muss man ansetzen, um die Geschichte einer Frau auf dem Papstthron richtig einzuschätzen. Damals wie heute besaß ein solcher Skandal verständlicherweise eine gewaltige Anziehungskraft, wurde weitererzählt und immer wieder ausgelegt. Sensationslust ist schließlich keine Erfindung unserer Zeit. Und die Faszination dieser Figur reicht bis heute – wie Bestsellerromane und Spielfilme belegen, die die Legende der Päpstin zur Grundlage haben. Sie bezeugen meistens eher die heutige Sicht auf die Vergangenheit als das Interesse an dem, was tatsächlich stattgefunden hat. Hinzu kommt, dass das Schicksal dieser Frau, das die katholische Kirche totzuschweigen versucht, bei Feministinnen wie Kirchenkritikern großen Anklang findet.

Das war schon im Mittelalter ähnlich. Ob man einen solchen Skandal für möglich oder gar authentisch hielt, richtete sich auch danach, wie man Kirche und Religion der eigenen Zeit erlebte. Immer wieder gab es Perioden, in denen vermehrt Kritik am Papsttum laut wurde. Solche Kontroversen wurden auch propagandistisch ausgetragen, etwa in den Schriften der Bettelorden. Sie verstanden in Abgrenzung zur reichen Kirche die Armut als oberstes Ideal, agitierten gegen den Heiligen Stuhl und waren dem Volk – allein durch räumliche Nähe in ihren städtischen Konventen – sehr viel näher als der Papst in Rom. Die meisten Autoren, die über Johanna schrieben, waren Bettelmönche. Ebenso ist es kaum verwunderlich, dass im 16. Jahrhundert, in den stürmischen Jahrzehnten nach der Reformation, die Geschichte von Johanna in den protestantischen Polemiken gegen die katholische Kirche und das Papsttum häufig als Beispiel für die verlotterte römische Kirche angeführt wurde. Auch den Protestanten diente die Frau auf dem Stuhl des heiligen Petrus als anschauliches Sinnbild katholischer Verderbtheit.

Aber wie steht es nun mit den angeblichen Indizien? Die seltsamen Stühle, die gemiedene Gasse, der Grabstein? Wie bei vielen Legenden lassen sich auch im Falle der Päpstin Johanna Details, auf die sich Wahrheitsnachweise stützen, plausibel und unspektakulär erklären.

Die Stühle, deren anatomische Besonderheit lange damit erklärt wurde, man prüfe so die Virilität des neu gewählten Papstes, stammen aus der Antike. Sie waren aus Rosso antico, einem Marmorstein, der wegen seiner roten Farbe dem Porphyr, dem »kaiserlichen Stein«, gleichgesetzt wurde. Farbe und Alter dürften die beiden Möbel für die Verwendung bei der Inthronisation qualifiziert haben. Dass die Sitzflächen eine Aussparung aufwiesen, hat einen ganz praktischen Grund: Die steinernen Sitzgelegenheiten dienten als Badesessel, was die Aussparung der Sitzfläche vergleichsweise banal erklärt: Das Wasser konnte abfließen.

Und auch dafür, dass Papst und Gefolge eine bestimmte Gasse nicht benutzten, obwohl sie eine Abkürzung auf einem häufig zurückgelegten Weg bot, gibt es eine ganz simple Erklärung: Diese Gasse war so eng, dass der Papst und sein Gefolge gar nicht hindurchgepasst hätten. Daher nahm man einen längeren, für eine kleine Prozession aber bequemeren Weg. Die Statue, die leider nicht mehr existiert, stellte einigen Zeugnissen zufolge keineswegs so eindeutig eine Frau mit Kind dar: Zeitdokumente, die sich nicht auf die Päpstinnenlegende beziehen, sprechen von der heidnischen Darstellung einer Priestergestalt mit Palmenzweig sowie einem dienenden Knaben. Weil die Figur aber ein weites Gewand trug, konnte man sie leicht für eine Frau mit Kind halten. Die rätselhafte Inschrift auf einem Stein, der sich ebenfalls in der Gasse befand, lässt sich nur mit einer gehörigen Portion Fantasie auf die Päpstin beziehen. Denn solche Inschriften bestanden überwiegend aus uneindeutigen Abkürzungen, in diesem Fall sechsmal der lateinische Buchstabe P. Natürlich lässt sich daraus ein lateinischer Satz bilden, der auf die Sage passt. Aber andere Auslegungen dieser Inschrift sind wahrscheinlicher. Lateinische Inschriften, die schwer zu deuten waren, wurden im Mittelalter gerne für Wortspielereien verwendet.

Auch die konkrete Angabe, Johanna sei in Mainz geboren, ist eher als Indiz dafür zu werten, dass die Legende vornehmlich ideologisch begründet war. Mainz war zur Zeit der Entstehung der Johanna-Legende *die* deutsche Metropole und Synonym für die Rivalität zwischen Papst- und Kaisertum. Später diente Johannas deutsche Herkunft als Erklärung, warum kein Deutscher mehr zum Papst gewählt wurde – was einige deutsche Autoren dazu brachte, die Legende ganz nach Griechenland zu verlegen. Auch das Detail des Studiums in Athen ist zweifelhaft, denn die ehemals glanzvolle Metropole Griechenlands war zur Zeit Johannas längst kein herausragender Ort der Wissenschaften mehr. Noch ein bemerkenswerter Aspekt deutet auf den Legendencharakter der Päpstinnen-Geschichte: Eine sehr ähnliche Geschichte wird auch aus dem orthodoxen Byzanz, dem Sitz der Ostkirche, berichtet. Ein Patriarch des 10. Jahrhunderts soll demnach veranlasst haben, dass seine Nichte, als Mann verkleidet, zu seinem Nachfolger gewählt wird. Und nicht zuletzt dürfte eine römische *urban legend* Pate gestanden haben. Sie erzählt von der öffentlichen Geburt eines Kindes in einer Gasse zwischen Kolosseum und San Clemente.

Es verhält sich mit der Legende der Päpstin Johanna also ähnlich wie mit vielen Verschwörungstheorien. Entsprechend interpretiert, dienen diverse Details als Indizien für die Richtigkeit einer Annahme. Zusammengenommen ergibt sich ein Zirkelschluss dieser Hinweise, der dann mit einem Beweis gleichgesetzt wird. Tatsächlich aber stützen mehrere auf Sand gebaute Säulen ein dementsprechend instabiles Argumentationsgebäude, das bei einiger Nachforschung rasch ins Wanken gerät. Auch wenn sich *nicht* belegen lässt, dass keine Frau jemals Papst war – die vagen und widerlegbaren Hinweise reichen für eine Beweisführung ihrer Existenz noch viel weniger aus.

Das verrufene Mittelalter

Doch nicht allein die mittelalterliche Kirchengeschichte wird häufig als reine Skandalgeschichte verstanden (und erzählt). In Misskredit steht die gesamte Epoche des Mittelalters, immerhin ein rundes Jahrtausend abendländischer Geschichte. Trotz des regen Interesses, das die Geschichte genießt und das sich nicht zuletzt auf das Mittelalter bezieht, gilt die Zeit zwischen 500 und 1500 n. Chr. – um eine grobe Periodisierung zu verwenden – als »finsteres Zeitalter«. Da ist der kalte Griff der unbarmherzigen Kirche auf jede Seele und ihre lustfeindliche Strenge; da ist das Elend der breiten Masse, die buchstäblich im Dreck leben muss und der nur ein kurzes, freudloses Leben vergönnt ist. Wir lernen in der Schule vom Schrecken der feudalistischen Grundherrschaft, die den Einzelnen unerbittlich knechtet. Wir erfahren von der beständigen Angst der Menschen – vor dem Teufel oder der Kirche, vor den Gefahren der undurchdringlichen Wälder oder dem göttlichen Zorn in Form eines Gewitters oder Sturms. Da waren keine Vernunft und kein Wissen, die den einfachen Menschen diese Grundangst nehmen konnten, weil so viel um ihn herum unerklärbar schien. Da sind Scheiterhaufen und Pest, Kreuzzüge, Judenverfolgung und, und, und ... die Aufzählung könnte beliebig fortgesetzt werden. Selbst Goethe bezeichnete die Epoche einmal als »traurige Lücke«, und Voltaire sprach von »dieser traurigen

Zeit«. Mit einem Satz: Kein moderner Mensch könnte ernsthaft behaupten, er möchte lieber im Mittelalter leben. Aber wird der Epoche nicht unrecht getan, wenn man sie auf Düsteres, Fremdes, lächerlich Unmodernes und Unmündiges reduziert? Schon der Begriff »Mittelalter« hat etwas Abschätziges an sich. Er bezeichnet die Zeit zwischen zwei Epochen, der Antike und der Moderne, als handele es sich um das notwendige Übel eines Übergangs und nicht um eine eigenständige Epoche. Dabei umfasst diese vermeintliche Zwischenzeit immerhin rund ein Jahrtausend!

Der Begriff Mittelalter stammt aus der Zeit des Humanismus und bezog sich zunächst auf Sprache und Literatur, also auf eine Epoche zwischen klassischer Antike und der damaligen Gegenwart. Der Humanist Petrarca benutzte die Metapher von Licht und Dunkel, von der strahlenden antiken Kultur und dem Dunkel des sich anschließenden tausendjährigen Niedergangs. Historiker nutzen den Begriff Mittelalter seit der zweiten Hälfte des 17. Jahrhunderts. Wie umstritten er und seine klare Definition sind, zeigt auch die schwierige Periodisierung: Als Endpunkt des Mittelalters wird – jeweils durchaus begründet – mal die Renaissance angesetzt oder Kolumbus' Entdeckung Amerikas, mal der Buchdruck Gutenbergs oder die Reformation – oder gar die Französische Revolution.

Die Polemik des Begriffes liegt aber nicht bloß in der verunglimpfenden Einordnung als Zwischenzeit, sondern in der überheblichen Sichtweise auf die Epoche. Bis heute ist das Mittelalter eine Art negativer Bezugspunkt, um sich der eigenen Fortschrittlichkeit zu versichern. Das nahm seinen Anfang mit der Aufklärung, die an die Größe der Antike anknüpfen und gleichzeitig die ihr nachfolgende Zeit diskreditieren wollte, sowohl kulturell als auch religiös und politisch. Dazu kam die Position der Aufklärung gegen die Kirche, mochte sie Europa auch über Jahrhunderte geprägt haben. Immanuel Kant, unangefochtene Größe der Aufklärung, und Friedrich Schiller taten sich als Sprachrohre der Verurteilung hervor. Die Einordnung als dunkles oder düsteres Zeitalter übernahmen sie von den Humanisten, und die Mehrheit der gelehrten Welt folgte ihnen. Die Aufklärung nahm in Anspruch, nach dunklen Jahrhunderten wieder Licht über die Menschheit zu bringen und ihren Geist zu erhellen – durch Vernunft, Achtung vor dem Individuum, ein Ende der Fremdbestimmtheit und so weiter. Ebenso hatte die Reformation reklamiert, nach dem verwerflichen Dunkel des katholischen Mittelalters an die antike Urkirche anzuknüpfen und mit Luther wieder strahlendes Licht über die Gläubigen zu bringen. Der Mediävist Johannes Fried schrieb dazu:»Die Aufklärer, Kant und seine Zeitgenossen, waren Erben, nicht Überwinder des Diskriminierten. Sie standen auf fremden Schultern und ahnten es nicht. Sie verachteten ihre Träger.«

Das polemische Schema wirkt bis heute weiter. Mit Vorliebe wird das Adjektiv»mittelalterlich« bemüht, wenn Zustände beschrieben werden, die grausam, rückständig, überholt, inakzeptabel oder lächerlich erscheinen. Dabei ist bei aller berechtigter Kritik am Mittelalter gerade die Neuzeit nicht gerade berufen, aus der sicheren Position des Besseren über vergangene Epochen zu richten. Schließlich gilt das 20. Jahrhundert unangefochten als das grausamste überhaupt und hat die Neuzeit das Mittelalter an Grausamkeit insgesamt längst überholt: Da sticht die neuzeitliche Sklaverei die mittelalterliche Grundherrschaft mühelos aus – im Unterschied zur Sklavenhaltung der Antike und der Neuzeit wurden im Mittelalter Leibeigene nicht verkauft –, und ebenso der technologisch hochgerüstete Krieg der Moderne die militärischen Auseinandersetzungen des Mittelalters.

Vor zweihundert Jahren speiste sich die selbstgerechte Ablehnung des Mittelalters aus der Fortschrittsgläubigkeit und der trügerischen Gewissheit, auf der Überholspur in eine lichte Zukunft zu rasen. Das hat sich nicht bewahrheitet, und so müsste der Befund aus dem Blickwinkel einer Moderne, die sich in vielerlei Hinsicht leergelaufen und mit massiven Problemen zu kämpfen hat, eigentlich ganz anders ausfallen. Doch wir urteilen weiter aus dem noch immer wohligen Gefühl unseres modernen Lebens mit Auto und Krankenversicherung, Elektrizität und Computer, Fernreise und Fernsehen, Smartphone und Internet. All das hatte das Mittelalter nicht zu bieten, und natürlich handelt es sich aus heutiger Perspektive um eine ausgesprochen rückständige Zeit. Gleichzeitig aber vergessen wir, dass die Grundlagen unserer Zeit nicht zuletzt im Mittelalter liegen und jenes Jahrtausend eine höchst lebendige Zeit mit vielen Facetten und Entwicklungen gewesen ist. Immerhin wurden in dieser Zeit Europa urbar gemacht und der Pflug oder die Brille erfunden; wurden die ersten Universitäten eingerichtet, die Grundlagen unserer modernen Wissenschaften gelegt und das Bankenwesen begründet. Immerhin verdanken wir dem Mittelalter unseren Kalender, eine rationale Zeiteinteilung mittels Uhren und die arabischen Zahlen. Großartige Kathedralen wurden gebaut und die Künste bedeutend vorangebracht. Technische Innovationen befeuerten Wirtschaft und Handel, blühende Städte schufen Vielfalt und verbreiteten Ideen. Frankreich verdankt dem Mittelalter seine staatliche Form und England seine Freiheitsrechte der Magna Charta Libertatum.

Überdies sind viele Ansichten über das Mittelalter schlichtweg unzutreffend: Weder wurden die Menschen nicht viel mehr als 30 Jahre alt, sondern durchaus auch 80 – da trügt die Statistik, weil die Kindersterblichkeit dramatisch hoch war. Auch war die Grundherrschaft kein rein mittelalterliches Phänomen; und die Hexenverfolgung entfaltete ihren Schrecken erst in der Neuzeit. Ebenso falsch ist die weitverbreitete Ansicht, der Mensch des Mittelalters habe stumpf in der Masse vegetiert und sich nicht als Individuum wahrgenommen, denn die Grundlagen der individuellen Selbstwahrnehmung, auf die wir heute so viel Wert legen, liegen eben gerade im Mittelalter. Selbst der Begriff der Freiheit ist keine Errungenschaft der Neuzeit. Und schließlich war das Mittelalter ebenso wenig einseitig naiv, wie unsere Epoche immer ausschließlich vernunftbestimmt ist.

Aber das Label »rückständig« verpassen wir ja heute schon der Zeit unserer Großeltern. Dabei vergessen wir gerne, dass uns im Gegenzug zu all den Errungenschaften immer häufiger Dinge fehlen, die unsere Großeltern oder eben das Mittelalter noch besaßen: einen schützenden und Identität stiftenden Wertekanon beispielsweise oder die Sicherheit eines Sozial- oder Familienverbandes. Wer die Errungenschaft der individuellen Freiheit schätzt, wird auch bedauern, dass sie in einer Konsum- und Mediengesellschaft zunehmend ins Hintertreffen gerät. Ganz abgesehen von der schweren Hypothek, die sich erst in der Moderne aufzubauen begann: Ressourcenausbeutung, Erderwärmung. Und sowenig nachvollziehbar uns die jenseitige Ausrichtung des so religiös gefärbten Mittelalters heute erscheinen mag: Längst erfahren wir die problematischen Folgen einer ausschließlich auf das Diesseits gerichteten Gesellschaft.

Jedes Zeitalter hat Licht und Schatten, Verdienste und Versäumnisse. Und so hat auch das Mittelalter bei allem Schatten viel Licht und Heiteres zu bieten, das aus dem Obskuren tritt, wenn die dunkel gefärbte Brille der Moderne einmal beiseitegelegt wird. Als ausnahmslos finsteres Zeitalter und Inbegriff von lächerlichen, hoffnungslos rückständigen Zuständen verunglimpft zu werden, das hat die Epoche zwischen 500 und 1500 n. Chr. schlichtweg nicht verdient.

✳ ✳ ✳

Das derart geschmähte Mittelalter hat eine ganze Reihe hartnäckiger Legenden zu bieten, deren Wahrheitsgehalt noch immer vorausgesetzt wird, darunter das berühmte »Recht der ersten Nacht«. Immer wieder gab es Kontroversen um diesen Tatbestand, die vor allem unter einem Aspekt aufschlussreich sind: Es ging eher um politische Auseinandersetzungen der jeweiligen Zeit als um das ernsthafte Bemühen, das Mittelalter zu verstehen. Die Französische

Revolution beispielsweise verteufelte das Mittelalter, wo immer es ging, als den barbarischen Gegensatz zu den Errungenschaften von Aufklärung und Revolution. Das *Ius primae noctis* eignete sich dafür ganz ausgezeichnet. Eine wissenschaftliche Auseinandersetzung mit dem Thema begann erst im 19. Jahrhundert, im Zuge der beginnenden umfassenden Erforschung des Mittelalters.

Man stelle sich eine mittelalterliche Szenerie vor: Braut und Bräutigam tanzen liebestrunken, bis sich der Blick der hübschen jungen Frau auf einen Beobachter am Rand des Geschehens richtet. Die Musik verstummt, ein Schatten fällt auf ihre lieblichen Züge, und kurz darauf, als sein Herr mit einer lässigen Geste einfordert, was ihm zusteht, erstarrt der Bräutigam vor Schmerz: Er muss seine Liebe ziehen lassen – das Recht der ersten Nacht mit der Braut gebührt seinem Herrn. Es ist ein stehender Topos, wie auch das Protokoll der Sitzung des Deutschen Reichstags vom 15. Dezember 1881 zeigt: »Große Heiterkeit« verzeichnet es, als sich ein Abgeordneter gegen Verleumdungen der adeligen Junker zur Wehr setzte. Man warf ihnen vor, mittelalterliche Zustände wieder einführen zu wollen, in denen gar das *Ius primae noctis*, das Recht der ersten Nacht, wieder zur Geltung käme. Vielleicht hatte der gute Mann am Abend zuvor eine Vorstellung von Mozarts »Die Hochzeit des Figaro« gesehen, in der es um eine Intrige Figaros, seiner Braut Susanna und der Gräfin Almaviva geht. Sie wollen gemeinsam verhindern, dass Graf Almaviva vom »Recht der ersten Nacht« Gebrauch macht, obwohl er eben das selbst abgeschafft hat. Oder er hatte im Theater »Heinrich V.« gesehen, wo Shakespeare einem despotischen Charakter das Thema zueignet (John Mortimer). Wahrscheinlicher aber ist, dass der Abgeordnete wie die meisten anderen auch überzeugt war, dass es wirklich eine Zeit gegeben hatte, in der ein adeliger Grundherr seinen Abhängigen die Brautnacht stehlen konnte. Was Mozart frivol-heiter für einen stimmungsvollen Opernabend verarbeitet hat, wird bis heute auch von vielen Historikern als authentisch angesehen.

Neben der Inquisition oder dem Lehnswesen gehört das berüchtigte »Recht der ersten Nacht«, das im Falle der Heirat eines Abhängigen vom Lehnsherrn beansprucht werden konnte, zu den bekanntesten Begriffen, die man mit dem Mittelalter in Verbindung bringt. Auf die heutige Vorstellung vom Mittelalter hatte die Überlieferung dieser »Sitte« großen Einfluss. Denn wie ließe sich die Ohnmacht der vielen »kleinen Leute«, die ohnehin ein hartes, karges und kurzes Leben fristeten, besser ausdrücken als in diesem barbarischen Akt sexueller Willkür? Die Rechte eines Grundherrn über seine Abhängigen reichten weit, mochten sie auch nicht identisch sein mit der Leibeigenschaft, mit der sie häufig verwechselt werden. Außerdem ist sexuelle Selbstbestimmung eine Errungenschaft der aufgeklärten Neuzeit. Ehen waren im europäischen Mittelalter ökonomische Zweckgemeinschaften, nicht selten bestimmt von familiären Erwägungen oder verordnet von ebenjenem Grundherrn. Die Liebe ist zwar nicht gerade eine Erfindung unserer Zeit, dass sie aber als Grundlage für eine Eheschließung keine große Rolle spielen musste, kann noch unsere Großelterngeneration bestätigen. Doch sosehr ein *Ius primae noctis* zu den Machtverhältnissen des Mittelalters zu passen scheint – und unabhängig davon, wie Macht im Mittelalter sexuell ausgeübt wurde –, hat es ein institutionalisiertes, juristisch verankertes Recht des Grundherrn auf die erste Nacht mit der Braut jedes seiner Abhängigen nie gegeben.

Untersuchungen haben ergeben, dass das Recht der ersten Nacht im längeren Teil des Mittelalters nicht einmal je genannt wurde. Literarischen Niederschlag findet der Begriff aber schon sehr viel früher, erstmals im Gilgamesch-Epos, einer der ältesten Dichtungen der Menschheitsgeschichte aus dem zweiten vorchristlichen Jahrtausend. Allerdings diente es damals bereits als Topos für Machtmissbrauch und Tyrannei, was sich in andere Kulturen forttrug. Mittelalterliche Quellen erwähnen den Begriff erst seit dem 13. Jahrhundert, ohne dass sich jedoch beweisen ließe, ein solches Recht sei verbrieft gewesen und ausgeübt worden. Auffälligerweise gilt das nicht nur für das deutsche Mittelalter, sondern ebenso für andere Länder. Vielmehr wurde eine andere Praxis des Lehnswesens falsch überliefert oder kritisiert: Es gab eine Art Ablösesumme oder Heiratszins, der in verschiedenen Gegenden Europas auf verschiedene Art und Weise anfiel, etwa wenn ein Unfreier eine freie Frau heiraten wollte. Oder die Kirche erhob eine Gebühr, bevor die Hochzeitsglocken läuten durften. Mit sanktioniertem sexuellem Zwang hatte das aber nichts zu tun: Es ging eher um die Arbeitskraft, die dem Herrschaftsgebiet verloren ging. Andernfalls hätte sicher die Kirche ihren Einfluss gegen diesen Brauch geltend gemacht, denn auch für Unfreie galt bei Eheschließung das Konsensprinzip, und das Ideal von Monogamie und Jungfräulichkeit wurde zumindest nach außen hin immer streng gewahrt. Es war vielmehr so, dass eine rein symbolische Vorstellung aus dem Mittelalter, allzu wörtlich genommen und dem Klischee einer finsteren Zeit allzu gut entsprechend, nach dem Ende der Epoche einfach als gesicherter Tatbestand anerkannt wurde, zumal er dahin ganz gut zu passen schien.

Immerhin aber fand etwa um 1400 das Prinzip der »Herrennacht« Eingang ins Gewohnheitsrecht – jedoch nicht, um es auszuüben, sondern um damit Zahlungen an den Lehensherrn zu begründen, die bei Eheschließung anfielen. Ob bei Säumigkeit ein solches Recht wirklich eingefordert werden konnte, ist in der Forschung umstritten und doch eher unwahrscheinlich.

Der Mythos vom »Recht der ersten Nacht« dürfte letztlich männlichen Fantasien geschuldet sein und ließ sich über die Jahrhunderte ganz unterschiedlich einsetzen. Zum Beispiel eignete sich dieses angebliche Recht des Adels über die Frauen seiner Herrschaft hervorragend für antiaristokratische Propaganda. Beaumarchais, der die literarische Vorlage schrieb, die Mozart zum »Figaro« inspirierte, hatte für sein Lustspiel jedenfalls genau diese Wirkung beabsichtigt: Er wollte in den ersten Jahren nach der Französischen Revolution die feindliche Stimmung gegenüber dem Adel weiter anheizen.

✳ ✳ ✳

In dieselbe Kategorie gehört die Legende vom Keuschheitsgürtel. Vor einhundert Jahren beschrieb der Engländer Eric John Dingwall das Thema seines Buches als »eines der merkwürdigsten Dinge, die die männliche Eifersucht je hervorgebracht hat«. Ob als Venusband oder italienisches Schloss, Jungfrauengürtel oder Schloss der Eifersüchtigen – der Keuschheitsgürtel hat die Fantasie vieler Männer, zumal Künstler, beflügelt. Der kundige Engländer vermutete, mittelalterliche Kreuzfahrer hätten die Idee von ihren Orientreisen mit nach Europa gebracht. Und natürlich konnte man sich bei jahrelanger Abwesenheit durch einen Kreuzzug eher auf ein entsprechendes technisches Gerät verlassen als auf Treueschwüre der Gattin. Dem Buch zufolge soll es Ehefrauen gegeben haben, die mitunter jahrelange Absenzen ihrer Männer mit einem nicht nur Sex verhindernden, sondern auch ziemlich unbequemen Gerät um die Hüften verbringen mussten.

Die Vorstellung von eisern gegürteten Damen, die den Lockungen der Minnesänger nur sehr begrenzt verfallen können, ist weit verbreitet. Noch heute gilt der Keuschheitsgürtel als eines der vielen Symbole für die Unterdrückung der Frau im Mittelalter, oder er dient vorzugsweise Männern als erotische Projektionsfläche. Es handelt sich also um ein Faszinosum in mehrerlei Hinsicht, und es kommt nicht von ungefähr, dass der mittelalterliche Keuschheitsgürtel einem breiten Publikum ein Begriff ist, während sich die Forschung damit eher selten befasst.

Dass Keuschheitsgürtel, so seltsam sie auch anmuten mögen, kein Hirngespinst sind, belegt ein Blick in Kataloge des Sexhandels. Dort gelten sie allerdings als Erotik-Utensil, das einen Lustgewinn verspricht. Außerdem sollen viktorianische Dienstmädchen des 19. Jahrhunderts sich mittels dieser Gerätschaft, die mit einem Hüftband und einem vertikalen Metallriegel den Zugang zum weiblichen Geschlechtsorgan verhinderte, gegen allzu freche Avancen ihrer Dienstherren zur Wehr gesetzt haben. Man muss im Fall der Dienstmädchen und vor allem der Strohwitwen des Mittelalters allerdings die Frage stellen, wie sich ein solches Gerät aushalten ließ. Ein eisernes Band um Hüften und zwischen den Beinen war nicht nur höchst unbequem, sondern in kürzester Zeit überaus schmerzhaft und sehr bald ein gesundheitliches Problem. Ein längerer Gebrauch würde zu schmerzhaften, nicht verheilenden Schürfwunden und hygienischen Beeinträchtigungen führen, die gefährliche Entzündungen, Infektionen und Ungezieferbefall nach sich zögen. Drastisch formuliert, würde der kriegsabwesende Gatte seine Frau nach monate- oder jahrelanger Abwesenheit vielleicht von fremden Männern unberührt, aber mit einiger Wahrscheinlichkeit auch tot wiedergefunden haben.

Der Gebrauch von Keuschheitsgürteln lässt sich für das Mittelalter auch gar nicht nachweisen. Angeblich mittelalterliche Stücke, die in Museen ausgestellt waren, erwiesen sich bei genauerer Prüfung überwiegend als Fälschungen aus dem 19. Jahrhundert. Der immer wieder angeführte Beweis einer mittelalterlichen Frauenleiche, die Ende des 19. Jahrhunderts mit einem angeblichen Keuschheitsgürtel bewehrt ausgegraben wurde, trügt ebenso: Mit sehr viel größerer Berechtigung lässt sich das Gerät um das Gerippe als primitives orthopädisches Instrument einordnen. Bleiben noch die literarischen Belege und Bildquellen für die Existenz eines solchen »typisch mittelalterlichen« Gegenstands: Beweisen die Nennungen und die Abbildungen in mittelalterlichen Texten und Bildern nicht genug? Nun, der Kulturhistoriker Albrecht Classen hat diese Belege einer gründlichen Überprüfung unterzogen und konnte nachweisen, dass es sich um Metaphern und Symbole handelt, die rückblickend und mit Vorurteilen über die mittelalterlichen Zustände falsch interpretiert wurden. Noch dazu wurden diese falschen Einschätzungen immer wieder kritiklos übernommen und fanden Eingang in zahllose Standardwerke und sogar Lexika, sodass schon damit die Mär vom Keuschheitsgürtel bestätigt schien. Dabei sagt diese Legende mehr über den neuzeitlichen Blick zurück aufs Mittelalter als über die tatsächliche Lebenswirklichkeit der Epoche aus.

Einwenden ließe sich, es sei ja sogar der Erfinder des teuflischen Instruments bekannt, auf den in Büchern und Artikeln zum Thema immer wieder verwiesen wird. Diesen Francesco II. von Carrara, Ende des 14. Jahrhunderts letzter Herrscher über Padua, bevor die Stadt an die Venezianer fiel, gab es tatsächlich. Allerdings wurde ihm von ebenjenen Venezianern übel mitgespielt: Nicht nur ließen sie ihn einkerkern und erdrosseln, sie dichteten ihm posthum auch alle möglichen Übeltaten an, die sich darin summieren lassen, er sei der schlimmste Tyrann aller Zeiten gewesen. Man fühlt sich nicht von ungefähr an die Verleumdungskampagnen antiker Chronisten gegen römische Kaiser erinnert, denn Zweck der Sache war, das Image Venedigs auf Hochglanz zu polieren und dafür ein düsteres Bild des letzten unabhängigen Herrschers von Padua zu zeichnen, ebenjenes Francesco. Der mochte zwar kein tugendhafter Herrscher gewesen sein, hatte Padua durch Leichtsinn und Überheblichkeit verspielt und das stolze Venedig zutiefst beleidigt – doch wurde ihm posthum noch Schlimmeres angedichtet. Dazu gehört die Legende, er habe den Keuschheitsgürtel erfunden; doch für solchen grausamen Einfallsreichtum wie für weitere sadistische Neigungen gibt es keinerlei zeitgenössische Belege – wohl aber den zeitgenössischen Nutzen, Venedig in strahlendem Licht dastehen zu lassen, hatte es doch die Welt von einem solchen Unhold befreit. Über den Nutzen für die Tagespolitik hinaus hat sich die üble Nachrede eifrig weiter verbreitet und ist bis heute Teil der Legende vom mittelalterlichen Keuschheitsgürtel.

Von den zurückbleibenden Gattinnen der mittelalterlichen Kreuzritter wurden übrigens noch andere Dinge berichtet, beispielsweise, sie wären für die Zeit der Abwesenheit des Mannes ins Gefängnis gesperrt worden. Auch das entspricht nicht den Tatsachen. Den Schutz der Treue – oder auch der jüngeren Frauen – garantierten eher die Familie beziehungsweise ältere Frauen, die als das fungierten, was man später als Anstandsdame bezeichnete.

Am wahrscheinlichsten ist, dass das »Venusband« schon immer eher als Sextoy Verwendung fand denn als Garant weiblicher Treue.

Vom Totalitären des Glaubens

Wohl nichts hat dem Image des Mittelalters mehr geschadet als die Inquisition: Furcht einflößende, grausame Männer, die erbarmungslos schreckliche Foltermethoden anwenden, um mutmaßlichen Ketzern Geständnisse abzuzwingen. Schwelende Scheiterhaufen überall in Europa – jederzeit bereit, neu angefacht zu werden, damit verurteilte Glaubensfeinde dem Feuer überantwortet werden können. Willkürliche Urteilssprüche in Verfahren, die jedem Rechtsverständnis hohnsprechen. Psychopathische Kirchenvertreter, die in jedem Abweichler, hinter jedem Versprecher bei einem Gebet eine Verschwörung gegen den wahren Glauben der katholischen Kirche wittern und gnadenlos verfolgen. Doch wie viel davon ist wahr und wie viel ist Verleumdung – wahlweise der Kirche oder einer ganzen Epoche?

Die römische Kirche ist die wohl älteste noch funktionierende Institution der Welt; seit nunmehr zwei Jahrtausenden pflegt sie das Erbe des Religionsstifters Jesus von Nazareth und unterhält eine komplexe Hierarchie mit der römischen Kurie als Zentrum und dem jeweiligen Nachfolger des heiligen Petrus als Oberhaupt. Über die Jahrhunderte musste sich die Kirche vieler Anfeindungen und Anfechtungen erwehren und mehrmals einem erheblichen Reformdruck Genüge leisten. Immer wieder hatte Rom Mühe, seine Autorität durchzusetzen, was zum Beispiel bei der Abspaltung der orthodoxen Kirche oder in der Reformation misslang. Daneben gab es religiöse Graswurzelbewegungen und Abweichungen von der herrschenden Lehrmeinung, die man mal aufzufangen versuchte, mal entschieden bekämpfte. Die bekannteste dieser abtrünnigen Gemeinschaften war die der Katharer. Abgeleitet aus ihrem Namen, setzte sich der Begriff Ketzer als allgemeine Bezeichnung durch. Unter Ketzerei oder Häresie verstand die Kirche jede willentliche und absichtliche Abweichung von der wahren christlichen Lehre der Bibel – über die Rom die Deutungshoheit beanspruchte. Die institutionalisierte Inquisition war eine Art Höhepunkt in der Durchsetzung dieses Anspruchs.

Der Begriff Inquisition bezeichnet zunächst nicht mehr als ein juristisches Verfahren, um Irrgläubige zu erkennen und zu überführen, also Ketzer beziehungsweise Häretiker, die den Glaubensvorgaben der katholischen Kirche nicht entsprechen. Wer die christliche Religion nicht so ausübte, wie Rom es vorgab, musste auf den rechten Weg gebracht werden. Schon der Aufwand, den die Kirche betrieb, belegt das Motiv, die Abtrünnigen zurückzugewinnen – hätte man unterschiedslos und ausschließlich strafen wollen, hätten eine einfache Feststellung der Schuld und die Übergabe an weltliche Gerichte ausgereicht.

Um die Inquisition, die im Allgemeinen über einen Kamm geschoren wird, differenziert zu beurteilen, muss man zunächst auf ihre unterschiedlichen Formen eingehen: Es gab die päpstliche Inquisition des späten Mittelalters, die Inquisition in Spanien seit Ende des 15. Jahrhunderts sowie die römische Inquisition, die im 16. Jahrhundert unter dem Eindruck der Reformation in Italien, vor allem im Kirchenstaat, tätig wurde und offiziell erst 1965 beendet wurde. Daneben gab es, vor allem in Deutschland wesentlich, die bischöfliche Inquisition sowie Ketzerprozesse durch weltliche Instanzen. Oft wird die mittelalterliche Inquisition zudem mit der Hexenverfolgung gleichgesetzt. Diese fand jedoch gar nicht im Mittelalter statt, sondern später, in der frühen Neuzeit, beruhte aber ebenso auf dem Inquisitionsverfahren.

Für den Ruf des Mittelalters ist also insbesondere die päpstliche Inquisition von Belang. Sie setzte im 13. Jahrhundert ein, als Rom Inquisitoren aussandte, um Glaubensabweichler auszumachen und vor Gericht zu stellen. Mit höchstem Auftrag der Kurie ausgestattet, sollten geschulte Männer, über vierzig Jahre alt und ohne Lokalbindung an Volk oder Regionalkirche, Ketzer ausfindig machen. Die Arbeit lag in den Händen des noch jungen Bettelordens der Dominikaner, die deshalb auch den verächtlichen Spitznamen *domini canes* erhielten, die (Blut-)Hunde des Herrn. Später traten die Franziskaner an ihre Seite. Zu den berühmtesten – oder berüchtigtsten – Glaubensschnüfflern zählen Konrad von Marburg, gestrenger Beichtvater der heiligen Elisabeth von Thüringen, der Dominikaner Bernard Gui in Toulouse, der eines der Handbücher für Inquisitoren verfasste, und dessen Ordensbruder Petrus von Verona, lange Jahre in Italien tätig. Dass zwei von diesen drei ermordet wurden, zeigt, wie gefährlich der Job sein konnte. Mit wenigen Ausnahmen waren in allen Ländern der Westkirche Inquisitoren tätig, nur Skandinavien, England und das spanische Kastilien waren nicht betroffen.

Konrad von Marburg arbeitete nur von 1231 bis 1233 im Auftrag des Papstes, aber der Schrecken, den er verbreitete, wirkte lange nach. Er wurde so berüchtigt, dass sich der Mainzer Erzbischof veranlasst sah, beim Papst zu intervenieren. Die Erfurter Annalen berichten, Konrad habe zahllose Häretiker – oder solche, die er dafür hielt – auf den Scheiterhaufen gebracht. Viele der weniger schwer Verurteilten erhielten nach Konrads Tod eine offizielle Rehabilitierung. Am Beispiel von Konrad wurde gelegentlich ein schwerer Verfolgungswahn der Kirche und vor allem der Inquisitoren diagnostiziert. Vermeintlich im Dienst einer guten Sache haben es viele Kirchenmänner übertrieben. Mancher sah überall das Böse wirken und schlug wie bei einer Hydra immer wieder zu, worauf für einen verbrannten Ketzer drei neue nachzuwachsen schienen. Eine solche Hysterie muss gleichzeitig aber auch im Volk gewütet haben. Die meisten Menschen konnten kaum einschätzen, wer Ketzer war, trotzdem herrschte an Zeugen kein Mangel. Sie meldeten, was ihnen seltsam vorkam – eine schwere Zeit für Außenseiter. Allerdings, und schon das widerspricht dem Ruch des totalen Kirchenkrieges gegen die Ketzer, war das Netz der Inquisition keineswegs lückenlos.

Der kirchlichen Vorstellung zufolge ging es darum, die Gemeinden zu reinigen, weil ein schwarzes Schaf auf die gesamte Herde abfärbte. Diese Reinigung bedeutete aber nicht, die schwarzen Schafe auszurotten, sondern sie sollten aus innerer Heilung durch Reue heraus sozusagen wieder helle Wolle produzieren. Nur wenn das nicht gelang, musste das schwarze Schaf in Quarantäne oder, in allerletzter Konsequenz, auf die Schlachtbank. Von reiner Willkür kann dabei aber nicht die Rede sein: Der Inquisitionsprozess verlangte ein geordnetes Verfahren, das Verteidigungsmöglichkeiten vorsah und für eine Verurteilung klare Beweise verlangte: in der Regel entweder ein Geständnis oder zwei übereinstimmende Zeugenaussagen. Wenn das nicht genügte, um einen dringenden Verdacht auszuräumen oder zu bestätigen, wendete man gemäß geltendem Rechtsverständnis zur Wahrheitsfindung das Mittel der Folter an. Auch dafür gab es Regeln: Sie sollte nur bei schweren Fällen der Uneinsichtigkeit zum Einsatz kommen, dabei durfte kein Blut fließen, außerdem durfte ein Verdächtiger nur einmal gefoltert werden. Diese Regelungen erwiesen sich jedoch als Gummiparagrafen: Mit etwas sadistischer Kreativität ließen sich auch ohne Blutvergießen grausame Methoden entwickeln, und die einmalige Folter wurde zum Zwecke der Verlängerung eben nicht beendet, sondern lediglich unterbrochen.

Waren in einer Region Ketzervorwürfe laut geworden, reisten im päpstlichen Auftrag die Inquisitoren an. Sie forderten die Pfarrer auf, den Gläubigen ihre Ankunft mitzuteilen und ihnen nahezulegen, Anzeige zu erstatten, sollten sie von ketzerischem Treiben Kenntnis haben. Während einer Gnadenfrist gab es die Möglichkeit zur Selbstanzeige mit der Aussicht, nachsichtig behandelt zu werden. Zur Vernehmung konnte man auf bloße Verdächtigung hin gerufen werden. Kam es zu einem Verfahren, ging die Beweisaufnahme schriftlich vonstatten, und das Verfahren stand unter strenger Geheimhaltung. Die Beweise der Anklage wurden den Beschuldigten nicht zur Kenntnis gebracht, und auch die Zeugen blieben geheim, was die Verteidigungsmöglichkeiten natürlich erheblich einschränkte.

Die Strafen waren je nach dem Befund der Schwere sehr unterschiedlich: Sie reichten von einfachen Bußhandlungen wie Fasten, zusätzlichem Kirchenbesuch oder Gebeten über Geißelung und Pilgerreisen bis hin zu Berufsverbot, Strafzahlungen oder Enteignung. Das bei Weitem häufigste Urteil erging auf eine neue Form der Strafe: das Tragen des großen gelben Büßerkreuzes, das sehr gefürchtet war. Da es jedem klarmachte, mit wem man es hier zu tun hatte, waren die sozialen Konsequenzen enorm. Ebenfalls recht neu und gefürchtet waren die Haftstrafen. Stand aber die Todesstrafe an, wurden die Ketzer an den »weltlichen Arm« überstellt, denn die Kirche durfte weder Todesurteile fällen noch ausführen – eine eher unerhebliche Unterscheidung, da geistliche und weltliche Macht bei der Ketzerbekämpfung eng zusammenarbeiteten: Nach den Rechtsnormen beider Institutionen war Ketzerei ein schweres Verbrechen. Den Abschluss bildete ein großer Gottesdienst, mit dem sich die Gemeinde rituell reinigte und an dessen Ende die Urteile verlesen wurden, angefangen bei den geringsten Strafen. Die zum Tode Verurteilten wurden anschließend verbrannt.

Aber entgegen allen Behauptungen war die häufigste Strafe eben nicht der Scheiterhaufen, denn die überwältigende Mehrheit der Verurteilten kam glimpflicher davon. Die Gesamtzahl der zum Feuertod Verurteilten lässt sich wegen der schwierigen Quellenlage nicht mehr verlässlich bestimmen – nach seriösen Schätzungen war es ein Prozent der Angeklagten. Selbst in den Hochburgen der Ketzer kamen viele davon: Bei den Inquisitionsprozessen zum Beispiel, die von 1245 bis 1257 in Toulouse gegen die Katharer durchgeführt wurden, ergingen im Ganzen 306 Urteile. Davon lauteten 239 auf Gefängnisstrafen, aber nur 21 auf Scheiterhaufen. Auch der später in Toulouse tätige Bernard Gui schickte in fünfzehn Jahren Tätigkeit als Inquisitor in Frankreich von den unter ihm Verurteilten ein knappes Drittel ins Gefängnis, ein weiteres Drittel wurde zum Tragen des Büßerhemds verdonnert – aber nur 42 der insgesamt 930 Verurteilten wurden dem Scheiterhaufen überantwortet, weniger als 5 Prozent. Ein besonders milder Inquisitor, der es zwei Jahre später ebenfalls in Toulouse mit dem notorischsten Ketzernest des Mittelalters zu tun hatte, sprach in dieser Zeit kein einziges Todesurteil aus. Berechnungen haben ergeben, dass offenbar selbst in den unruhigsten Ketzerzeiten des südfranzösischen Languedoc pro Jahr weniger als eine Handvoll Ketzer verbrannt wurden. Die meisten Inquisitoren waren sehr vorsichtig mit der Verhängung der Todesstrafe – eben weil nicht die schlimmstmögliche Bestrafung der verirrten Schafe das Anliegen der Inquisition war, sondern ihre Rückführung in den rechtgläubigen Schoß der Kirche. Nur wenn diese Aussicht anscheinend nicht mehr bestand, kam das Todesurteil überhaupt infrage. Bei aller abschreckenden Wirkung bedeutete jedes Todesurteil, dass die Kirche in ihrem Auftrag, ihre Schafe beisammenzuhalten, versagt hatte. Es waren die Unbeirrten oder Unbelehrbaren oder besonders Fanatischen unter den Abweichlern, die verbrannt wurden.

Doch Fanatismus kam aufseiten der Inquisitoren gleichermaßen vor, was das Bild der Ketzerverfolgung viel stärker geprägt hat als das Vorgehen der behutsameren Kollegen. Das Gefühl, die Kirche sei existenziell bedroht, sorgte mitunter für regelrechte Paranoia, sowohl bei Vertretern der Kirche als auch bei einfachen Christen. Manche Ketzersekte, die in mittelalterlichen Schriften genannt wird, entlarvten moderne Historiker gar als reines Hirngespinst. Und in der Überzeugung, Ketzer vor sich zu haben, legte manches Tribunal den Angeklagten entsprechende Aussagen in den Mund. Zu solchen Verfehlungen kam noch Bereicherung der Inquisitoren am konfiszierten Eigentum der Verurteilten hinzu – wenn Beschwerden gegen die Inquisitoren vorgebracht wurden, suchte die römische Kurie den Missbrauch zu bekämpfen.

Sehr viel grausamer und blutiger als die päpstliche war die spanische Inquisition, die in einem komplexen Umfeld agierte, denn die Iberische Halbinsel war bis 1492 in Teilen muslimisch und besaß bis dahin eine starke jüdische Minderheit. Als die religiöse und kulturelle Toleranz mit der Reconquista durch das Christentum 1492 zu Ende ging, entfaltete die Inquisition erheblichen Terror; dabei ging es weniger um Ketzerei als um die Durchsetzung einer makellos christlichen Gesellschaft in jeglicher Hinsicht. Es war dieses Schreckbild der spanischen Inquisition, das die Aufklärung im 18. Jahrhundert begierig aufgriff.

Wir wollen hier keine vormoderne Institution verteidigen, als hätte sie vor Jahrhunderten modernen Rechtsnormen entsprochen, zumal in Europa heute Glaubensfreiheit zu Recht als eine unverzichtbare Errungenschaft gilt. Keine Religion sollte über das Leben ihrer Anhänger entscheiden dürfen, keine Religion sollte Glaubensdiktatur betreiben können. Die historische Beurteilung der mittelalterlichen Inquisition muss aber zeitgenössische Kategorien berücksichtigen. Ketzerei galt nicht nur geistlichen und weltlichen Autoritäten als Verbrechen, sondern dem Großteil der Menschen. Ihre Verfolgung wurde von einer Mehrheit als notwendig betrachtet, ja gefordert, weil sie die Angelegenheit als existenziell ansahen. Die Norm einer universell christlichen Gesellschaft verlangte, dass man sich der Ketzer erwehrte, weil sonst der Makel eine Gemeinde als Ganzes traf.

Auch strukturell ist die mittelalterliche Ketzerverfolgung nicht vergleichbar mit den bürokratisierten Terrorinstrumenten neuzeitlicher Diktaturen. Erst Papst Paul III. schuf 1542 eine richtige Behörde, also eine Art päpstlicher Oberinstanz in Glaubenssachen als Instrument der Gegenreformation zur Abwehr des Protestantismus – beispielsweise durch den berüchtigten Index verbotener Bücher, aber auch Ketzerprozesse wie gegen den Wissenschaftler Galileo Galilei oder den Philosophen Giordano Bruno. Dieses Heilige Offizium ist Vorläufer der Päpstlichen Glaubenskongregation, die bis heute besteht und die Glaubensgrundsätze vorgibt, wenn auch nicht mehr gewaltsam durchzusetzen versucht.

Haudrauf, Haudegen, Hallodri

Der englische König Richard I., genannt Löwenherz, entstammte einer illustren Familie mit wechselvoller Geschichte. Sein Vater Heinrich II. war der Erste der englischen Könige aus dem Hause Anjou, die seit Mitte des 12. Jahrhunderts auf dem englischen Thron saßen und ein Herrschaftsgebiet von Schottland bis zu den Pyrenäen für sich reklamierten. Sie beriefen sich dabei auf dynastische Verbindungen und Eroberungen. Englands Festlandinteressen bezogen sich vor allem auf die Normandie im Norden Frankreichs, die Heinrichs Vater Gottfried V., erobert hatte, der als Graf von Anjou und Touraine seinem Sohn weitere Gebiete sowie einen Anspruch auf die Oberherrschaft über Maine und die Bretagne in Nordwestfrankreich vererbte. Hinzu kam das große Herzogtum Aquitanien in Südfrankreich nebst benachbarten Ländereien, das Richards Mutter Eleonore mit in die Ehe gebracht hatte, als sie Heinrich II. kurz nach Annullierung ihrer ersten Ehe mit dem französischen König Ludwig VII. heiratete.

Das Herrschaftszentrum dieser heterogenen Ansammlung von Ländereien in England und Frankreich lag eher in der Normandie als in England, und über alle Teile effektiv zu herrschen war ziemlich schwierig. Einerseits beanspruchte der englische König ganz Westfrankreich und damit mehr Land, als der französische kontrollierte, andererseits stand über ihm der französische König als sein Lehensherr – wenn auch nur auf den französischen Anteil des englischen Reiches bezogen. Zudem war der englische Anspruch stets umstritten. Die Folge waren blutige Kriege und diplomatische Scharmützel – langfristig gar der Hundertjährige Krieg, der mit Unterbrechungen von 1337/39 bis Mitte des 15. Jahrhunderts dauerte. Heinrich II. regierte so überaus geschickt, dass er trotz aller Widrigkeiten zum mächtigsten Fürsten nach dem Kaiser wurde, was sich auch daran ablesen lässt, dass er seine Kinder europaweit sehr hochkarätig verheiratete. Allerdings hatte er mit vier seiner fünf Söhne seine liebe Not, denn sie rebellierten immer wieder gegen den Vater und trugen auch untereinander Zwistigkeiten aus, wobei es natürlich fast immer um Macht und den Thronanspruch ging. Sie schreckten dabei nicht einmal vor einem Bündnis mit dem französischen König zurück. Heinrichs dritter Sohn Richard erzwang schließlich die Anerkennung als Erbe und wurde 1189 Englands erster König, der ohne Wahl, sondern infolge der (erzwungenen) Erbfolgebestimmungen die Krone gewann. Er begab sich bald nach der Krönung auf den Kreuzzug ins Heilige Land und geriet auf der Rückreise in Gefangenschaft zunächst des Herzogs Leopold V. von Österreich, der ihn dann an Kaiser Heinrich VI. übergab. Erst nach mehr als einem Jahr wurde er mit einer astronomischen Summe freigekauft und konnte nach Hause zurückkehren. Richard Löwenherz war zwar verheiratet, aber kinderlos, und so machte er seinen zehn Jahre jüngeren Bruder Johann zum Erben, der später als Johann Ohneland ungleich glanzloser regieren sollte, weil er eines großen Teils des englischen Festlandsbesitzes verlustig ging. Richard dagegen kämpfte nach seiner Rückkehr ziemlich erfolgreich gegen den französischen König um seine französischen Besitzungen und stritt sich mit dem aufsässigen Adel von Aquitanien, wo er schließlich in Châlus 1199 an einer Wunde starb, die ihm der Pfeil eines Armbrustschützen auf der belagerten Burg beigebracht hatte. Der mittelalterliche

Chronist Roger von Howden befand, hier habe die Ameise den Löwen getötet.

König Richard I. verdiente sich seinen Beinamen Löwenherz durch seinen großen Mut und seine unermüdliche Kampfeslust – und wurde zu einem Mythos. Dafür bietet seine Biografie ja auch alle notwendigen Zutaten: allgemein aus der Zeit der höfischen Ritterspiele, Troubadoure und Kreuzzüge, im Besonderen aus einem Lebensweg zwischen Machtglanz und Kriegertum, zwischen hehren Idealen und schnöden Intrigen, zwischen Frankreich und England, zwischen Familie und Krone. Richards Kampf für das Kreuzfahrerkönigreich Jerusalem im dritten Kreuzzug wurde von der mittelalterlichen christlichen Propaganda weidlich ausgeschlachtet, die Botschaft vom unerschrockenen Ritter des Christentums fand weite Verbreitung und stieß auf große Begeisterung in der Christenheit. Einer seiner Biografen nannte ihn den »Paradekreuzritter« und »Inbegriff des verwegenen Kriegers«, und vor allem als solcher erlangte Richard Löwenherz bleibenden Ruhm in zahlreichen Legenden. Allerdings wurde das Nachleben des englischen Königs Richard Löwenherz von diesen schillernden Aspekten seines Wirkens regelrecht gekapert. Das Image des wagemutigen und risikofreudigen Ritterkönigs, der sein Leben auf Feldzügen und im Kampf verbringt, schob sich so sehr in den Vordergrund, dass es die restliche Herrscherbilanz überstrahlte und von vielen Historikern schließlich sozusagen mit einem Minuszeichen versehen wurde: Der glanzvolle Held erschien zunehmend als politischer Hallodri, dessen eigentliche Herrschaftsbilanz zu seinem Nachteil ausfiel. Damit paarte sich häufig der Vorwurf, in seinen knapp zehn Regierungsjahren habe er gerade mal ein paar Monate in England verbracht, und sowieso sei der frankofone König der englischen Sprache gar nicht mächtig gewesen. Die kritische Einschätzung des leichtfertigen Abenteurers auf dem Thron, der lieber kämpfte als regierte, brachte der britische Kreuzzugshistoriker Steven Runciman auf den Punkt: »Er war ein schlechter Sohn, ein schlechter Gatte und ein schlechter König, aber ein kühner und großartiger Krieger.« Andere bezeichneten ihn als »Haudegen ohnegleichen« oder »Wirrkopf«. In kriegerischen Zeiten muss ein König sich auch als Krieger bewähren, andererseits ist ein tapferer Krieger, der abseits des Schlachtfeldes kein Talent zum König hat, für sein Reich nur von begrenzter Größe. Nur fragt sich, ob diese Bilanz der knapp zehnjährigen Regierungszeit Richards überhaupt zutrifft.

Nun, die Einschätzung des Königs mit dem Löwenherz als Abenteurer ohne Substanz greift entschieden zu kurz. So ist schon der Vorwurf, Richard sei unstet und impulsiv gewesen, allzu undifferenziert – immerhin attestierten ihm selbst seine Gegner die größte Beharrlichkeit, Geduld und eine bemerkenswerte Ausdauer. Daneben war er keineswegs ein ungeschlachter Haudrauf, sondern überaus kultiviert, hochgebildet und kunstsinnig. Seine Eltern hatten ihm eine vorbildlich umfassende Erziehung angedeihen lassen – er betätigte sich sogar als Dichter und war sehr musikalisch. Richard I. legte daneben durchaus politisches Talent, diplomatisches Geschick und kühlen Realitätssinn an den Tag, beispielsweise verzichtete er auf die Eroberung Jerusalems, obwohl das ihm ewigen Ruhm in ganz Europa eingetragen hätte: Nur wäre ein militärischer Triumph kaum von Dauer gewesen, denn die islamischen Dschihadisten hätten die umkämpfte Symbolstadt dreier Religionen alsbald zurückerobert. Auch der Vorwurf, seine Verhaftung auf der Rückreise vom Kreuzzug durch impulsives und überhebliches Verhalten im Heiligen Land gegenüber dem Herzog Leopold V. von Österreich selbst verschuldet zu haben, ist unangebracht. Eigentlicher Hintergrund der Verhaftung waren taktische Spielchen des Kaisers und des französischen Königs, die den Rivalen ausbremsen wollten, sowie die Aussicht auf ein stattliches Lösegeld. Ein weiterer Vorwurf lautet, anstatt sich um die Geschicke seines Landes zu kümmern, sei der frisch gekrönte König sogleich zum Kreuzzug aufgebrochen – aus bloßer Abenteuerlust und Kampfeswut. Charles Dickens schrieb einmal, es sei ihm immer nur darum gegangen, anderen die Köpfe einzuschlagen, weshalb er ganz erpicht darauf war, »das Kreuz zu nehmen«, wie man es nannte, wenn jemand ins Heilige Land aufbrach. Die Begeisterung fürs Rittertum aber teilte er mit seiner Zeit, sie wurde von einem König auch erwartet.

Und die Kreuzzugspropaganda war damals so umfassend und so erfolgreich, dass Richard, wie andere Fürsten auch, sich dem Wunsch des Papstes nicht entziehen konnte. Zumal er, zwei Jahre bevor er König wurde, darauf einen Eid geleistet hatte. Unter diesen Gegebenheiten ist auch der Vorwurf, er habe zur Finanzierung dieses Feldzuges sein Land ausbluten lassen, zwar gerechtfertigt, greift aber ins Leere, weil der Kreuzzug in den Augen der Zeit sein musste und vor Gott größte Ehre brachte – also ganz überwiegend akzeptiert war. Das Heilige Land in den Händen der Moslems, das war für fast jeden Christen ein unerträglicher Zustand.

Und was die Sorge ums Königreich betrifft: Bevor der junge König zum Kreuzzug aufbrach, suchte er so gut wie möglich die Verhältnisse in seinen Ländereien zu ordnen. Richards verlängerter Arm während der langen Abwesenheit war vor allem seine Mutter Eleonore, daneben konnte er sich auf die englische Verwaltung verlassen, mit der sein Vater das Land modernisiert hatte. Nach seiner Rückkehr war er nicht nur militärisch erfolgreich im Bestreben, seine festländischen Besitzungen gegen die Ansprüche des französischen Königs zu verteidigen. Er agierte gleichzeitig umsichtig, planvoll und mit diplomatischem Geschick: Ziel war ein Geflecht von Bündnissen vor allem mit Toulouse und Flandern, das die französische Krone isolieren sollte. Dafür überwand Richard sogar tief sitzende Feindschaften. Und auch die Machtwirren infolge des Todes Kaiser Heinrichs VI. nutzte er geschickt in seinem Sinne aus, ohne den Bogen zu überspannen.

Um eine gerechte Beurteilung zu treffen, sei schließlich in Rechnung gestellt, dass Richard plötzlich und vor der Zeit starb.

Man darf davon ausgehen, dass sich sein politisches Wirken vor allem der letzten Lebensjahre bei längerer Regierungszeit eindrucksvoll hätte entfalten können. Dann wäre das Bild des ungestümen Kriegerkönigs vom besonnenen, in größeren Zusammenhängen denkenden Regenten abgelöst worden. Aber dazu sollte es nicht mehr kommen. Stattdessen folgte auf einen ebenso mutigen wie fähigen Herrscher, dem zu wenig Wirkungszeit vergönnt war, mit seinem jüngeren Bruder Johann Ohneland ein talentloser König, der das Werk von Bruder und Vater in kürzester Zeit verspielte.

Von Geheimwissen
und Gier

Mit dem Welterfolg des Buches *Sakrileg* von Dan Brown und der Verfilmung sind die legendären Tempelritter eindrucksvoll ins öffentliche Bewusstsein zurückgekehrt. Ganz vergessen waren sie aber nie – seit Zerschlagung ihres Ritterordens Anfang des 14. Jahrhunderts geistern sie munter durch die Welt des Okkulten, der Verschwörungstheorien und des Unerklärlichen. Der wohl beliebteste Mythos besagt, die Templer seien die Hüter des Heiligen Grals, der die letzten Geheimnisse der Welt berge. Diese Kunde setzte schon zu Beginn des 13. Jahrhunderts ein, als der Orden noch Macht und Einfluss hatte, und zwar mit dem *Parzival* des Wolfram von Eschenbach. Nach seiner Zerschlagung hieß es dann, einige Tempelritter seien abgetaucht, um im Verborgenen weiter ihrer heiligen Aufgabe nachzugehen. Später wurden die geheimnisvollen Freimaurer in ihre Nachfolge gestellt, weil auch in ihrer Tradition der Tempel von Jerusalem eine Rolle spielt. Schwer zu entschlüsselnde Symbolik in alten Kirchen wurde den Templern untergeschoben, deren Entzifferung das Welträtsel lösen werde. Seinen bisher letzten Höhepunkt fand der Mythos der Tempelritter in *Sakrileg*, wo die Templer zusammen mit den Nachfahren Jesu und Maria Magdalenas als Hüter des Heiligen Grals auftauchen. Andere Ritterorden des Mittelalters genießen keine solche Popularität – aber sie fanden auch kein so plötzliches, grausames

Ende, das damals die Welt erschütterte und bis heute Spekulationen geradezu herausfordert.

Der Ritterorden der Templer wurde 1120 in Jerusalem gegründet, um die christlichen Pilger zu schützen, die nach der Eroberung Jerusalems im ersten Kreuzzug in großer Menge die Heilige Stadt besuchten. Als im Verlauf der Kreuzzüge im Heiligen Land immer mehr christliche Fürstentümer gegründet wurden, übernahmen die Templer zusammen mit anderen Ritterorden deren Verteidigung. Auch an der Rückeroberung islamischer Territorien auf der Iberischen Halbinsel, der sogenannten Reconquista, waren die Tempelritter beteiligt. Der Orden war direkt dem Papst unterstellt; die eigentlich zweifelhafte Verbindung von Gebet und Kampf wurde durch die Idee des gerechten, also gottgefälligen Krieges begründet.

Die Templer gelangten rasch zu hohem Ansehen und wurden mit Besitztümern in Europa reich beschenkt. Daneben betätigten sie sich so erfolgreich im Bankenwesen, dass die Könige von Frankreich und England dem Orden ihre Schätze anvertrauten. Die Ritter des Tempelordens galten als überaus mutige und disziplinierte Kämpfer, aber auch als tollkühn und überheblich. Außerdem standen sie zum anderen großen Ritterorden, den Johannitern, in andauernder Konkurrenz. Es war aber nicht nur ihre Arroganz, die sie unbeliebt machte – die Templer hatten durch ihr Geschäftsgeschick und ihre Privilegien Reichtümer angehäuft, die längst sprichwörtlich geworden waren. Vor allem die französischen Könige verließen sich auf ihre Schlagkraft genauso wie auf ihre Schatztruhen, wenn sie zum Kreuzzug ins Heilige Land aufbrachen. Der berechtigte Eindruck war entstanden, dass ohne die Templer nichts mehr ging. Dass sie überdies satt und selbstgerecht geworden waren und sich längst weit von ihren Prinzipien entfernt hatten, war offensichtlich. Man könnte sagen, die Templer hatten außerhalb ihrer elitären Welt ein echtes Imageproblem. Und als das Heilige Land wieder an die Muslime verloren ging, trug das zu ihrem Ansehen nicht gerade bei.

Zum Totengräber des mächtigen Ordens schwang sich schließlich der französische König Philipp IV. auf. In einer beispiellosen, bestens vorbereiteten und geheimen Polizeiaktion ließ er im Morgengrauen des 13. Oktobers 1307 alle Templer in seinem Herrschaftsbereich verhaften und wegen Häresie anklagen. Nahezu widerstandslos ließen sich die Ritter abführen, der gesamte Besitz des Ordens wurde konfisziert. Papst Clemens V., eigentlich Schutzherr des Ordens, folgte dem Beispiel Philipps und ließ die Templer überall im christlichen Abendland verfolgen. Zwar versuchte er, die Ordensleute vor ein päpstliches Gericht zu stellen, konnte sich gegen den mächtigen Philipp aber nicht durchsetzen. Clemens war unklug vorgegangen und hatte die Entschlossenheit des französischen Königs, den er zutiefst fürchtete, erheblich unterschätzt. Über Jahre führte die französische Krone gegen die Templer einen spektakulären Schauprozess im Gewand eines ordentlichen Inquisitionsverfahrens. Die immer zahlreicheren Anschuldigungen reichten von Gotteslästerung über sexuelle Perversion, Kreuzbesudelung und widernatürliche Unzucht bis Götzenanbetung und Kontakt mit Ungläubigen. Die Anklage Philipps IV. – der sich als Schutzherr des Glaubens bezeichnete – ließ die Templer als Schandfleck der Christenheit erscheinen, zu deren Verteidigung sie gut achtzig Jahre zuvor doch überhaupt gegründet worden waren! Immer neue Geständnisse wurden den Rittern unter der Folter abgepresst, und der Katalog der ketzerischen Handlungen ähnelte schließlich auffällig stereotyp dem, was man aus anderen Diffamierungskampagnen des Mittelalters kennt. Obwohl der Prozess politisch motiviert und die Vorwürfe erkennbar vorgeschoben waren, regte sich wenig Widerstand gegen die Vernichtung des Ordens; nicht einmal andere Fürsten eilten den Tempelrittern zu Hilfe. Allenfalls Schweigen drückte Ablehnung aus, aber niemand wagte es, dem französischen König offen entgegenzutreten.

Philipps Taktik ging schließlich auf, der Schuldspruch erging, und der Papst selbst ließ den Orden auf dem Konzil von Vienne

1312 aufheben. Den beachtlichen Grundbesitz sprach er den Johannitern zu. Die Ritter selbst kamen frei, wenn sie ihre angeblichen Verbrechen bekannten, wurden aber öffentlich verbrannt, wenn sie auf ihrer Unschuld bestanden. So erging es neben vielen anderen dem 23. und letzten Hochmeister des Templerordens, Jacques de Molay, über den an einem Frühlingstag des Jahres 1314 vor dem Hauptportal der Pariser Kathedrale Notre-Dame das Urteil gesprochen wurde. Ein paar Steinwürfe weiter wurde er kurz darauf dem Feuer übergeben. Er bat noch darum, so an den Pfahl gebunden zu werden, dass er im Sterben die Türme von Notre-Dame sehen könne.

Schon die Zeitgenossen reizte der Schauprozess zu konkreten Überlegungen, was jenseits der schlagzeilenträchtigen Beschuldigungen der eigentliche Grund für das Vorgehen gegen den mächtigen Orden war. Politische und finanzielle Motive galten als ausgemacht. In der Tat hatte der französische König allen Grund, sich der Templer zu entledigen, denn er konnte ihr Geld nur zu gut gebrauchen, weil er hoch verschuldet war. Ähnlich handstreichartig hatte er ein paar Jahre zuvor bereits Juden, dann italienische Bankiers aus Frankreich vertrieben und sich ihrer Vermögen bemächtigt. Unter anderem wegen seiner vielen Kriege war Philipp beständig knapp bei Kasse. Ein anderes denkbares Motiv war der Wunsch Philipps, selbst Sohn und Enkel von Kreuzfahrern, seinerseits ins Heilige Land zu ziehen, um Jerusalem zu befreien. Dafür hatte er einen neuen, und zwar einzigen Ritterorden unter seiner Führung im Sinn statt der vielen bestehenden, die er nicht kontrollieren konnte – da waren die mächtigen Templer als Erste im Weg. Und wie so oft könnten die Tempelritter auch als Sündenbock gedient haben: um von Rezession, Inflation und Steuererhöhungen abzulenken, die Frankreich ertragen musste.

Aber mehr noch als diese Gründe könnten andere politisch-religiöser Art zum Tragen gekommen sein: Die Vernichtung der Templer lässt sich nämlich durchaus als Mosaikstein in Philipps

Politik einordnen, die darauf abzielte, Frankreich in Europa und innerhalb der Christenheit eine dauerhafte Vormachtstellung zu verschaffen. Philipp, ein asketischer Witwer, der seine strengen moralischen Prinzipien unnachgiebig durchsetzte, sah sich in der Tat als *der* Vorzeigechrist. Vieles spricht dafür, dass er selbst glaubte, was den Templern vorgeworfen wurde, und dass er sich angesichts eines schwachen Papstes zum, wie er meinte, gerechtfertigten Handeln veranlasst sah. Philipp hatte den von seinem hohen Amt sichtlich überforderten Papst Clemens V. schon seit Jahren propagandistisch bekämpft – es fehlte nicht mehr viel, das Oberhaupt der Kirche als gottlose Kreatur zu bezeichnen. Der glücklose Papst sah sich schließlich gezwungen, den besudelten Ritterorden zu opfern, um das Papsttum wenigstens einigermaßen handlungsfähig zu erhalten. Aber das misslang, und der Machtverlust des Papsttums symbolisierte sich darin ebenso wie in der »Babylonischen Gefangenschaft« der Päpste in Avignon, die unter Clemens V. begann. Aber auch Philipp konnte seine Ziele nicht weiterverfolgen – und damit diese Vermutungen bestätigen –, denn wie Papst Clemens starb er noch im selben Jahr wie der letzte Großmeister des Templerordens.

In seiner *Göttlichen Komödie* bezeichnete Dante die Tempelritter als Märtyrer und löste damit eine rege Diskussion unter Intellektuellen über die Schuldfrage aus, an der sich unter anderem Lessing, Hegel und Ranke beteiligten. Abgesehen von rationalen Erwägungen über die Gründe für diesen beispiellosen Prozess haben die Ereignisse schon im Mittelalter die Gerüchteküche in Betrieb gesetzt. Ein geheimes okkultes Treiben im Schutz der päpstlichen Privilegien wurde den Rittern unterstellt und dass es sich um machtgierige Männer gehandelt habe, die gottlos die Kirche für ihre Zwecke missbrauchten. Über die Jahre wuchsen die geheimen Schätze, die man dem Orden zuschrieb, ins Unermessliche, und die okkulten Riten, die in geheimen Kellern ausgeübt wurden, fielen immer abgründiger aus. Besonders hartnäckig hat sich die

Vorstellung gehalten, die Templer seien die Hüter einer Geheimlehre gewesen, die in Verbindung von Elementen aus den verschiedensten Kulturen und Religionen den Schlüssel zum Geheimnis der Welt berge. Auf diese Idee stützt sich auch Dan Browns Bestseller, der Versatzstücke von Pseudorätseln des christlichen Abendlandes zu einer zwar faszinierenden, aber unglaubwürdigen und leicht widerlegbaren Mixtur verpanscht hat. Welches der genannten Motive für die Zerschlagung des Templerordens wirklich ausschlaggebend war, darin sind sich Historiker heute zwar nicht ganz einig. Doch unisono erklären und belegen sie, dass die wüsten Anschuldigungen gegen die Templer ebenso an den Haaren herbeigezogen wurden wie die verklärenden Vermutungen, die Mächtigen der Welt hätten sich 1312 einer gefährlichen Geheimgesellschaft entledigt.

Verrat oder Verleumdung

Der Balkan ist bekannt für seine turbulente, oft tragische Geschichte: gelegen zwischen Orient und Okzident, stets den Begehrlichkeiten großer Mächte ausgeliefert und von einer ethnischreligiösen Vielfalt, die sich bis auf den heutigen Tag immer wieder als Sprengstoff erwiesen hat. Die Eroberung durch das Osmanische Reich brachte im 15. Jahrhundert den Islam auf den Balkan, und abgesehen von den Albanern bilden die Muslime von Bosnien und Herzegowina, obwohl ganz überwiegend slawischer Herkunft, die größte islamische Volksgruppe in Europa. Die im 19. Jahrhundert rundherum entstehenden Nationalbewegungen ließen die bosnischen Muslime denn auch lange unbeeindruckt, sie verstanden sich als Teil des Osmanischen Reiches. Erst in den 1970er-Jahren äußerte sich eine Selbstwahrnehmung der bosnischen Muslime als eigene Nation unter den Völkern Jugoslawiens – im Unterschied zu den bosnischen Serben bzw. Kroaten, die orthodox bzw. katholisch geprägt sind. In jugoslawischer Zeit war das von untergeordneter Bedeutung, nach dem Zerfall des Staates aber wurde es zu einer Schicksalsfrage. Die Bosniaken (muslimische Bosnier) bestehen darauf, schon vor der osmanischen Eroberung eine gewisse ethnische Eigenständigkeit besessen zu haben; serbische Nationalisten dagegen betrachten sie als vom orthodoxen Glauben abgefallene Landeskinder und leiten daraus einen territorialen Anspruch ab. All dies ist politisch und emotional noch immer enorm aufgeladen und hat das Klima auf dem Balkan nachhaltig vergiftet.

Die osmanische Eroberung Bosniens im 15. Jahrhundert ging sehr schnell vonstatten, wenn man davon absieht, dass der nördliche Teil später an Ungarn fiel und erst 1527, nach der verheerenden ungarischen Niederlage gegen die Osmanen bei Mohács, für Jahrhunderte türkisch wurde. Die Herzegowina war schon seit 1482 vollkommen in osmanischer Hand. Das Königreich Bosnien ging bereits 1463 unter, zehn Jahre nach der Eroberung Konstantinopels, als der letzte König Stefan Tomašević nach nur zwei Regierungsjahren vor der militärischen Kraft und der argen List des Sultans Mehmed II. des Eroberers kapitulieren musste und geköpft wurde. Militärisch gesehen, war der osmanische Feldzug eine Eroberung wie aus dem Bilderbuch: bestens vorbereitet, schnell durchgeführt und dauerhaft verankert. Der Islam hatte in Bosnien da bereits seine Spuren hinterlassen – zuerst in der Gegend um Sarajevo, wo die Osmanen einen militärischen Außenposten unterhielten. In Sarajevo selbst gab es bereits eine Moschee und eine islamische Infrastruktur, die Stadt entwickelte sich unter den Osmanen rasch zu einer blühenden islamischen Metropole.

Zuvor waren die religiösen Verhältnisse einigermaßen verworren, was bis heute Kontroversen darüber nährt, wie es denn nun wirklich gewesen sei. Seit dem 9. Jahrhundert kamen Missionare aus Rom und Konstantinopel auf den Balkan, wo die Grenze zwischen weströmischem und byzantinischem Reich verlief – seit der Kirchenspaltung im Jahr 1054 kämpften sie gegeneinander um die Seelen der Balkanvölker. Während Rom sich in Kroatien und Dalmatien durchsetzte, wurde in Bulgarien, Mazedonien und Serbien die orthodoxe Kirche maßgeblich. Dazwischen lag Bosnien, das überwiegend aufs römische Konto ging, während die spätere Herzegowina orthodox wurde. Einfluss und Präsenz der Kirche waren in Bosnien jedoch bedeutend weniger ausgeprägt als in den benachbarten Regionen; dadurch blieb Raum für Formen von Religiosität, gegen die die Kirche rigoros vorgegangen wäre, hätte sie die nötigen Kapazitäten gehabt. Umstritten sind bis heute Wesen und Bedeutung der sogenannten bosnischen Kirche – noch immer hat die Vermutung, es habe sich um eine häretische, von Rom abgefallene und von der bulgarischen Ketzersekte der Bogumilen geprägte Organisation gehandelt, viele Fürsprecher, die nicht selten politisch motiviert sind. Auch hier verortet mancher die Wurzeln der bosnischen ethnischen Eigenständigkeit, während kroatische Nationalisten die Bogumilen als abgefallene Katholiken ansehen und damit die eigene bosnische Nationalität mitsamt Staat infrage stellen. In der Tat sprechen päpstliche Unterlagen aus dem 15. Jahrhundert vom schändlichen Treiben der Bogumilen in Bosnien, aber solche Berichte müssen deshalb noch lange nicht der Wahrheit entsprechen. Denn auch aus Ungarn kamen solche Vorwürfe, die auf römische Unterstützung für einen Kreuzzug in Bosnien abzielten, um damit Ungarn auf Dauer die Herrschaft über Bosnien einzubringen. Der Zulauf der bosnischen Kirche erklärt sich nicht zuletzt damit, dass ebenso wie in Albanien auch in Bosnien die katholische und die orthodoxe Kirche erbittert um die Vorherrschaft gestritten hatten, was sich entschieden zum Nachteil der Menschen auswirkte. Die Kirchenstruktur war überaus schwach ausgeprägt, die Priesterdichte ziemlich gering und damit die seelsorgerische Betreuung der Menschen lückenhaft, unzulänglich und unbefriedigend. Entsprechend schwach war die Bindung an die jeweilige Kirche, entsprechend stark die Rolle von Volks- und Aberglaube. In kriegerischen Zeiten voller Ungewissheit sucht der Glaube noch mehr als gewöhnlich eine sichere Burg, und die bot das Christentum in Bosnien längst nicht mehr.

Die osmanische Herrschaft bedeutete keineswegs den Zwang, zum Islam überzutreten, und ebenso wenig die unterschiedslose Diskriminierung anderer Religionen – oder gar die Einführung der Scharia. Mit Einschränkungen durften Christen und Juden weiter ihre Religion ausüben, auch eine eigene Zivilgerichtsbarkeit wurde ihnen zugestanden. Die katholische und die orthodoxe Kirche wurden allerdings nicht gerade mit Samthandschuhen angefasst. Besonders katholische Würdenträger hatten es unter osmanischer Herrschaft schwer, weil sie als feindlich galten. Trotzdem nahm ein großer Teil der Bevölkerung Bosniens den muslimischen Glauben an, und der verbreiteten Ansicht zufolge geschah dies sozusagen im Handumdrehen. In Wahrheit aber gab es im Zuge der osmanischen Herrschaftsnahme in Bosnien weder freiwillige Massenübertritte zum Islam noch Zwangsbekehrungen im großen Stil.

Tatsächlich trat ein großer Teil der Bevölkerung Bosniens zum muslimischen Glauben über, aber keineswegs sofort und überwiegend aus freier Entscheidung. Aus osmanischen Steuerlisten, die die Religionszugehörigkeit genau vermerkten, geht hervor, dass die Islamisierung anfangs sehr zögernd verlief – fünf Jahre nach der Eroberung beispielsweise war der Bevölkerungsanteil noch verschwindend gering. Danach verschob sich das Verhältnis bei abnehmender Bevölkerungszahl, die vermutlich auf abwandernde Christen und Juden zurückgeht, zugunsten des Islam. Aber erst Ende des 16., Anfang des 17. Jahrhunderts war eine Mehrheit der Bevölkerung in Bosnien-Herzegowina islamisch geworden – 150 Jahre nach der osmanischen Eroberung also. Aus dem recht verlässlichen Bericht eines päpstlichen Gutachters aus dem Jahr 1624 geht hervor, dass damals doppelt so viele Moslems wie Christen in Bosnien lebten – unter den 225 000 Christen wiederum waren doppelt so viele Katholiken wie Orthodoxe. Und auch wenn die größten religiösen Veränderungen den Übertritt zum Islam betrafen: Es gab in dieser Zeit des Umbruchs ganz allgemein ein hohes Maß an religiöser Fluktuation – vor allem von katholisch zu orthodox, und ebenso Flüchtlingsbewegungen in verschiedene Richtungen.

Sodann besagt eine weitere Legende, der christliche Adel Bosniens sei mehr oder weniger geschlossen zum Islam übergetreten, um seinen Grundbesitz nicht zu verlieren. Diese Theorie stammt aus der Zeit der slawischen Nationalbewegung im 19. Jahrhundert und stellt eine Form von Adels-Bashing dar, ist also blanke Verleumdung. Nicht nur sicherten sich auf diese Weise, so der Kern der Aussage, die Aristokraten Reichtum und Stellung, um die einfachen, aufrechten Menschen weiter unterdrücken zu können, sie gaben sich außerdem Laster und Verderbnis hin. Die alten und neuen Herrschenden hätten somit zur Unterdrückung der Mehrheit und zum persönlichen Vorteil bösartige Absprachen getroffen. Allerdings war zum Erhalt des Adelsbesitzes weder unabdingbar, Moslem zu werden, noch war damit in jedem Fall süßer Müßiggang verbunden: Denn wer Land besaß, musste dem Sultan Wehrdienst leisten, und die kriegerischen Osmanen beanspruchten ihre Soldaten ganz erheblich. Zudem war die Kontinuität innerhalb des Adels keineswegs so groß wie gemeinhin angenommen, weswegen sich Vorher und Nachher nicht so ohne Weiteres vergleichen lassen.

Gründe für den Übertritt zum Islam gab es durchaus, zumal sich die Verhältnisse in mancherlei Hinsicht besserten und sich dadurch auch die Religion des neuen Herrschers positiv vermitteln ließ: Schon die Attraktivität des Siegers und der Frieden, den die neue Macht mit dem Ende der Eroberung in Aussicht stellen konnte, mag sich in den Augen der von langen Kämpfen gebeutelten, steuerlich geschröpften und kriegsmüden Menschen als Werbefaktor der neuen Religion erwiesen haben. So verhielt es sich auch zu anderen Zeiten in anderen Gegenden der Welt – diese Motivation zur Konversion ist überaus menschlich. Da die Osmanen nicht nach ethnischen, sondern religiösen Kriterien unterschieden, versprach der Übertritt zudem Möglichkeiten des Aufstiegs. Wer in staatliche Dienste treten wollte, sei es Armee oder Verwaltung, musste Moslem sein. Als solcher war man außerdem rechtlich bessergestellt, und es entfiel die Kopfsteuer, die auf jedes nichtmuslimische Haupt erhoben wurde. Sklaven konnten ihre Freilassung erlangen, wenn sie konvertierten. Die aufblühenden, islamisch geprägten Städte übten eine erhebliche Anziehungskraft aus. Und in den Augen des Volkes, das von christlicher Seite, namentlich Rom und Budapest, bedrängt worden war und daher der katholischen Kirche wenig Loyalität entgegenbrachte, war der Islam keine so abwegige Alternative: Die Religion der neuen Machthaber war monotheistisch, jenseitsbezogen und gleichzeitig durchaus weltlich – das war nicht ungewohnt, und das eigene Weltbild musste nicht komplett umgepinselt werden. Kirchliche Strukturen waren in Bosnien so schwach, dass der Abschied leichtfiel, während in Serbien, Bulgarien oder Griechenland, wo die Kirche erheblich präsenter und dominanter war, ein Übertritt nicht so nahelag. Und damit hatte in Bosnien auch die massive antiislamische Propaganda der Kirche viel weniger Gelegenheit, Wirkung zu entfalten. Gleichzeitig bot das neue Herrschaftssystem, wiewohl bei strengerem Regiment, ein höheres Maß an Stabilität und Sicherheit als das vorherige, was die Akzeptanz auch der Religion der neuen Machthaber nach und nach vergrößerte. Der Erfolg des Islam in Bosnien-Herzegowina hat also viele Ursachen, und die Menschen hatten gute Gründe, die Religion der neuen Machthaber anzunehmen. Aber sie taten es über viele Generationen hinweg und nicht in großer Zahl sofort.

Das Vorbild aller Vampire

Graf Dracula aus Transsilvanien gehört zu den berühmtesten Figuren der Literatur- und der Filmgeschichte. Seit der Erstausgabe im Jahr 1897 ist Bram Stokers Roman über den untoten Vampir Dracula in alle wichtigen Sprachen der Welt übersetzt worden und hat zahllose Autoren zu vergleichbaren Stoffen inspiriert. Die Zahl der Verfilmungen, die sich mal mehr, mal weniger werkgetreu an die Vorlage halten, geht längst in die Hunderte. Im rumänischen Transsilvanien boomt schon seit Jahrzehnten der Dracula-Tourismus, bei dem die Besucher häufig auf unterhaltsame, seltener auf historische Art und Weise mit dem Vorbild für Stokers Titelheld Bekanntschaft machen. Aber hat es diesen Graf Dracula überhaupt gegeben? Und falls er je gelebt hat – war er wirklich der grausame Zeitgenosse, dem man lieber nicht persönlich begegnen möchte? Und war er überhaupt das Vorbild für den weltberühmten Grafen mit der Schwäche für frisches Blut?

Als Vorbild für Stokers Dracula gilt der walachische Fürst Vlad III. Tepeş, der dadurch zum weltweit bekanntesten Rumänen der Geschichte wurde. Vlad lebte tatsächlich, nämlich im 15. Jahrhundert, und war mit Unterbrechungen rund sieben Jahre Herrscher des rumänischen Fürstentums Walachei – nicht vom benachbarten Transsilvanien, das damals zu Ungarn gehörte. Die Walachei stand zu dieser Zeit unter der Oberherrschaft des Osmanischen

Reiches und war zwar nicht unabhängig, aber weitgehend selbstständig. Das Gebiet reichte etwa von den Karpaten bis zur Donau. Seinen Beinamen Dracula (= »Sohn des Drachen«) übernahm Vlad von seinem Vater Vlad II. Dracul – ob dies für Teufel stand oder sich einfach nur auf dessen Mitgliedschaft im Drachenorden des ungarischen Königs Siegmund bezog, ist umstritten. Vlads III. anderer Beiname »Tepes« bedeutet »der Pfähler«, weil der walachische Fürst als besonders grausam galt und seine Feinde offenbar vorzugsweise tötete, indem er sie auf Pfähle spießen ließ. Vlad versuchte, sich durch wechselnde Bündnisse mit den Nachbarn Ungarn, Moldawien und dem Osmanischen Reich gegen einheimische Herausforderer zu behaupten, und führte schließlich Krieg gegen die Türken. Erfolg hatte er dabei nur vorübergehend, geriet 1462 in ungarische Gefangenschaft und konnte die Macht erst 1476 zurückerobern. Schon bald aber besiegte ihn ein Rivale mithilfe der Türken und ließ ihn mitsamt seinem Gefolge erschlagen. Vlads Grab wurde bis heute nicht gefunden, an seinem vermeintlichen Bestattungsort fanden sich keine menschlichen Überreste.

Existiert hat ein Dracula also tatsächlich, aber ein Vampir ist Vlad Tepes nicht gewesen. Nichts in den Quellen weist darauf hin, dass er nach seinem Tod 1476 als Untoter sein Land heimgesucht hätte. Auch der Ruf besonderer Grausamkeit ist kritisch zu betrachten: Der Tod durch Pfählung war damals eine übliche Art der Todesstrafe, auch wenn Vlads Beiname und die Überlieferung darauf hinweisen, dass er diese Art der Bestrafung besonders oft angewandt hat. Er selbst hat diesen Beinamen jedoch nicht benutzt, sondern sich Dracula genannt. Als Pfähler wird er 1550 zum ersten Mal bezeichnet, also viele Jahrzehnte nach seinem Tod. Ihm werden aber noch zahlreiche andere Grausamkeiten vorgeworfen bis hin zu der Anschuldigung, er habe Mütter gezwungen, ihre eigenen Babys zu essen. Das allerdings dürfte der allzu lebhaften Fantasie übelwollender Chronisten entsprungen sein. Ein erheblicher Teil der Überlieferung stammt von osmanischen, deutschen und anderen ausländischen Quellen, deren Urheber ein Interesse daran hatten, den Fürsten schlechtzumachen. Der viel beschworene, angeblich extrem ausgeprägte Sadismus Vlads lässt sich nicht nachweisen; eher hat Vlad Tepes aus kühler machtpolitischer Erwägung versucht, mithilfe von Terror seine Ziele zu erreichen: zur Abschreckung oder um Exempel zu statuieren. Immerhin war er permanent gefährdet und musste sich der Ansprüche diverser Thronanwärter erwehren. Seine Grausamkeiten, entschlackt von übertriebener Propaganda, erscheinen nicht viel größer als die anderer Herrscher jener Zeit. Die rumänischen Chronisten verschweigen seine Angewohnheit, Gegner pfählen zu lassen, ohnehin nicht. Vielmehr beschreiben sie Vlad III. als Helden, weil er für die Unabhängigkeit von den Türken kämpfte, und scheren sich wenig um seinen übertrieben grausamen Umgang mit Gegnern und Abtrünnigen.

Der historische Dracula hat also sehr viel weniger Ähnlichkeit mit seiner literarischen Zweitausgabe als gemeinhin angenommen – aber war er dann überhaupt das historische Vorbild? Bram Stoker hat an seinem erfolgreichsten Buch fast ein Jahrzehnt gearbeitet und dafür umfassend recherchiert. Dabei ist er schon bald auf Transsilvanien, dort verbreitete Mythen und den Volksglauben über Hexen und Vampire gestoßen. Auf den walachischen Fürsten mit dem schlechten Ruf kam Bram Stoker aber erst im Verlauf seiner Vorbereitung für seinen Roman. 1890 auf den historischen Graf Dracula aufmerksam gemacht, fand er in ihm eine Vorlage für den Transsilvanier, den er bereits im Kopf hatte. Daher änderte er seinen Plan: Statt »Wampir« hieß der blutsaugende Graf fortan ebenso Dracula wie das Buch, dessen Titel »Der Untote« hatte lauten sollen. Dass Stoker die Handlung in Transsilvanien ansiedelt, liegt nicht an mangelnden geografischen Kenntnissen, sondern war die bessere Wahl. Transsilvanien hatte damals bereits den passenden Ruf als rückständiges, geheimnisvolles und unergründliches Land, in dem einfache, zutiefst abergläubische Menschen wohnen. Die Walachei konnte mit einer solchen Reputation nicht aufwarten. Auch wenn man die Grausamkeiten des historischen Dracula nicht kritisch relativiert, fehlen dem angeblichen Vorbild noch weitere Eigenschaften der Romanfigur, vor allem deren Kultiviertheit.

Die Figur des Dracula ist also ein klassisches Schriftsteller-Patchwork. Stoker recherchierte umfassend und verwendete diverse Aspekte und Details, die er für sein Buch und dessen Helden heranzog. Im 18. und 19. Jahrhundert hatten Vampire geradezu Konjunktur; viele Schriftsteller von Goethe oder Coleridge bis Byron bezogen sich darauf. Auch okkulte Vorstellungen waren ein beliebtes Thema, und Stoker studierte alle möglichen Mythen und Aberglauben für sein Buch, um seine Titelfigur mit den passenden Eigenschaften auszustatten. Der historische Fürst Vlad III. Tepes ist also nur ein Muster im faszinierenden Patchwork, aus dem Bram Stoker die berühmte Romanfigur Dracula gebildet hat.

Vom undankbaren Enkel schlechtgeredet

»Er war in Kleinigkeiten groß, im Großen klein.« Selten ist das vernichtende Urteil über einen Menschen so pointiert und eloquent ergangen. Diesen Satz schrieb im 18. Jahrhundert Friedrich der Große über den eigenen Großvater, den ersten Preußenkönig Friedrich I., der die Hohenzollern, bis dahin Kurfürsten von Brandenburg, zu Königen machte, weswegen man vom Enkel durchaus ein wenig Dankbarkeit hätte erwarten mögen. Doch die Einschätzung des Vorvorgängers auf dem preußischen Thron fällt eindeutig negativ aus – und erwies sich als entscheidend für das Bild der Nachwelt von Friedrich I., eingeschlossen das ganzer Historikergenerationen. »Er opferte 30 000 Untertanen für verschiedene Kriege des Kaisers, um sich die Königswürde zu verschaffen, und strebte nach dieser nur so eifrig, um seinen Hang nach Zeremonien zu befriedigen (und) Vorwände für seine Verschwendungssucht zu finden. [...] Während sein Volk im Elend umkam, verschlangen seine Günstlinge reiche Pensionen. Seine Bauten waren prächtig, seine Feste glanzvoll, Marstall und Dienerschaft entsprachen mehr asiatischem Prunk als europäischer Würde. Die Launenhaftigkeit, mit der er sein Geld vergeudete, wirkte umso bizarrer, wenn man seine Ausgaben mit seinen Einnahmen vergleicht.«

Diese Darstellung in den »Denkwürdigkeiten zur Geschichte des Hauses Brandenburg« vermittelt, der Aufstieg Brandenburg-

Preußens zum Königtum habe seine Ursache allein in der Geltungs- und Prunksucht des Kurfürsten gehabt, der aus persönlicher Eitelkeit sein Land in den Ruin stürzte, weil der damit verbundene Aufwand die Möglichkeiten des Landes überstieg. Allerdings lag Friedrich der Große mit dieser undifferenzierten Einschätzung ziemlich daneben, denn sein Großvater war kein nichtiger Popanz, der sich nur für die prächtigen Äußerlichkeiten seines Amtes interessierte. Und vor allem: Ohne die Vorarbeit des Großvaters hätte der Enkel den Aufstieg seines Landes unter die europäischen Großmächte nicht bewerkstelligen können, denn die Königswürde bildete dafür die unverzichtbare Grundlage.

Die Hohenzollern kamen zu Beginn des 15. Jahrhunderts nach Berlin und wurden Kurfürsten von Brandenburg. Das kleine, rand- und rückständige Ländchen vergrößerten und entwickelten sie nach und nach mit einigem Glück und Geschick, ohne dafür Kriege zu führen. Über die Jahrhunderte wuchs das Herrschaftsgebiet beträchtlich, der Aufstieg in den Königsrang war den Landesherren gleichwohl verwehrt, weil Brandenburg im Heiligen Römischen Reich lag und deshalb nicht in ein Königreich umgewandelt werden durfte. Die Hohenzollern mussten also andere Möglichkeiten finden: Ende des 17. Jahrhunderts schickte sich daher Friedrich III., Kurfürst von Brandenburg, an, auf anderem Weg in die Königsliga vorzustoßen. Zum Herrschaftsgebiet der Hohenzollern gehörte nämlich seit 1618 das Herzogtum Preußen (das spätere Ostpreußen), der vormalige Staat des Deutschen Ordens, der in der Reformation aufgelöst worden war. Dessen letzter Hochmeister war ein Hohenzoller, der den Staat in ein Herzogtum umwandelte und übernahm. Über ein Jahrhundert später gelangte das Herzogtum Preußen durch Erbschaft an die Kurfürsten von Brandenburg. Dieses hohenzollersche Territorium, außerhalb des Heiligen Römischen Reiches gelegen, nutzte Friedrich, um doch noch die Königswürde zu erlangen. In geduldiger diplomatischer Feinarbeit und die politischen Kräfteverhältnisse und die eigenen Möglichkeiten klug ausschlachtend, erlangte Kurfürst Friedrich III. von Brandenburg die Genehmigung des Kaisers in Wien, in Preußen König zu werden. Einen Krieg musste er dafür nicht vom Zaun brechen, und doch ist der Aufstieg den Soldaten des Kurfürstentums zu verdanken, die der Kaiser für seinen Krieg gegen Frankreich benötigte. Die Krönung durfte jedoch nicht in Berlin stattfinden, das zum Reich gehörte, sondern im preußischen Königsberg, dem heutigen Kaliningrad. Übrigens führte Friedrich den Titel König *in*, nicht *von* Preußen, weil ein Teil des Landes (das spätere Westpreußen) der polnischen Krone unterstand.

Für die Krönung im fernen Königsberg wurde größter Aufwand betrieben, was Friedrich den Großen zu Hohn und Spott veranlasste: Sechs Monate dauerten die Festlichkeiten im Ganzen, Unsummen wurden dafür ausgegeben und ruinierten den Staat, der nur über bescheidene Mittel verfügte. Eigens erhob man dafür eine Krönungssteuer, die aber nicht einmal reichte, um die Kronen für König und Königin zu bezahlen. Vermutlich beliefen sich die Gesamtkosten der Feierlichkeiten auf das Doppelte der jährlichen Einnahmen. 1800 Kutschen und 30 000 Pferde wurden mitten im Winter ins spätere Ostpreußen geschickt, in vier Partien, weil unterwegs gar nicht genug Quartiere für die vornehmen Reisenden zur Verfügung standen. Eingebettet in mehrtägige Zeremonien, krönte sich Friedrich im Königsberger Schloss am 18. Januar 1701 selbst, bevor er seiner Frau Sophie Charlotte die Krone aufsetzte. Sein Krönungsornat war scharlach- und purpurrot, versehen mit kostbaren Stickereien und Knöpfen, Hermelinbesatz und Diamanten, aufgestickten Adlern und Kronen. Natürlich beeindrucken solcher Prunk und Verschwendung bis heute, aber mit gesundem Menschenverstand und zudem aus moderner Perspektive drängt sich doch die Frage auf, ob dieser Aufwand nicht beträchtlich übersteigert war und völlig unangemessen angesichts der prekären Staatsfinanzen.

Der frischgebackene König betrachtete die Königswürde als »politische Necessität«, als bloße Notwendigkeit, und lag mit dieser Einschätzung näher an den Tatsachen als sein undankbarer Enkel, denn gleichzeitig mit den Bemühungen Brandenburgs strebten die Kurfürsten in Hannover und Dresden ebenfalls die Königswürde an. Als die preußische Krönung stattfand, war der sächsische Kurfürst Friedrich August I. bereits polnischer König, und der Kurfürst von Hannover (Friedrichs I. Schwager) hatte Aussichten auf die englische Krone. Andere Fürsten in Europa trieb dasselbe Ansinnen um. Deshalb hatte sich Friedrich genötigt gesehen, seit 1692/93 ähnliche Anstrengungen zu unternehmen, um gegenüber seinen direkten Fürstenkonkurrenten nicht ins Hintertreffen zu geraten.

Davon abgesehen, waren Prunk und Protz des Großvaters, die Enkel Friedrich so verächtlich machte, Teil dieser Notwendigkeit. Um als Aufsteiger unter den älteren Königsdynastien ernst genommen zu werden, musste der Preußenkönig aufwendig Hof halten und im großen Stil Bauwerke errichten – das war es in den Augen der Zeit, was ihn als wahren Fürsten auszeichnete und seinen Status illustrierte. König war, wer von anderen Königen als gleichrangig anerkannt wurde, und in der symbolhaften Welt des Barock waren Äußerlichkeiten maßgeblich. Folglich legte Friedrich auf die Symbolik der Zeremonie kaum weniger Wert als auf die Rangerhöhung an sich. Nüchtern betrachtet, war die Krönungskrone nämlich nicht mehr wert als das Gold, aus dem sie gefertigt war, wenn der Emporkömmling darunter nicht von aller Welt, vor allem aber von seinen europäischen Königskollegen, als einer der Ihren akzeptiert wurde. Friedrich bastelte eingehend an den Zeremonien, um seinem Königtum ein eigenes Selbstverständnis, die nötige Würde und Aura zu verleihen – nicht nur das Idolische, auch das Ideelle war ihm wichtig, denn in der vielfältigen Symbolik und der Prachtentfaltung lag der Schlüssel zur Anerkennung in den europäischen Hauptstädten. Dass Friedrich I.

diesen Erwartungen entsprach, belastete natürlich die Staatskasse aufs Neue. Als wichtigstes Bauprojekt ließ er das Berliner Schloss umbauen und auf das Doppelte vergrößern, wobei sein Baumeister Andreas Schlüter ein weit gerühmtes Barockwerk schuf, damals die modernste Residenz des Kontinents. Einen Steinwurf entfernt war zuvor das Zeughaus entstanden, die Waffenkammer des Militärs, zahlreiche Statuen wurden aufgestellt, die Hauptstadt wurde verschönert. In Charlottenburg wurde der Sommersitz der Königin erbaut, weitere kleinere Schlösser entstanden rund um Berlin.

Zu den kulturellen Verdiensten des ersten Königs gehören außerdem die Gründung der Universität Halle, der Berliner Akademie der Wissenschaften und der Akademie der Künste sowie der Ausbau der Kunstsammlungen und die Berufung eines Hofhistoriografen. Als frommer Protestant war er daneben um die Religionsangelegenheiten des Landes bemüht. Man kann also nicht behaupten, der König habe mit der Königskrone eine leere Hülle erworben, sondern er füllte sie auch nach Kräften mit Leben. Richtig ist zwar, dass Friedrich I. nicht das geistige Format besaß, für das seine Frau Sophie Charlotte und vor allem sein Enkel bekannt sind, und dass er starken Beratern zu viel Einfluss und Möglichkeiten der persönlichen Bereicherung zugestand. Außerdem war eine starke Neigung zu allem Prächtigen bei ihm durchaus vorhanden; sie zeigte sich, lange bevor der nachgeborene Sohn des Großen Kurfürsten damit rechnen konnte, überhaupt jemals Kurfürst, geschweige denn König zu werden. Aber mochte die höfische Komponente der Rangerhöhung zum König auch willkommenes Beiwerk sein – der Erwerb der Königskrone war vor allem anderen ein politisch motiviertes und mit unendlicher Geduld und viel Fingerspitzengefühl angegangenes Unternehmen, das für den Staat Brandenburg-Preußen als ein Meilenstein gelten muss.

Friedrich der Große lag also ziemlich daneben, als er seinen Vorvorgänger derart miesmachte. Das ist aber nicht allein seiner ausgeprägten Neigung zur literarischen Pointe und seiner berüchtigten Bosheit geschuldet. Sein ungleich nüchterneres Verständnis der Königsrolle war grundlegend anders als das des Großvaters, und Friedrich der Große sieht höfische Etikette als nichtigen Tand, wogegen er ein rationales Verständnis von Königsherrschaft setzt. Im Laufe seines Lebens musste er jedoch der Bedeutung des Äußeren in ähnlicher Weise Tribut zollen, eindrucksvoll ablesbar am Neuen Palais im Park von Sanssouci, das er selbst als »Fanfaronnade«, also Prahlerei, bezeichnete. Dieser riesige Prachtbau sollte aller Welt vor Augen führen, dass Preußen den verheerenden Siebenjährigen Krieg unbeschadet überstanden hatte und nunmehr in die Riege der Großmächte aufgestiegen war.

Der Marquis und
die Jesuiten

Am 3. September 1759 beschloss die Regierung in Lissabon die Vertreibung der Jesuiten aus Portugal. Die Verfügung erregte, bei aller Kritik am aggressiven und arroganten Auftreten der Jesuiten in vielen Ländern, großes Aufsehen. Es war dies der erste Fall von Jesuitenvertreibung, aber das Beispiel sollte Schule machen. Im folgenden Jahrzehnt zogen Frankreich, Spanien und verschiedene italienische Regionen nach, und 1773 musste Papst Clemens XIV. auf massiven Druck dieser Länder den Orden sogar ganz aufheben. Der Orden, den Rom im 16. Jahrhundert als schärfste Waffe gegen die Reformation eingesetzt hatte und der darin vor allem in den romanischen Ländern sehr erfolgreich gewesen war, hatte an Ansehen dramatisch eingebüßt. Auch Lissabon stellte den Kampf gegen die Jesuiten mit der Vertreibung nicht ein, sondern gab sich erst zufrieden, als der Orden aufgehört hatte zu existieren. Es dauerte bis 1814, ehe er wieder neu gegründet werden konnte. Dieser ersten Vertreibung aus Portugal vorangegangen war ein königliches Dekret vom Januar 1759, mit dem der Besitz des Ordens im Land konfisziert wurde – darunter siebzehn Residenzen und fast drei Dutzend Kollegien. Eine der beiden Universitäten des Landes war seither geschlossen, weil sie von Jesuiten geführt worden war. Die Verflechtungen von Kirche, Staat und Gesellschaft waren in Portugal sehr eng, und die Gegenreformation, die Rom zur Ab-

103

wehr der Reformation formiert hatte und deren Speerspitze der Jesuitenorden bildete, war besonders stark.

Von der Ausweisung waren nunmehr rund 800 Jesuiten in Portugal sowie weitere 900 aus den portugiesischen Kolonien betroffen. Der portugiesische Diktator Sebastião José de Carvalho e Melo, der spätere Marquês de Pombal, hatte das Datum der Verfügung nicht zufällig gewählt: Genau ein Jahr zuvor wäre der portugiesische König Joseph I. beinahe bei einem Anschlag ums Leben gekommen, für den ein Gerichtsprozess die Jesuiten verantwortlich machte. Joseph hatte sich gegen elf Uhr abends auf der Rückfahrt von einem Schäferstündchen mit seiner Geliebten, der Marquêsa de Távora, befunden und um nicht aufzufallen, keine Eskorte mitgeführt. Weil ein Tor verschlossen war, nahm der Kutscher eine Seitenstraße, als plötzlich drei Männer aus der Dunkelheit auftauchten und die königliche Kutsche unter Beschuss nahmen. Kutscher und König, Letzterer an Arm, Schulter und Brust verletzt, reagierten geistesgegenwärtig und flohen. Was aber hatten die Jesuiten mit dem Attentat zu tun?

Der spätere Marquês de Pombal regierte Portugal für den apolitischen König Joseph I. im Sinn des aufgeklärten Absolutismus, der damals in Europa vorherrschte. Die Vertreter dieser Regierungsform, zu denen auch der preußische König Friedrich der Große gehörte, verstanden sich zwar als absolute Herrscher, aber aufgeklärten, fortschrittlichen Geistes. Auch Pombal führte zahlreiche Reformen durch, und zwar so energisch, dass es oftmals nicht ohne Gewalt abging. In den Reihen der Aufklärung, die der verkrusteten Kirche radikal zu Leibe rücken wollte, war der Beifall groß und die Kritik am gewaltsamen Vorgehen gering. Insgesamt ist die Sicht auf Pombal gespalten, weil er einerseits despotisch regierte, andererseits ungemein reformfreudig und zukunftsorientiert war. Seine Modernisierung brachte aber keine Liberalisierung mit sich, weder politisch noch kulturell; so wurde keineswegs die Zensur abgeschafft.

Den Jesuiten war Pombal seit dem Beginn seiner Regierungstätigkeit feindlich gesinnt. Er machte sie (unzutreffenderweise, wie später nachgewiesen wurde) für den Guaraní-Krieg verantwortlich, in dem sich 1754 brasilianische Indianer ihrer Enteignung und Zwangsumsiedlung infolge eines Grenzvertrages der Kolonialmächte Spanien und Portugal entgegenstemmten. In der portugiesischen Kolonie Brasilien stand ein großer Teil der Indianer unter dem Patronat der Jesuiten, was staatliche Maßnahmen erschwerte. Auf diesem Gebiet lagen Pombals erste Maßnahmen gegen die Jesuiten, weil sie seiner Wirtschaftspolitik in der riesigen Kolonie entgegenstanden.

Doch es ging ihm nicht ums Geld allein, sondern mehr als das um ideologische Konflikte. Pombal war fest davon überzeugt, dass an allem Übel, das Portugal in den vergangenen gut zwei Jahrhunderten befallen hatte, die Jesuiten schuld waren, seit sie 1540 ins Land gekommen waren. Mit dieser Meinung befand er sich in guter Gesellschaft unter all denjenigen, die von der Aufklärung beeinflusst waren und als Katholiken eher den jesuitenfeindlichen Jansenisten nahestanden. Sie nahmen die Jesuiten als Verkörperung des rückschrittlichen barocken Katholizismus der Gegenreformation wahr, zumal der Orden, einstmals hochmodern, nicht mit der Zeit gegangen war. Gleichzeitig fürchteten sie seine immer noch bemerkenswert organisierte Schlagkraft. Vor allem das Erziehungswesen machten sie zu ihrer Domäne, aber dem setzte zumindest in Portugal Pombal ein Ende.

Dann ereignete sich das schreckliche Erdbeben von Lissabon, das an Allerheiligen 1755 allein in der Hauptstadt 5000 Menschen das Leben kostete, die Hauptstadt zur Hälfte und den Süden des Landes dem Erdboden gleichmachte und großes Elend nach sich zog. Es war eine der ersten Katastrophen, die breite Medienwirkung erzielten, vergleichbar etwa mit dem Tsunami in Südostasien und im Indischen Ozean 2004. (Allerdings verbreiteten sich Nachrichten damals bedeutend langsamer als heute.) Kirchen, Klöster und der Königspalast fielen in sich zusammen. Die Zerstörungen nahm Pombal zum Anlass, eine Modellstadt nach aufklärerischen Grundsätzen zu errichten, geometrisch ausgerichtet und modernisiert. Als der populäre Jesuit Gabriel Malagrida lautstark die Ansicht vertrat, das Erdbeben sei die Strafe Gottes für den Sittenverfall der Portugiesen, suchte die Regierung durch Information gegenzusteuern und verbannte den Ordensmann. Seither schien Pombal gewillt, jede sich bietende Gelegenheit in seinem Kampf gegen den verhassten Jesuitenorden zu nutzen. Längst war er in seinen Augen das Haupthindernis für sein aufgeklärt-absolutistisches Regiment über Portugal. Er steigerte sich in einen ausgeprägten Jesuitenhass hinein, zahlreiche Äußerungen und Schriften sprechen da eine klare Sprache. In den nächsten Jahren häufen sich die Maßnahmen, seien es antijesuitische Publikationen in Portugal, antijesuitische Demarchen bei der Kurie in Rom oder mehr oder weniger fundierte Beschuldigungen gegen den Orden. Rom sah sich schließlich gezwungen, in einer Ordensvisitation bei den portugiesischen Jesuiten nach dem Rechten zu sehen. Da der beauftragte Kardinal Saldanha antijesuitisch eingestellt und Pombal persönlich überaus gewogen war, fiel sein Verdikt über den Orden entsprechend negativ aus. Den erhofften Effekt hatte das allerdings noch immer nicht – bis es zu besagtem Attentat kam. Es gab Pombal die Gelegenheit an die Hand, dem Problem Jesuitenorden ein für alle Mal beizukommen. Ob er ernsthaft überzeugt war, die Jesuiten steckten hinter dem Anschlag, oder ob er die Gunst der Stunde sogleich erkannte, ist ebenso unklar wie unerheblich. Er nutzte jedenfalls die Möglichkeit zu einem vernichtenden Doppelschlag gegen den ihm feindlich gesinnten Adel und den Jesuitenorden. Im Dezember wurden sechs Mitglieder des Hochadels verhaftet, darunter der Vater der königlichen Mätresse, sowie dreizehn Jesuiten, darunter der Erdbebenpropagandist Malagrida. Zur Vorbereitung des Prozesses gehörte, mehr oder weniger glaubwürdige Zeugen aufzutun und den Verdächtigen unter Folter Geständnisse abzupressen. Dass man das Einzelereignis Attentat und die nachfolgenden Maßnahmen aber eingebettet sehen muss in die Jesuitenpolitik Pombals insgesamt, ergibt sich nicht zuletzt aus der Tatsache, dass sowohl der Adel längst unter verschärfter Beobachtung der Regierung stand als auch antijesuitische Maßnahmen im Gange waren bzw. bereits Geplantes nunmehr umgesetzt wurde. Es kam zu einem Prozess, der kaum als koscher gelten kann.

Zunächst wurden mehrere Adelige bei zweifelhafter Beweisführung und entgegen üblicher Adelsprivilegien für schuldig befunden und hingerichtet, mit ihnen einige Bedienstete. Das Urteil lautete auf eine Verschwörung unter Beteiligung der Jesuiten, obwohl sich dafür keine handfesten Beweise erbringen ließen. Pombal scheint das auch gar nicht übermäßig wichtig gewesen zu sein. Über die beschuldigten Jesuitenpater konnten zunächst nicht verhandelt werden, weil sie nicht der Gerichtsbarkeit der Krone unterstanden. Erst als der Papst dem Prozess zugestimmt hatte, wurden auch die Jesuiten für schuldig befunden und des Landes verwiesen.

Das Gericht drehte in seiner Beweisführung den Spieß regelrecht um, denn es befand, dass bei unklarer Beweislage derjenige als Urheber einer Straftat zu gelten habe, der ein Interesse an ihr habe. Und da aufgrund der königlichen Gesetzgebung, die dem Jesuitenorden Beschränkungen auferlegte, dieser zwangsläufig ein Interesse am Tod des Königs hätte, müssten Jesuiten »an dieser vermaledeiten Missetat Schuld gehabt haben«. Richtet man diese Beweisführung etwas anders aus und fragt nach dem größten Nutznießer einer Ausweisung des Jesuitenordens, für den das Attentat zum willkommenen Vorwand wurde, so fällt das Auge auf Pombal selbst, der den Orden seit Jahren bekämpfte, wo er nur konnte. Ein kleiner Teil der Forschung vertritt denn auch die Meinung, die ganze Sache sei fingiert gewesen. Andere vermuten eine Eifersuchtstat des gehörnten Vaters des königlichen Liebchens oder einen Racheakt der Aristokratie. Der Hochadel hätte durchaus Grund zum Aufbegehren gehabt, denn er hatte politischen Einfluss und wirtschaftliche Stärke eingebüßt, zumal die Einkünfte aus Brasilien der Krone gestatteten, die traditionelle ständische Machtbeteiligung des Adels mehr oder weniger zu stornieren. Mit seinem rüden Regierungsstil hatte Pombal dieser Demütigung viele weitere hinzugefügt. Allerdings gibt es für keine der drei Urheberschaftsvermutungen Beweise, auch weil gar nicht erst anständig ermittelt worden war, da für Pombal (und nicht nur für ihn allein) längst feststand, dass die Jesuiten verantwortlich gemacht werden müssten. Umso besser, wenn er sich im selben Zug auch einiger unliebsamer Aristokraten entledigen konnte. Pombals Sicht der Dinge kam neben der Macht, die natürlich auf seiner Seite war, die weitverbreitete öffentliche Meinung zugute, die im Allgemeinen die Jesuiten kritisch sah und im Besonderen überzeugt war, die Jesuiten billigten den Tyrannenmord ohnehin. Keine zwei Jahre zuvor waren in Frankreich die Jesuiten Zielscheibe öffentlicher Empörung geworden, weil man sie hinter einem Attentat auf Ludwig XV. vermutete. Diese Art der Verleumdung hatte also bereits Schule gemacht.

Pombal setzte seinen Kampf gegen die Jesuiten weiter fort – mit propagandistischen Mitteln, mit der skandalösen Hinrichtung des inzwischen hochbetagten und geistig verwirrten Malagrida wegen Ketzerei und Blasphemie, im Bruch mit Rom und schließlich, im Verbund mit anderen Regierungen, im Druck auf den Papst, den Jesuitenorden ganz aufzulösen. Seine Macht endete jedoch mit dem Tod des Königs, auf dessen Person all seine Machtbefugnisse beruhten. Josephs Tochter und Nachfolgerin Maria hatte für den Premierminister ihres Vaters nichts übrig und entließ ihn. Seine Form des aufgeklärten Despotismus überdauerte ihn aber und fand erst mit der Revolution von 1820 ein Ende.

Schöne Fassaden für die geliebte Zarin

Begriffe und Redewendungen mit historischem Bezug sind keine Seltenheit, und je gängiger ihr Gebrauch, desto hartnäckiger setzt sich ihr vermeintlich historischer Wahrheitsgehalt im allgemeinen Bewusstsein fest. Das gilt ganz besonders für die Redewendung von den »Potemkinschen Dörfern«. Wann immer eine zweifelhafte Behauptung oder vorgebliche Tatsache mit der Präsentation von unechten Fassaden belegt werden soll, hinter denen bei näherer Betrachtung gar nichts steckt, wird früher oder später diese Formulierung bemüht: Wer Potemkinsche Dörfer vorführt, ist ein Hochstapler.

Der Hintergrund der Redewendung ist dabei noch einigermaßen bekannt: Fürst Potemkin, Günstling der Zarin Katharina II. (1729–1796), soll auf einer Inspektionsreise der russischen Kaiserin bloße Häuserfassaden und als schwere Gefechtsschiffe getarnte Holzbötchen aufgestellt haben, um die Monarchin über den wahren Zustand ihres Landes und seiner militärischen Schlagkraft zu täuschen. Aber werden diese Darstellung und die verunglimpfende Redewendung den Tatsachen und der Person Potemkins gerecht?

Gregor Alexandrowitsch Potemkin (1739–1791) ist vor allem als einer der zahlreichen Liebhaber und Favoriten der Zarin bekannt. Er ist durch die Gunst Katharinas nach der Ausschaltung des Zaren, an der er beteiligt war, rasch aufgestiegen. Potemkin war seit 1776 Reichsfürst und wurde schließlich Generalfeldmarschall. Als Generalgouverneur Neurusslands war er für die neuen russischen Südprovinzen (heute Teil der Ukraine) zuständig und ein Verfechter einer gegen das Osmanische Reich gerichteten Expansionspolitik. Für diesen Zweck sollten seine Provinzen massiv besiedelt, gefördert und ausgebaut werden.

Die Verleumdung des Fürsten wegen seiner angeblichen Fassaden aus Pappmaschee geht auf eine Reise der russischen Zarin in ihre Schwarzmeerprovinzen zurück, die sie im Frühjahr 1787 zusammen mit dem österreichischen Kaiser Joseph II., ihrem Verbündeten, unternahm. 1774 und 1783 hatte Katharina Russland im Süden erweitert und damit das Osmanische Reich herausgefordert. Mit der sogenannten Taurischen Reise, jahrelang vorbereitet, prachtvoll inszeniert und mit großem Gefolge unternommen, wollte Katharina in einer Triumphfahrt Macht und Größe Russlands zeigen – dabei waren außer dem beständig missmutigen Joseph II. auch die Botschafter Frankreichs und Englands. Die Reise führte von Kiew auf dem Dnjepr zur Krim und durch mehrere neu gegründete Städte bis nach Sewastopol. Sie wurde zu einem Triumph der Zarin sowie ihres Statthalters und Reiseleiters Potemkin, der den Mitreisenden und schließlich der europäischen Öffentlichkeit blühende Landschaften und ein starkes Russland präsentierte.

Fürst Potemkin hatte im Süden der heutigen Ukraine eine umfassende Aufbaupolitik betrieben und dafür auch Ausländer angesiedelt, um die Entwicklung des Gebietes voranzutreiben. Dabei war er durchaus erfolgreich, denn schon nach wenigen Jahren konnte er seine Zarin zu dieser Reise einladen. Den hohen Herrschaften wurden schöne Bauwerke und Parks gezeigt, ganze Dörfer waren neu errichtet worden, und in den Städten zeugten zahlreiche Baustellen von reger Bautätigkeit. Die Krönung des Besuches aber war, schon wegen der wirkungsvollen Machtdemonstration, die

Präsentation der neuen Schwarzmeerflotte in Sewastopol. Das militärische Muskelspiel wurde durch Manöver zu Lande und zu Wasser ergänzt. Vor allem die stattliche Flotte verfehlte bei Joseph II. nicht ihr Ziel: Ihr gegen die Türken gerichtetes Bedrohungspotenzial lag für ihn auf der Hand, zumal er als Verbündeter Katharinas einen russischen Feldzug gegen die Türkei verhindern wollte.

Das böse Wort von den Potemkinschen Dörfern stammt aber nicht von einem der Reiseteilnehmer, sondern von einem sächsischen Diplomaten am russischen Hof, Georg von Helbig. Er schrieb anonym eine Biografie des Fürsten Potemkin, die Anfang des 19. Jahrhunderts in verschiedenen Sprachen erschien. Die Geschichte der angeblichen Hochstapelei Potemkins kursierte bereits als bösartiges Gerücht am Hof, und Helbig schmückte sie noch ordentlich aus: Nicht nur von ganzen Fassadendörfern und Schiffen aus morschem Holz ist da die Rede, sondern auch von Massen bedauernswerter Leibeigener, die von einem Ort zum nächsten getrieben wurden und die Bewohner der falschen Dörfer mimen mussten: »Man glaubte in einiger Entfernung Dörfer zu sehen, aber die Häuser und Kirchenthürme waren nur auf Breter gemalt. Andere nahegelegene Dörfer waren erst erbauet worden, und schienen bewohnt zu seyn. Die Einwohner waren oft 40 Meilen weit herbey getrieben worden. Abends mussten sie ihre Wohnungen verlassen, und des Nachts in der größten Eil andere Dörfer erreichen, die sie abermals nur auf einige Stunden, und nur so lange bewohnten, bis die Kaiserin vorbeigefahren war. […] Heerden Vieh wurden in der Nacht von einem Orte zum anderen getrieben, und oft bewunderte sie die Monarchin fünf- bis sechsmal.« Gigantische Summen Geldes habe Potemkin veruntreut, behauptete Helbig und gab damit verleumderischen Hofklatsch wieder, ohne jedoch Beweise liefern zu können.

Katharina selbst, aber auch ihre französischen Reisebegleiter äußerten sich entrüstet, als sie von den schändlichen Gerüchten hörten, und bestritten ihren Wahrheitsgehalt vehement. Dennoch wurden sie von anderen fortgesetzt und ausgeschmückt: Ebenjene Bauern, die Potemkin durchs Land getrieben hatte, um der Zarin zu imponieren, habe er gleich anschließend ohne jedes Erbarmen kläglich verhungern lassen. Hungersnöte hat es zu dieser Zeit zwar tatsächlich gegeben, aber sie stehen nicht im direkten Zusammenhang mit Potemkins Politik. Auch die Behauptung, es seien Staatsgelder veruntreut worden, widerlegt der Blick in die russischen Haushaltsabrechnungen. Und die Zweifel an den Leistungen Potemkins waren völlig unbegründet.

Ins gleiche Horn stießen kurz nach Katharinas Tod ihr ehemaliger Leibarzt Adam Weikard, ein Mediziner aus Fulda, und bald darauf auch der Theaterautor August von Kotzebue. Weikards Bericht fällt nicht so drastisch aus wie der Helbigs, aber trotzdem kommt er immer wieder auf das Blendwerk Potemkins zurück, für den der Mediziner offenbar wenig Sympathie aufbringen konnte: »Es versteht sich, dass an jenen Seiten, wo die Kaiserin durchgeführt wurde, Wälle, Mauern, Thore, Pallisaden alles im vortrefflichsten Zustande war. An anderen Gegenden war manchmal noch kein Stein am Thore, oder es war auch wohl ein Stück Wall wieder eingefallen. Grosse, welche sich im Pompe herum führen lassen, bekommen nie ihr Land zu sehen, wie es wirklich ist, sondern wie man will, dass sie es sehen sollen.«

Aber Potemkin hatte durchaus ganze Arbeit geleistet. Zwar wurden seine höchst ehrgeizigen und kostspieligen Pläne nicht im vollen Umfang umgesetzt, und auch wenn er mit einiger Wahrscheinlichkeit und verständlicherweise hier und da Unfertiges als vollendet präsentiert haben dürfte und zweifellos jede Station der Reise aufwendig herausgeputzt wurde, um die Zarin und ihre Reisegesellschaft zu beeindrucken, so war für die Teilnehmer doch unübersehbar, was sich binnen weniger Jahren im Süden des Reiches getan hatte. Das bestätigten auch andere Reisende, die in späteren Jahren den Süden der Ukraine bereisten und von Potemkins kolonisatorischen Leistungen höchst beeindruckt waren. Und im

Krieg gegen die Türken, der schon bald nach der »Taurischen Reise« begann, erwiesen sich die Werke Potemkins als alles andere als von Pappe – immerhin siegte Russland über die Türkei nicht zuletzt durch Potemkins starke Flotte und seine befestigten Städte.

Katharina II., die deutsche Prinzessin aus Anhalt-Zerbst, die zur mächtigen Alleinherrscherin Russlands aufstieg und das Russische Reich erheblich vergrößerte, faszinierte schon ihre Zeitgenossen. Nach ihrem Tod wurde ihr Leben von zahlreichen Schriftstellern beschrieben, mal mehr, mal weniger substanzreich, mal mehr, mal weniger sensationsorientiert. Eine wichtige Rolle spielte dabei das Liebesleben der Frau, die kaltblütig ihren Mann ausgeschaltet hatte, um Russland selbst zu beherrschen. Für Zeitgenossen und Nachwelt hatte sie sich damit in die fatale Abhängigkeit wechselnder Günstlinge begeben, die ihre weibliche Schwäche hemmungslos ausnutzten und sie für ihre Zwecke benutzten. Ein Weiteres bewirkten die massiven Vorurteile, die das aufgeklärte Europa gegenüber Russland hegte, in den Augen westlicher Beobachter ein zerrissenes Land voller Gegensätze. In der Tat trat auf der berühmten »Taurischen Reise« der Gegensatz zwischen Prunk und Pomp des reisenden Hofes und des Elends der einfachen Bevölkerung für die Mitreisenden klar zutage. Und dieser Kontrast, der Westeuropäer immer wieder entsetzte, dürfte zu der vereinfachten Einschätzung geführt haben, dass nichts an Potemkins Werk echt und schlichtweg alles von Pappe war. Gleichzeitig zeigt sich hier wieder der Topos der starken, selbstbestimmten Frau, der das männliche Urteil mit substanzlosen Behauptungen beizukommen versucht, ruchlose Hochstapler in ihrem unmittelbaren Umfeld missbrauchten sie als Werkzeug für ihre üblen Absichten. Die Berichte der missgünstigen Männer Helbig, Weikard und Kotzebue finden bis heute in die meisten dieser Lebensbeschreibungen Eingang. Und die Redewendung der »Potemkinschen Dörfer« wird trotz ihres unhistorischen Hintergrundes auch weiterhin ihre Beliebtheit behalten.

Das schlechtgeredete Geschlecht

Im Fall Potemkin sollte die Verleumdung nicht nur einen Mann, sondern ebenso seine Geliebte treffen, die russische Zarin. Hintergrund dafür war, dass da eine Frau überhaupt und noch dazu sehr erfolgreich regierte, aus Machtgründen ihren Mann losgeworden war und ein erfülltes Liebesleben führte: drei Aspekte, die männlichen Zeitgenossen ganz überwiegend zuwider waren, weil sie an Frauen eher entgegengesetzte Erwartungen hatten. Kurz gefasst, sollten Frauen im Allgemeinen wie im Besonderen im Vergleich zu den Männern immer nur die zweite Geige spielen – oder noch besser still und apart dabeisitzen, während die Männer musizieren. Sind sie aber selbstbewusst, mächtig, klug und autonom, ziehen sie mindestens Argwohn auf sich und werden schnell zum Gegenstand übler Nachrede.

Die Geschichte der Verleumdungen ist ausgesprochen vielseitig, wie schon die bisherige Auswahl belegt. Zu Zielscheiben wurden einzelne römische Kaiser oder ihr berühmtester Statthalter, diverse Fürsten oder der erste König Preußens. Sogar ein ganzer Ritterorden sah sich übler Nachrede ausgesetzt, ebenso das Papsttum und einzelne Religionen als Ganzes. Sogar Völker und eine tausendjährige Epoche sind unter den Opfern. Besonders viele Fälle von Verleumdungen aber betreffen weder Einzelpersonen noch Minderheiten oder Außenseiter, sondern zielen auf eine

Hälfte der Menschheit: die Frauen. In ganz überwiegend von Männern dominierten Gesellschaften wurden und werden sie auf allerlei Arten von Herrschaft und Teilhabe ausgeschlossen. Mal sind es Religionen, die ihnen einen minderen Platz zuweisen, mal wird biologisch oder gesellschaftlich argumentiert, um zu rechtfertigen, dass die eine Hälfte der Menschheit über die andere bestimmen darf. Solche Rechtfertigungen ziehen sich durch die Geschichte, weisen in unterschiedlichen Epochen, Gesellschaftsformen und Religionen viele Parallelen auf und belegen, wie Argumente vorgeschoben werden, um einem bestimmten Prinzip zu dienen: dem der männlichen Überlegenheit, ob geistig, moralisch oder biologisch. Verdächtig wurde eine Frau im Grunde genommen, sobald über sie geschrieben wurde, denn über viele Jahrhunderte entsprach die vorherrschende (männliche) Auffassung dem, was schon im 5. vorchristlichen Jahrhundert der griechische Staatsmann Perikles laut dem Geschichtsschreiber Thukydides einmal gesagt haben soll: Jene Frauen seien am besten, über die nicht gesprochen werde.

* * *

Als in Russland Fürst Potemkin für seine Geliebte Zarin Katharina eine denkwürdige Reise organisierte, lebte in Versailles Marie-Antoinette, Frau des glücklosen Königs Ludwig XVI., beide hingerichtet während der Französischen Revolution 1793. Wohl keine französische Königin ist so sehr gehasst worden wie die Tochter der Kaiserin Maria Theresia. Meist beschränkt sich die Kenntnis über Marie-Antoinette auf einen einzigen Satz, der in aller Kürze auszudrücken scheint, wie überheblich, weltfremd und verwöhnt die Königin gewesen sei – und wie ignorant, was die Nöte ihres Volkes betraf. Auf den vorsichtigen Hinweis eines Höflings, angesichts Missernte und Versorgungsproblemen habe das Volk kein Brot, soll Marie-Antoinette nur zynisch geantwortet haben: »Dann sollen sie doch Kuchen essen!« Vor allem in Frankreich, aber auch in Deutschland brachten Generationen von Geschichtslehrern ihren Schülern bei, Marie-Antoinette sei ein verwöhntes, leichtfertiges Luxusweibchen gewesen, das mit zahllosen Hofintrigen den schwachen König zu falschen Entscheidungen gebracht habe. Schon vor der Französischen Revolution war Marie-Antoinettes Situation in Frankreich nicht gerade einfach. Sie war 1770 aus Wien an den französischen Hof gekommen, im Zuge einer dynastischen Verbindung nach jahrhundertelanger Feindschaft zwischen Frankreich und Österreich, wenn auch nicht als erste Habsburgerin, die Königin von Frankreich wurde. Erst seit ein paar Jahrzehnten bestand ein Bündnis mit Österreich, und die Hochzeit des französischen Dauphin mit der habsburgischen Kaisertochter sollte Frankreich außenpolitisch stärken. Doch die junge Österreicherin wurde mit Argwohn aufgenommen und hatte es schwerer als andere Gattinnen französischer Könige, sich bei Hof zu behaupten. Manchen schien der politische Nutzen der Verbindung für Österreich viel größer – schließlich gelang dem Kaiserreich damit ein Coup gegen den Erzfeind Preußen. Hinzu kam, dass das Herrschergeschlecht der Habsburger im Rang über dem der Bourbonen stand, die Frankreich regierten. Das konnte den stolzen bis überheblichen französischen Adeligen nicht recht sein.

Bereits vor der Hochzeit geriet das Brautpaar in ein beständig wachsendes Netz von Intrigen. Da gab es die verschiedensten Interessen: französische Adelige, die der königlichen Verbindung mit einer Habsburgerin nichts abgewinnen wollten; österreichische Diplomaten, die für Maria Theresia spionierten und die junge Ehe in ein bestimmtes Licht setzten; Hofleute, Minister und andere, die aus allen möglichen Gründen und auf allerlei Weise Einfluss gewinnen wollten. Die Ansichten über Marie-Antoinette und Ludwig sind bis heute nicht zuletzt von diesen Zeugnissen intriganter Menschen geprägt. Noch bevor Ludwig König wurde, kamen außenpolitische Entwicklungen hinzu: Frankreich fühlte sich Polen verbunden, sodass die polnische Teilung von 1772, von der Maria Theresia profitierte, Marie-Antoinettes Situation in Paris nicht gerade leichter machte. Ebenso trug zu den Vorbehalten am Hof bei, dass Ludwig als König einen eigenen Regierungsstil und eine ungewohnte Bescheidenheit an den Tag legte, während Marie-Antoinette als Königin selbstbewusst die rigide Etikette des Hofes von Versailles entstaubte. Beides stieß auf Ablehnung bei vielen, die Einfluss besaßen und deren Stimme Gehör fand, selbst wenn das Gesagte gar nicht den Tatsachen entsprach. »L'Autrichiènne – die Österreicherin«, wie sie seitdem am Hof und später auch vom Volk abfällig genannt wurde, war unwiderruflich in Misskredit geraten. Dabei verstand sich Marie-Antoinette seit ihrer Hochzeit als Französin und handelte durchaus im Sinne ihrer neuen Heimat – so wie ihre Mutter ihr eingeschärft hatte, hielt sie sich aus der Politik lange Zeit völlig heraus. Marie-Antoinette war lebenslustig und selbstbewusst; Ludwig dagegen rechtschaffen, bemüht und fleißig, aber alles andere als charismatisch – beide machten sich Feinde auch unter denen, auf die sie angewiesen waren. Hinzu kam, dass Marie-Antoinette ihrer vermeintlichen Hauptaufgabe, Thronfolger zu produzieren, erst nach sieben Jahren nachkam – reichlich spät in den Augen vieler Beobachter. Die Kinderlosigkeit des jungen Paares erklärt sich aber leicht aus der prüde-bigotten Erziehung der beiden; den verklemmten Eheleuten fiel es schwer, einander körperlich nahezukommen. Erst drei Jahre nach der Hochzeit, bei der Marie-Antoinette ohnehin gerade einmal vierzehn Jahre alt gewesen war, wurde die Ehe vollzogen.

Nicht nur höfische Intriganten, selbst Marie-Antoinettes Bruder Kaiser Joseph II. ließ sich noch nach seinem Besuch in Frankreich von seinen geltungssüchtigen Gesandten einreden, Ludwig sei schwach und von seiner Frau beherrscht und lasse sich deswegen zu folgenreichen politischen Fehlentscheidungen hinreißen. Für die Öffentlichkeit galt als Beleg für den übergroßen Einfluss der Königin, dass Ludwig XVI. im Unterschied zu seinen Vorgängern keine Mätressen hatte.

Stimmung gegen die Königin wurde auch im Volk schon vor der Revolution gemacht; das erste gedruckte Pamphlet erschien bereits 1773. Es bezog sich auf die für Frankreich angeblich unheilvolle österreichische Herkunft Marie-Antoinettes. Bald begannen auch regelrechte Verleumdungskampagnen, die der Königin ein ausgeprägtes außereheliches Liebesleben unterstellten. Mal ist von wechselnden Liebhabern die Rede, mal von sexueller Unersättlichkeit oder ihren angeblichen lesbischen Neigungen. Dem Thronfolger wurde die standesgemäße Abkunft abgesprochen, weil Ludwig XVI. angeblich impotent war. Die schmutzige sogenannte Halsbandaffäre, mit der Marie-Antoinette gar nichts zu tun hatte, diente als willkommener Anlass für weitere Verleumdungen.

Auch in der vergleichsweise ruhigen Phase der Revolution, als die königliche Familie unter strenger Bewachung im Pariser Palais des Tuileries residierte und hoffen konnte, in einer konstitutionellen Monarchie zu überleben, gingen die schmutzigen Kampagnen gegen die Königin weiter. Die Zahl der Pamphlete gegen sie war seit Ausbruch der Revolution regelrecht explodiert. Die alten Vorwürfe und Verleumdungen wurden allesamt aufgewärmt, neu dagegen war die Beschuldigung, Marie-Antoinette versuche den König, der sich längst in seine nunmehr rein konstitutionelle Rolle gefügt hatte, zur Niederschlagung der Revolution zu überreden. Besonders perfide war der Anklagepunkt vor dem Revolutionsgericht 1793, Marie-Antoinette habe die Pamphlete selbst in Auftrag gegeben, um Mitleid für sich zu erregen.

Dieser Schauprozess nach der Hinrichtung ihres Mannes hatte zum Ziel, das Bild einer Frau zu zeichnen, die ihren schwachen Mann beherrscht, insgeheim für ihren Bruder, den Kaiser von Österreich, spioniert, ihm Geld geschickt und Frankreich verraten habe. Daneben wurde ausgiebig ihr angebliches lasterhaftes Leben dargestellt – bis hin zum absurden Vorwurf der Blutschande mit ihrem inzwischen achtjährigen Sohn. In dem Prozess ersetzten Behauptungen Beweise, und die aufrechte, souveräne Haltung der Königin gegenüber ihren Anklägern und ihre überzeugende Widerlegung der Anklagepunkte wurden ignoriert. Marie-Antoinette folgte ihrem Mann in den Tod.

Das verzerrte Bild der habsburgischen Prinzessin und französischen Königin hatte nach der Revolution Bestand. Der Rufmord an der Königin ging auch nach ihrem Tod weiter. Als nach 1815 die alte Monarchie wiedererstand, wurde Ludwig weiter als der schwache König beschrieben, den eine hochmütige Königin beherrscht hatte – das sollte das Königshaus als Ganzes entlasten. Zur Verleumdung des Königspaares diente sein knapper Tagebucheintrag vom 14. Juli 1789, als in Paris die Bastille fiel: »Nichts« habe der ignorante König geschrieben – was auch stimmt. Nur handelte es sich um das Jagdtagebuch des Königs, und an jenem Tag hatte eben keine Jagd stattgefunden. Was sich in Paris tat, wusste Ludwig durchaus, und er versuchte nach Kräften, Einfluss zu nehmen. Eine differenzierte Beurteilung erfuhr auch die Königin vorerst nicht. Und das berühmte Kuchenzitat gilt bis heute als echt. Doch in Wahrheit wurde es ihr in böswilliger Absicht in den Mund gelegt. Tatsächlich stammt es aus der Zeit Ludwigs XIV., genauer von dessen Frau Maria Theresia, einer spanischen Habsburgerin. Bereits zwei Jahrzehnte vor der Thronbesteigung Marie-Antoinettes konnte sich Jean-Jacques Rousseau auf diese Redewendung beziehen.

Bis heute sind Marie-Antoinette und Ludwig XVI. den Interpretationen entgegengesetzter Parteien ausgeliefert, den monarchistisch orientierten und den Republikanern. Ein ausgewogenes Bild kann da kaum gezeichnet werden – ja, es ist nicht einmal wünschenswert. Vor allem Marie-Antoinette wurden Klischees zugeordnet, die in der Geschichte immer wieder bemüht wurden: Als Prinzessin des einstigen Feindes musste sie bösartig, als Frau verdorben und lasterhaft, als Königin ihren Mann beherrschend sein – schlechte Eigenschaften, die von männlich dominierten Gesellschaften und ihren (männlichen) Historikern immer wieder Frauen zugeschrieben wurden. Der Tochter Maria Theresias, die auf dem Schafott des revolutionären Terrorregimes unter Robespierre starb, widerfährt in Frankreich erst in jüngster Zeit häufiger Gerechtigkeit.

Natürlich war Marie-Antoinette keineswegs die erste Frau, die Zielscheibe von Verleumdungen wurde. Viele Jahrhunderte früher widerfuhr Frauen wie der letzten ägyptischen Pharaonin Kleopatra eine besondere Spielart herabsetzender Verleumdung: Es ist der Ruhm ihrer Schönheit. »Was für eine Nase«, schwärmt im Comic »Asterix und Kleopatra« der Zauberer Miraculix unaufhörlich, und er lässt sich nicht als Einziger zu hymnischen Kommentaren über die Schönheit der ägyptischen Königin hinreißen. Aber nicht nur im Comic, sondern auch in Wirklichkeit ließen sich die Männer von Kleopatras Äußerem beeindrucken. So über die Maßen schön war sie, dass die römischen Herrscher Gaius Julius Cäsar und Marcus Antonius nacheinander ihren Reizen verfielen. Cäsar, der ihr die Herrschaft über Ägypten sichern half und sie nach Rom einlud, schenkte sie einen Sohn. Nach Cäsars Tod heiratete sie Marcus Antonius, und aus dieser Verbindung gingen sogar drei Kinder hervor. Als Antonius jedoch mit der Schlacht bei Actium (31 v. Chr.) den Machtkampf um die Herrschaft in Rom gegen seinen Rivalen Octavian, den späteren Kaiser Augustus, verlor und später in aussichtsloser Lage die falsche Kunde vom Tod der Geliebten erhielt, beging er Selbstmord. Kleopatra ließ sich ein paar Tage später von einer Giftschlange beißen und folgte ihm in den Tod.

Wer nacheinander zwei große Männer mühelos um den Finger wickelt und in der Weltpolitik selbstbewusst mitmischt, muss von beeindruckender Schönheit gewesen sein, urteilte die Nachwelt. Dass es vielleicht eher um politisches Geschick, Charisma und Potenzial gegangen sein könnte, scheint den männlichen Historikern lange gar nicht in den Sinn gekommen zu sein. Erfolgreiche, selbstständige Frauen waren im antiken Rom eigentlich nicht vorgesehen, und wenn es positiv besetzte Ausnahmen gab wie Augustus' Gattin Livia, dann mussten sie den Konventionen entsprechen – Livia beispielsweise wurde für ihre außergewöhnliche Tugendhaftigkeit gerühmt, das höchste Ideal für eine Frau in den Vorstellungen des antiken Rom. Im Falle Kleopatras ist das Kompliment ihrer außergewöhnlichen Schönheit doch ziemlich vergiftet, wenn nur dadurch erklärlich schien, dass es die Dame so weit bringen konnte. Zahlreiche Porträts bilden denn auch diese Schönheit ab, und noch Jahrhunderte später bezeichnete Boccaccio Kleopatras Schönheit als ihre vorzüglichste Eigenschaft. Kein Wunder, dass im 20. Jahrhundert makellose Stars bemüht wurden, wenn die ägyptische Königin im Film auftauchen sollte.

Allerdings lässt sich die Schönheit Kleopatras gar nicht belegen. Von Zeitgenossen, die die ägyptische Königin gekannt haben, gibt es nur zwei Zeugnisse, die allerdings nicht als objektiv gelten können: Sie stammen von Cäsar und seinem Parteigänger Hirtius. Den Porträts der Königin kann man nicht trauen, denn sie wurden damals wie heute idealisiert, und antike Abbildungen können nicht als Beleg für das Aussehen eines Menschen herangezogen werden. Die Künstler schufen häufig schmeichelhafte Bildnisse und hielten sich an die Vorgaben der staatlichen Propaganda oder ihrer Auftraggeber, die die Königin bewunderten.

Die Würdigungen der römischen Geschichtsschreiber sind bereits im Abstand von ein bis zwei Jahrhunderten verfasst – und aus dieser Sicht muss Kleopatra vor allem als außerrömischer Eindringling erscheinen, der die römische Szene aufmischt. Trotzdem erzählt der römische Geschichtsschreiber Plutarch von dem Vergnügen, sich mit ihr zu unterhalten, und von ihrer sanften Stimme. Ihr Aussehen an sich habe ihre Ausstrahlung nicht ausgemacht. In vielen Übersetzungen wurde aus der entsprechenden Stelle, Kleopatra sei nicht schön gewesen, gar hässlich. Plutarchs Kollege Cassius Dio dagegen bezieht sich eindeutig auf ihr Äußeres und rühmt Kleopatra sogar als die schönste aller Frauen, vermerkt aber auch ihre verführerische Stimme und ihren großen Charme. Insgesamt ist die Überlieferung zur Persönlichkeit Kleopatras aber so widersprüchlich und tendenziös, dass Historiker sich ohnehin schwertun, ihre Biografie zu schreiben. Wie sollten da verlässliche Urteile über ihre äußere Erscheinung möglich sein?

Je nach Blickwinkel war Kleopatra mal die letzte Herrscherin über ein uraltes Königreich voller Dekadenz und Geheimnisse, die nur dafür lebte, ihr Reich und dessen Unabhängigkeit zu sichern. Dann wieder war sie eine gebildete, kluge Frau, die nacheinander zwei Herrscher Roms betörte und ihre Geschicke selbstbewusst mitbestimmte, aber auch die machtgierige, verschwendungssüchtige Intrigantin aus der Fremde, die sich in die inneren Angelegenheiten römischer Politik einmischte und auf den Machtkampf zwischen Antonius und Octavian Einfluss nahm. Sie war ebenso die blutjunge ägyptische Thronfolgerin, die nicht nur die Machtfehden am Hof lebend überstand, sondern 22 Jahre lang regierte, ihr Reich vergrößerte und zu einer letzten Blüte führte. Kleopatra konnte man ebenso als ehrgeizige Mutter betrachten, die ihrem Sohn den Weg an die Spitze Roms ebnen wollte, wie als stolze Politikerin, die sich der Demütigung, von Octavian im Triumphzug durch Rom geführt und bloßgestellt zu werden, durch den Freitod entzog. Sie war als Königin aus der Dynastie der Ptolemäer die letzte Herrscherin eines traditionsreichen, 3000 Jahre alten Pharaonenreiches, das nach ihrem Tod zur römischen Provinz degradiert wurde. Sie war eine willensstarke Ägypterin, die in der römischen Umbruchzeit von Republik zu Kaiserreich ihren Einfluss in die Waagschale legte und die internationale Politik mitbestimmte.

All diese Aspekte sind in das Bild von Kleopatra eingeflossen. Hinzu kam ihre ungemein wirkungsvolle und bis heute »medienwirksame« Selbstdarstellung. Der Mythos der außergewöhnlichen Schönheit Kleopatras ist eine über Jahrhunderte geronnene Essenz, gefiltert durch eine gehörige Portion männlicher Perspektive. Und ob einseitig oder umfassend beurteilt, haben diese Richter als Grund für ihre historische Bedeutung eine Eigenschaft ausgemacht: unwiderstehliche Schönheit. Vor allem die römische Geschichtsschreibung war bemüht, eher ihre weiblichen und negativen Eigenschaften zu betonen, anstatt ihr Format als Königin und Politikerin herauszuarbeiten. Bei genauerer Betrachtung der Urteile über Kleopatra wird der jeweilige Blickwinkel deutlich. Sowohl für die römischen wie auch für die christlichen Autoren war Kleopatra nicht zuletzt deshalb suspekt, weil sie eine unabhängige Frau war und keine folgsame Gattin, wie es sich geziemte. Insofern ist es gar nicht so weit von Marie-Antoinette zu Kleopatra: So unterschiedlich die Aspekte, die von männlichen Historikern betont werden, auch sind, dahinter steht der männliche Blick auf Frauen, die sich nicht in die Erwartungen fügen, die an sie gestellt werden.

Das Interesse an Ägyptens letzter Königin legte sich im Mittelalter, bis nach jahrhundertelanger Pause im 14. Jahrhundert die Renaissance die Kleopatra-Tradition wieder aufnahm. Boccaccio schrieb, Kleopatras Ruhm sei einzig auf ihre Schönheit gegründet, andererseits kenne man sie als gierige, grausame, laszive Frau. Seither setzten sich unzählige, abermals überwiegend männliche Schriftsteller und Maler, Opernkomponisten und Theaterautoren mit dem Leben der letzten ägyptischen Königin auseinander. Bis heute gespielt und gelesen, ist darunter Shakespeares *Antonius und Kleopatra* über eine tragische Liebe. Und als schließlich der Film erfunden wurde, schien dieser Stoff wie gemacht für die bewegten Bilder. Mehr als ein Dutzend Mal wurde Kleopatras Leben auf die Leinwand gebracht, und die schönsten Frauen der Filmgeschichte verkörperten sie – allen voran 1963 Elizabeth Taylor. So wird bis heute der Mythos der schönsten aller Frauen befeuert, dem trotz aller Hartnäckigkeit die gesicherte Grundlage fehlt. Der französische Kulturminister und Schriftsteller André Malraux ging sogar einmal so weit, Kleopatra als »Königin ohne Gesicht« zu bezeichnen.

Auch mit der Nase der Kleopatra, die bei Asterix besonders häufig vorkommt, könnte es eine ganz andere Bewandtnis haben. Im 17. Jahrhundert prägte der Mathematiker Pascal das berühmte Bonmot, die Welt sähe anders aus, wenn Kleopatras Nase kürzer gewesen wäre. Die Überlieferung, der zufolge die ägyptische Königin eine besonders ausgeprägte Nase besaß, geht auf Münzabbildungen zurück. Die zeichnen sich allerdings nicht gerade durch ausgewogene Proportionen in ihren Darstellungen aus. Eine absichtlich betonte Nase kann auch symbolisch gemeint gewesen sein: als Ausdruck einer besonders starken Persönlichkeit. Und die hatte Kleopatra ganz offensichtlich, insofern lag Pascal nicht wirklich falsch. Ob schön oder nicht, ob mit auffälliger Nase oder nicht – Kleopatra war klug, gebildet und willensstark. Eine außergewöhnliche, faszinierende Frau, die sich ihren Platz in der Geschichte verdient hat.

So altherrenhaft die Sicht auf Kleopatras Wirken durch Schönheit uns heute anmutet: Immerhin kam die Ägypterin mit dieser Zuschreibung noch vergleichsweise positiv davon. Im Fall der Valeria Messalina, die ein Dreivierteljahrhundert nach Kleopatras Tod römische Kaiserin wurde, kann davon keine Rede sein. Als im Jahr 41 n. Chr. der schrullige und leicht körperbehinderte Claudius zur allseitigen Überraschung Nachfolger seines gemeuchelten Neffen Caligula wurde, stieg die Frau an seiner Seite zur Kaiserin auf. Bis auf den heutigen Tag hängt Messalina der Ruch an, ein durch und durch verdorbener, zügelloser und lasterhafter Mensch gewesen zu sein. Zu den weithin bekannten Details dieses Lebens gehört, Messalina habe ihrem übersteigerten Sexualtrieb freien Lauf gelassen, habe ihren Mann mit unzähligen anderen betrogen, habe sich nachts (mit blonder Perücke) aus dem kaiserlichen Ehelager ins Bordell geschlichen, habe tugendhafte Frauen zum hemmungslosen Sex angestiftet, aus dem kaiserlichen Palast eine Art Swingerklub gemacht und sich gar in sexueller Ausdauer mit einer professionellen Hure gemessen (und gewonnen). Tatsächliche oder eingebildete Rivalinnen ließ sie mit größter Grausamkeit aus der Welt schaffen. Da nehmen sich Geiz und Gier, die ihr ebenso nachgesagt werden, geradezu als Petitessen aus. Natürlich endet diese moralisch und menschlich ruinierte Biografie gewaltsam, aber nicht ohne einen weiteren skandalösen Höhepunkt: Messalina besaß die Unverfrorenheit, ihren Geliebten Gaius Silius, angeblich der schönste Mann von Rom, zu ehelichen, obwohl sie ja mit Claudius verheiratet war – Bigamie war auch in Rom verboten. Diese Infamie wurde dem Kaiser hinterbracht, der seine Frau umbringen ließ, um diese Schande aus der Welt zu schaffen.

Die posthume Karriere der Messalina als nymphomanische Triebtäterin begann im frühen 2. Jahrhundert mit dem Satiriker Juvenal, der an ihr kein gutes Haar ließ. *Meretrix imperii* nannte er sie ganz unverblümt: Hure des Reiches. Das war bereits einige Jahrzehnte nach ihrer Ermordung, eine zeitgenössische Biografie gibt es nicht. In dieselbe Kerbe schlugen die nachfolgenden Autoren, ob Tacitus, Sueton oder Cassius Dio. Je später verfasst, desto deftiger und ausgeschmückter geriet die Darstellung. Diese Tradition der antiken Geschichtsschreiber fand ihre Fortsetzung in sensationslüsternen Dramen seit dem 17. Jahrhundert, Opern vor allem des 19. sowie Filmen des 20. Jahrhunderts. Und auch neuzeitliche Historiker folgten noch lange der negativen Darstellung Messalinas als sexuell enthemmter, grausamer Kaiserin. Nur stützt sich dieses Bild auf zweifelhafte Gewährsmänner, denn wie wir im Fall der verleumdeten Kaiser bereits gesehen haben, verstanden antike Historiker ihren Beruf anders als die modernen. Ihnen ging es nicht um wissenschaftliche Genauigkeit und Objektivität, sondern um eine bewusst wertende Darstellung der Vergangenheit – römische Geschichtsschreibung ist immer auch ein Beitrag zur Gedenkkultur. Antike Historiker wollten dem Leser eine Moral nahebringen, weshalb sie es entgegen aller Versicherungen mit der Wahrheit nicht so genau nahmen und Ausschmückungen als durchaus statthaft empfanden.

Die Frauen der römischen Antike waren keine gleichberechtigten Partnerinnen ihrer Männer, auch nicht die Gattinnen der Kaiser. Grundeinheit der patriarchalisch verfassten Gesellschaft war die Familie, der der Hausvater vorstand; Frauen hatten einen entschieden niederen Status. Ähnlich wie im antiken Griechenland sah man sie schon körperlich als unvollkommen an, ganz im Unterschied zum rundum vollendeten Mann. Der Familienvater hatte weitgehende Rechte und Pflichten, er war sozusagen der verlängerte Arm des Staates innerhalb der Familie und bestimmte die Ehepartner der Frauen seines Hauses; Liebesheiraten waren seltene Ausnahmen. Augustus hatte strenge Ehegesetze erlassen, die jeden zur Heirat verpflichteten; andererseits waren Scheidungen unproblematisch, auch konnten Frauen arbeiten, eigenen Besitz haben und am öffentlichen Leben teilnehmen. Römische Frauen hatten also mehr Möglichkeiten als griechische, waren aber trotzdem benachteiligt. Von den Frauen, die keinerlei Ämter oder direkten politischen Einfluss ausüben durften, wurden Zurückhaltung und Unterordnung erwartet. Männer hatten stark zu sein, Frauen gehorsam. In seiner *Römischen Geschichte* lässt der Historiker Livius den Politiker Cato den Älteren anlässlich einer Frauendemonstration sagen:»In dem Augenblick, wo die Frauen anfangen, euch Männern gleich zu sein, werden sie eure Herren sein.« Dieser Auffassung entsprechend finden sich in antiken Schriften zahlreiche Schmähungen von Frauen – aus moderner Sicht klar sexistisch. Und natürlich waren die Autoren allesamt

Männer. Die sexistischen Vorstellungen galten auch im Sexual-
leben: Während den Männern eheliche Treue nicht vorgeschrieben
war, blieb den Frauen das Fremdgehen untersagt. Weibliche Se-
xualität galt als gefährlich und verwerflich, weil triebhaft und
schwer zu kontrollieren. Selbstbewusste, dominante Frauen aber
wurden als sexuell unersättlich angesehen und entsprechend verleumdet.

Nur weil sie keinen direkten und aktiven Anteil an der Politik
nehmen durften, verzichteten Frauen aber keineswegs darauf, ihre
Interessen zu verfolgen, sondern nutzten ihre Möglichkeiten – Politik und Machtausübung finden ja nie nur auf institutionalisierten
Wegen statt. Ihr eigenständiges, auch politisches Handeln vollzog
sich auf Umwegen: in der indirekten Einflussnahme auf den Gat-
ten, über den Weg von Familie oder Freundeskreis, über eine akti-
ve Rolle in Religion und Wirtschaft – oder auf dem Weg sexueller
Betätigung. Auch die Kaiserinnen der Frühzeit nutzten ihre Möglichkeiten – auf unterschiedliche Weise, aber mit demselben Ziel:
angesichts unklarer Nachfolgeregelungen in der frühen Kaiserzeit
ihre eigene und die Existenz ihrer Kinder zu sichern. Doch damit
entsprachen sie nicht dem Idealbild einer römischen Frau und
vorbildlichen Kaiserin, von der man erwartete, die weiblichen Tu-
genden von Zurückhaltung, Frömmigkeit und Keuschheit zu ver-
körpern.

Die römischen Kaiser waren nicht nur Herrscher, sondern
auch Vorstände der kaiserlichen Familie. Wenn aber die Frauen
der Kaiser nach römischen Maßstäben über die Stränge schlugen,
sei es politisch oder moralisch, dann wurde dies ebenso ihren
Männern angekreidet. Das beeinflusste die Einschätzung der Regierungszeit des Claudius, der schon wegen seiner körperlichen
Behinderung sowie als notorischer Bücherwurm und Exzentriker
bei den Biografen schlecht wegkam. Ein weiterer Punkt auf seinem Negativsaldo war, dass er sich, zumal von Frauen, angeblich
leicht beeinflussen ließ. Messalina nahm durchaus Einfluss auf

Claudius, intrigierte hier und dort und platzierte ihr ergebene Männer bei Hofe und im Einflussbereich des Kaisers. Dabei war sie so wenig zimperlich wie andere Herrscher oder Herrscherfrauen vor und nach ihr. Dass dabei auch Sexuelles zum Einsatz kam, ist anzunehmen und widerspricht ja auch nicht dem nüchternen Zweck: Messalina handelte im Sinne ihres kleinen Sohnes Britannicus, dem sie eine Zukunft als Kaiser sichern wollte – und im eigenen Interesse, denn aller Wahrscheinlichkeit nach würde sie ihren Mann überleben. Nach all dem, was seit Cäsar Mitgliedern der Kaiserfamilie in wiederkehrenden Machtwirren widerfahren war, gab es wenig Grund, auf einen natürlichen Tod nach einem erfüllten Leben zu hoffen, wenn sie nicht selbst Vorsorge traf. Die Darstellung der moralisierenden und sexistischen Biografen jedoch machte aus einer sich überlegt um die Zukunft kümmernden Mutter eine unersättliche Nymphomanin.

Vor allem solange Messalinas Sohn Britannicus zu jung war, um die Nachfolge seines Vaters anzutreten, blieb die Lage heikel. In einem solchen Fall hätte ein neuer Kaiser sich vermutlich auf schnellstem Wege der Familie des Vorgängers entledigt. Zunächst war die beste Lebensversicherung Claudius selbst, also setzte Messalina alles daran, möglichen Feinden oder Verschwörern schon früh das Handwerk zu legen. An erster Stelle der Rivalen standen die direkten Nachfahren des Augustus, weil deren Anspruch auf eine Nachfolge stets Bestand hatte. Für Messalina waren daher die beiden überlebenden, aus dem Exil zurückgekehrten Schwestern des Caligula, Agrippina und Livilla, überaus gefährlich – zumal sie auch schon gegen Caligula intrigiert hatten. Livillas Mann war sogar als Princeps im Gespräch gewesen, bevor die Prätorianergarde mit der Ausrufung des Claudius vollendete Tatsachen geschaffen hatte. Dann gab es da noch Julia, eine Nichte des Claudius, sowie Marcus Silanus, einen Ururenkel des Augustus. Hinzu kamen deren Angehörige sowie die Abkömmlinge einflussreicher römischer Familien und ambitionierte Provinzkommandeure mit ausreichender Reputation für den Job. Angesichts Claudius' Alter schien es geboten, rechtzeitig für die Nachfolge vorzusorgen, daher wurden zwei Männer auf gleicher Ebene für den Posten vorbereitet und der Öffentlichkeit als Thronanwärter vermittelt. Sie wurden verheiratet mit Claudius' Tochter Antonia aus zweiter Ehe bzw. verlobt mit der kleinen Tochter des Kaiserpaares, Octavia. Britannicus hatte also nur dann Aussichten, Nachfolger seines Vaters zu werden, wenn er bei dessen Tod alt genug sein würde. Andernfalls waren seine und Messalinas Tage gezählt.

Messalina stützte sich in ihrem Kampf für den eigenen Sohn und das eigene Überleben auf Vertraute aus dem Beraterkreis des Kaisers, allen voran des Freigelassenen Narcissus, der großen Einfluss auf Claudius besaß. Allerdings wurde dieser Vertraute ihr schließlich auch zum Verhängnis. Hintergrund war die schier unfassbare Heirat der Kaiserin mit einem zweiten Mann. Eine Abwesenheit des Kaisers soll Messalina genutzt haben, um ihren Liebhaber Gaius Silius zu heiraten – was Vertraute des Kaisers als direkte Bedrohung ihrer Stellung werten mussten. Denn Ziel des Ganzen konnte ja nur sein, den Kaiser zu beseitigen, den neuen Mann zum Nachfolger zu machen und so ihrem Sohn die Herrschaft für die Zukunft zu sichern. Der Skandal wurde dem Kaiser hinterbracht, Messalinas Zweitehemann umgehend hingerichtet. Messalina wurde auf Geheiß des Narcissus in den Lukullischen Gärten ermordet. Auch Narcissus hatte eine überaus ungewisse Zukunft zu sichern und handelte entsprechend mit hohem Einsatz; doch blieb auch ihm ein vorzeitiger Tod nicht erspart.

Diese Zweitehe ist bis heute Zankapfel unter Historikern – hat sie stattgefunden oder nicht? Selbst Tacitus stellt seiner Darstellung voran, die ganze Angelegenheit sei eigentlich unglaublich. Abschließend geklärt ist die Sache mit der Hochzeit nicht – denkbar ist auch, dass Narcissus und andere Berater des Kaisers gegen Messalina intrigierten und ihr eine Falle stellten. Wie auch immer: Messalinas Ziel, ihre Stellung und die ihres Sohnes zu sichern, war verfehlt. Nicht nur hatte ihr Leben ein gewaltsames Ende gefunden, Claudius heiratete zudem ein viertes Mal: Caligulas Schwester Agrippina. Und für die Nachfolgeregelung bevorzugte der Kaiser vor seinem leiblichen Sohn Britannicus den etwas älteren adoptierten Stiefsohn Nero, den Agrippina mit in die Ehe brachte. Der wiederum entledigte sich später seiner Frau Octavia, Tochter Messalinas, sowie seines Schwagers und Thronrivalen Britannicus.

∗ ∗ ∗

Im Mittelalter war die Position der Frauen kaum besser als im antiken Rom oder in Griechenland. Strenge Moralvorgaben bestanden zwar für beide Geschlechter, aber Frauen gerieten viel schneller in Verruf, wofür schon ihre untergeordnete Stellung sorgte. Zwar kannte das Christentum durchaus ein positives Frauenbild, für das Maria, die Mutter Jesu, Patin stand, die ihren Sohn ohne jeden sexuellen Kontakt direkt von Gott empfing. Denn Sex galt als sündige Angelegenheit, und als Problem dabei wurden die Frauen angesehen, die die Männer ständig verführten – der Prototyp der Verführerin war natürlich Eva, die auf Betreiben der teuflischen Schlange den integren Adam im Paradies zum Apfelessen animierte, womit sie der menschlichen Existenz zu einer dauerhaften Widrigkeit verhalf. Zwischen diesen beiden Polen wurden die Frauen verortet, und mit diesen beiden Kategorien hantierten männliche Geschichtsschreiber. Die waren zudem im Mittelalter meistens Kirchenmänner, was den Frauen, die die Kleriker überhaupt für erwähnenswert hielten, häufig nicht eben zugutekam.

Eine bedeutende Frauenfigur des Mittelalters wurde in höchst abwertender Beurteilung immer wieder mit Kaiserin Messalina verglichen, die jahrhundertelang als Negativfolie diente, wenn Frauen historisch eingeordnet wurden: Eleonore von Aquitanien (ca. 1122–1204), Erbin des bedeutenden südfranzösischen Herzogtums Aquitanien, Königin von Frankreich, die zusammen mit ihrem Mann Ludwig VII. auf Kreuzzug ins Heilige Land zog. Dort war sie angeblich Liebhaberin ihres Onkels Raimund von Poitiers, Fürst von Antiochia, sowie des Sultans Saladin. Nachdem die Ehe mit Ludwig VII. annulliert worden war, heiratet sie den erheblich jüngeren Herzog Heinrich Plantagenet, den späteren König Heinrich II. von England, mit dessen Vater Gottfried V., Graf von Anjou, genannt Geoffroy le Bel, sie noch im Heiligen Land ein Verhältnis gehabt haben soll. Die Geliebte ihres Mannes, die schöne Rosamunde, schaltet sie kaltblütig durch Gift aus. Durch Heinrich wird sie Königin von England, ist Mutter der englischen Könige Richard Löwenherz und Johann Ohneland, die sie aus Eifersucht und Machtgier zum Aufstand gegen den eigenen Vater aufstachelt. Und selbst nach ihrem Tod wird Eleonore durch die kompliziert gewordenen territorialen Ansprüche des englischen und des französischen Königshauses zur Unruhestifterin im englisch-französischen Verhältnis und Mitverursacherin des Hundertjährigen Krieges.

Schon einige Jahrzehnte nach ihrem Tod urteilte der französische Zisterzienser Hélinand von Froidmont in seiner Weltchronik, Eleonore habe sich nicht wie eine Königin, sondern wie eine Dirne verhalten. Eine zeitgenössische Kategorie, um die unerhörte Frau einzuordnen, war der Vergleich mit – Messalina. Viele Chroniken verurteilten ihr ehebrecherisches Liebesleben, in dem sie selbst vor Heiden nicht haltmachte, und ihren schlechten, sogar teuflischen Charakter. Aber die Geschichtsschreibung wandelte sich: Im 19. Jahrhundert wurde sie als sinnenfrohe, leidenschaftliche und liebende, also stereotypische Südfranzösin verklärt; heute gilt sie vielen als selbstbewusste, ja emanzipierte Frau, die unbeirrt und gegen alle Zwänge der Zeit ihren persönlichen Lebensweg verfolgt habe. Eine solche Darstellung der Eleonore von Aquitanien vermittelte ausgesprochen überzeugend Katherine Hepburn in dem Hollywoodfilm *Ein Löwe im Winter*. War Eleonore nun das eine oder das andere?

Aquitanien war schon in römischer Zeit als reiche Gegend bekannt. Das fruchtbare »Land der Wasser« lebte vor allem von Salz- und Weinhandel. In der Zeit seiner größten Ausdehnung unter Eleonores Großvater reichte das Herzogtum von der Loire bis zu den Pyrenäen. Berühmt war es außerdem für seine Troubadoure, die bei Hofe mit galanten Liebesgesängen für Kurzweil sorgten. Eleonores Vater Wilhelm X. steckte in Nachfolgeschwierigkeiten, nachdem sein Sohn früh verstorben war. Um den Herrschaftsanspruch der Familie zu sichern, vertraute er seine älteste Tochter Eleonore dem französischen König an. Der bestimmte sie zur Braut seines Sohnes und starb wie Eleonores Vater kurz danach. Im Sommer 1137 fand in Bordeaux die glanzvolle Trauung der 16-Jährigen mit Ludwig statt, gleich anschließend wurde Eleonore zur Königin von Frankreich und zwei Wochen später zur Herzogin von Aquitanien gekrönt. Bei diesen Entwicklungen war Eleonore noch passiver Spielball von dynastischen, politischen und kirchlichen Interessen gewesen. Auch als Königin von Frankreich spielte sie politisch keine besondere Rolle.

Das französische Königshaus besaß damals nur nominell die Herrschaft über ganz Frankreich; tatsächlich reichte seine Macht aber nicht über die Île-de-France hinaus, die französischen Kernlande um Paris. Ludwig VII. versuchte wie seine Vorgänger, seine Macht zu konsolidieren und dabei insbesondere das große und wichtige Aquitanien enger an das Königshaus zu binden. Zur Sicherung der Macht gehörte natürlich auch ein Thronfolger, aber Eleonore schenkte Ludwig zunächst gar keine Kinder und schließlich zwei Töchter, die aber für die Thronfolge nicht infrage kamen.

Weihnachten 1145 gab Ludwig bekannt, er werde am zweiten Kreuzzug teilnehmen, um im Heiligen Land den Vorstoß muslimischer Heere zu stoppen. Vermutlich, weil es auch um ihren Onkel Raimund ging, ihren nächsten Verwandten und Herrscher über das christliche Fürstentum Antiochia, entschied sich Eleonore mitzukommen. Möglicherweise war schon damals das Verhältnis der Eheleute nicht das beste, und angesichts von Ludwigs Eifersucht und seines Unwillen, Raimund militärisch unter die Arme zu greifen, fielen Warnungen seiner Begleiter über eine nicht statthafte Nähe zwischen Onkel und Nichte auf fruchtbaren Boden. Hier entstand, ob berechtigt oder nicht, das Bild Eleonores als untreuer Gattin, das sie nicht mehr loswerden sollte. Ludwig zwang Eleonore, mit ihm nach Jerusalem weiterzuziehen, anstatt Raimund zu helfen, der im Jahr darauf im Kampf gegen die Muslime fiel. Das Verhältnis der Königsleute wurde über der Frage frommer Kreuzzug oder Familienhilfe endgültig zerrüttet, und Eleonore betrieb die Auflösung der Ehe, weil sie und Ludwig zu eng verwandt seien. Sie soll außerdem geklagt haben, ihr Mann sei eher Mönch als Mann.

1152 wurde die Ehe zwischen Ludwig und Eleonore für ungültig erklärt. Ludwig konnte sich, auch wenn er Aquitanien nun wieder verloren hatte, nach einer neuen Frau umsehen, die ihm den dringend erwünschten Thronfolger schenken würde. Eleonore hatte in der Zwischenzeit Geoffroy Le Bel, Graf von Anjou und Herzog der Normandie, sowie dessen Sohn Heinrich kennengelernt. In den Aussagen einiger Chroniken, sie habe noch vor ihrer Scheidung mal mit dem einen, mal mit dem anderen Ehebruch betrieben, setzten sich die Verleumdungen des Kreuzzuges fort. Aber vermutlich hatte sie sich längst entschieden, erneut zu heiraten: 1152 wurde die nunmehr Dreißigjährige die Frau von Heinrich Plantagenet, neunzehn Jahre alt, Graf von Anjou, Maine und Touraine, Herzog der Normandie. Es mag sein, dass Liebe im Spiel war, aber in jedem Fall suchte sie sich den Mann aus, der einem mächtigen Fürstenhaus entstammte und ihr kostbares Erbe Aquitanien vor dem französischen König schützen konnte.

Ludwig von Frankreich erkannte die zweite Ehe seiner Ex-Frau nicht an, während Eleonore schon bald einen Sohn und Erben für ihr Herzogtum bekam. Ihr neuer Gatte war aber nicht nur ein mächtiger Franzose, sondern auch Sohn einer englischen Königstochter und verwitweten Kaiserin, die ihre Ansprüche auf den englischen Thron an Heinrich weitergab. Der zog nach seiner Heirat mit Eleonore nach England und erreichte nach militärischen Erfolgen, dass der englische König sein Erbrecht anerkannte. Dieser Erbfall trat schon im Jahr darauf ein, und Eleonore war fortan nicht mehr nur Herzogin von Aquitanien und der Normandie sowie Gräfin von Anjou, sondern auch Königin von England – eine unerhörte Karriere, die ihr die französischen Propagandisten während des Hundertjährigen Krieges als Vaterlandsverrat auslegen sollten.

Allerdings waren auch diesmal ihre politischen Einflussmöglichkeiten, zumindest in England, beschränkt, und erneut erwies sich das Eheglück als nicht von Dauer. Trotzdem bekam Eleonore mit Heinrich insgesamt acht Kinder, von denen viele später zu Königswürden kamen. Ihre Söhne zerstritten sich 1173 über Erbschaftsfragen mit dem Vater, und Eleonore übernahm, diesmal sehr zum Unwillen der englischen Chronisten, Partei für ihre Söhne und gegen den König, ihren Mann. Das brachte ihr Gefangenschaft ein, die über ein Jahrzehnt andauern sollte. Heinrich hatte, wie allgemein üblich, derweil zahlreiche Liebschaften, darunter eine ernsthafte zur schönen Rosamund. Den Tod dieser Königsgeliebten haben Chronisten mit dem Hausarrest Eleonores in Verbindung gebracht: Auf die verschiedensten Arten soll sie die Nebenbuhlerin getötet haben: Mal durch Gift, mal mittels einer Hexe durch Giftkröten auf ihrer Brust, mal ließ sie sie beim Bad ermorden. Auch diese Geschichten sind Erfindungen und üble Nachrede.

Als Heinrich 1189 starb und Richard Löwenherz König von England wurde, verschaffte er seiner Mutter erheblichen Einfluss im Königreich. Mit seinem Bruder Johann blieb das Verhältnis schwierig, und als Richard auf dem Weg ins Heilige Land in Gefangenschaft geriet, sah sich Johann schon am Ziel seiner Wünsche: der englischen Krone. Eleonore dagegen setzte Himmel und Hölle in Bewegung, um das Lösegeld für ihren Sohn aufzutreiben. Nachdem sie Richard freibekommen hatte, kehrte er nach England zurück. Dann starb er plötzlich und kinderlos, und erneut bot Eleonore alle Kräfte auf, um ihrem jüngsten Sohn Johann die Krone zu sichern. Trotz bisweilen chaotischer politischer Verhältnisse in England erhielt sich Eleonore bis ins hohe Alter ihren großen Einfluss.

Die außergewöhnliche Biografie Eleonores reizte die Chronisten schon zu ihren Lebzeiten. Zahlreiche Legenden wurden gestrickt, von der leichtlebigen und sinnenfreudigen »Königin der Troubadoure« bis zur ehrlosen Dirne, die sich sogar mit einem Heiden einlässt; von der eifersüchtigen Giftmischerin bis zur machtversessenen Mutter, die ihre Söhne in den Krieg treibt. Neutraler betrachtet, erweist sich ihr Leben im Kern jedoch als sehr viel weniger extrem: Eleonore von Aquitanien war eine selbstbewusste, starke und tapfere Frau, die sich unter den politischen Umständen ihrer Zeit behaupten wollte. Im Vordergrund stand dabei stets, die Interessen ihrer Heimat Aquitanien zu wahren. Gleich danach folgten in Eleonores Prioritätenkatalog das Wohl ihrer Kinder und die Sicherung ihres Erbes. Ihre beiden Ehemänner hatten das stolze Herzogtum wie eine territoriale Manövriermasse behandelt, und daran waren beide Ehen gescheitert – und nicht an einer besonders ausgeprägten, verwerflichen Leidenschaft, wie ihr die (männlichen) Chronisten nach ihrem Tod unterstellten, weil sie alles Weibliche als gefährlich und sündig ansahen. Eleonore teilt das Schicksal vieler Frauen, die in einer von Männern dominierten – und dokumentierten – Politik mitmischten. Der Ruch der heißblütigen Ehebrecherin prägte ihr Image über Jahrhunderte, und mit wechselnden Akzenten traten ihr angeblicher Verrat an französischen Interessen oder ihr Ungehorsam gegen den englischen König hinzu. Doch letztlich waren es Tapferkeit, Beharrlichkeit und Selbstbewusstsein, die ein verleumderisches Geschichtsbild hervorbrachten – denn diese Eigenschaften mochten bei Männern vorbildlich sein, bei Frauen aber galten sie als verwerflich.

* * *

Zur Zeit der Renaissance wurde die antike Messalina ein weiteres Mal bemüht, um jetzt Lucrezia Borgia zu verleumden, bekannteste Vertreterin der berühmten Papst-Dynastie, die mit Kalixt III. (1455–1458) und Alexander VI. (1492–1503) in der zweiten Hälfte des 15. Jahrhunderts zwei Päpste stellte. Im Zentrum der Überlieferung einer angeblich zutiefst verderbten Familie steht Kalixts Neffe Rodrigo, der 1456 Kardinal und 1492 Papst Alexander VI. wurde. Er war zwar in der Tat kein keuscher Mann, aber das waren die wenigsten hochgestellten Kirchenmänner jener Zeit. An ihrer Außendarstellung begannen die römischen Päpste erst nach der Reformation zu arbeiten. Trotzdem war Rodrigo/Alexander beim Volk von Rom ausgesprochen beliebt. Dort stieß man sich an seiner Lebensführung nicht sonderlich, weil er diskret vorging. Die Zeit war nachsichtig in fleischlichen Dingen, und der Papst musste seine illegitimen Kinder, darunter die berühmten Lucrezia und Cesare Borgia, nicht verstecken. Auch ihre Mutter Vanozza de' Cattanei wurde nicht verschwiegen, sondern noch auf ihrem Grabstein als Mutter der Papstkinder gerühmt. Alexander kümmerte sich fürsorglich um die Versorgung seiner zahlreichen Kinder und die Zukunft seiner Familie mit Pfründen und kluger Heiratspolitik. Darin war er in der Tat skrupellos, weil er seine Familie für auserwählt hielt. Cesare wurde bereits mit achtzehn Jahren Kardinal, Lucrezia (1480–1519) wurde als Objekt dynastischer Geschäfte für Prestige und für den weiteren Aufstieg der Familie gleich dreimal verheiratet. Die Vorstellung, sie sei eine Art moderner enthemmter Messalina gewesen, wie der britische Historiker

Edward Gibbon schrieb, hat sich von den schillernden Erzählungen über die Familie Borgia bis heute am hartnäckigsten gehalten, ist jedoch nichts weiter als üble Nachrede.

Grundlegend für die Verleumdung der Familie war ihre spanische Herkunft, denn die Italiener empfanden es als natürliches Recht, die Päpste zu stellen. Prompt kursierten Berichte über schwer beladene Maulesel, die angebliche Bestechungsgelder aus dem Borgia-Palast schleppten, um das Konklave im Sinne der Borgia zu beeinflussen. Aber das ist ebenso erfunden wie der angebliche Pakt Rodrigos mit dem Teufel, der ihm für den Preis seiner Seele zu seinem Pontifikat verhalf. Auch die zahlreichen Kardinalsmorde hat Alexander höchstwahrscheinlich weder begangen noch in Auftrag gegeben, und ebenso wenig gibt es stichhaltige Beweise für seine angeblichen zügellosen Ausschweifungen – vielmehr war Papst Alexander VI. sowohl einer der konservativsten als auch frömmsten Päpste seiner Epoche. Und er war ein machtvoller Papst, der den Kirchenstaat stärkte und in der europäischen Politik erfolgreich mitmischte. Weil aber die großen Familien Italiens von einem mächtigen Papst aus Spanien abhängig waren, hatten sie Grund, den Ausländer auf dem Stuhl des heiligen Petrus wenigstens propagandistisch zu bekämpfen.

Diese Propaganda gegen die Borgia führte der Dominikaner Girolamo Savonarola weiter, der vom plötzlich fromm gewordenen Florenz aus den sündhaften Papst attackierte. Dann erhielt die Gerüchteküche neue Nahrung durch zwei Skandale, die auch Lucrezia betrafen: Ihr erster Mann Giovanni Sforza floh über Nacht aus Rom, und ihr Bruder Juan verschwand unerklärlicherweise. Als Juan tot aus dem Tiber gezogen wurde, verdächtigte man seinen Bruder Cesare des Mordes, weil er nun den Kardinalshut ablegen und ein weltliches Leben beginnen konnte, um so den Fortbestand der Familie zu sichern. Auch weitere spektakuläre Todesfälle wurden den Papstkindern ohne Beweise vorschnell in die Schuhe geschoben. Dabei lässt sich für Cesare nur ein Mord zweifelsfrei nachweisen, den er aber nicht eigenhändig beging, sondern in Auftrag gab: Er ließ seinen Schwager Alfonso von Aragon erdrosseln.

Lucrezia zog sich kurz vor dem Tod ihres Vaters nach Ferrara zurück und führte dort ein alles anderes als lasterhaftes Leben. Doch mit ihrem Weggang aus Rom 1502 wurde die Verleumdungskampagne erst richtig entfesselt. Mit allen Details ausgeschmückt, wurde die Kunde einer monströsen Orgie verbreitet, die der Papst noch zusammen mit Lucrezia am Abend vor Allerheiligen veranstaltet haben soll: Für einen regelrechten Hexensabbat wurden fünfzig Dirnen in den Palast geladen, um Alexander und seine Tochter mit sexuellen Darbietungen aller Art zu unterhalten. Von allerlei sexuellen Perversionen war die Rede – bis hin zur Blutschande mit Lucrezia, um die der Heilige Vater mit ihrem Bruder Cesare konkurriert habe. Die Kampagne gipfelte schließlich in der haltlosen Behauptung, die Mutter von Alexanders 1498 geborenem Sohn Giovanni sei in Wahrheit Lucrezia.

Letzter Höhepunkt der Borgia-Legende ist der Tod Alexanders VI., dessen angeblich skandalöses Leben am Ende seines Pontifikats besonders aufmerksam beachtet wurde. Der Legende nach fand der sündige Papst keinen friedlichen Tod, sondern er starb ausgerechnet an dem Gift, das er einem unliebsamen Kardinal verabreichen wollte, und stand eine ganze Woche lang Todesqualen aus. Tatsächlich erlag Alexander, der trotz seines Alters ausgesprochen rüstig war, unerwartet der Malaria. In Berichten von der Augustnacht des Jahres 1503 ist von viel Krach und unerträglichem Gestank die Rede, von grässlichen Begleiterscheinungen, als die Sendboten der Hölle die verdammte Seele des kirchlichen Oberhauptes seiner heiligen Umgebung entrissen.

Der Ursprung der Verleumdungen über die Familie der Borgia geht auf den Aufstieg dieser spanischen Familie in Rom zurück, der bei rivalisierenden italienischen Familien Unmut erregte. Schon Kalixt III., erster spanischer Papst seit mehr als einem

Jahrtausend, hatte sich unbeliebt gemacht, weil er mit seiner Personalpolitik an der römischen Kurie die einheimischen Familien brüskierte. Günstlingswirtschaft war bei Päpsten nichts Außergewöhnliches, aber Kalixt III. bevorzugte Landsleute und Verwandte – in den Augen der Römer die Falschen.

Die eigentliche Borgia-Legende lässt sich sowohl auf frühere Dämonenerzählungen zurückführen, die über das Papsttum der ersten Jahrhunderte im Umlauf waren, als auch auf Aberglauben und Propagandaschriften im Zeitalter von Hexenverfolgung und Inquisition. Ins Zentrum dieser Berichte geriet Lucrezia, weil solche Monstrositäten nach christlicher Vorstellung von einer Frau ausgehen mussten. Die Ausgestaltung der Legende übernahm kurz nach dem Tod Alexanders der päpstliche Zeremonienmeister Johannes Burkhard. Im tagespolitischen Geschehen, das den stolzen Städten Mailand und Neapel die Unabhängigkeit raubte, konnte die böse Legende des ausländischen Papstes die Schmach Italiens erklären. Alexanders Nachfolger Julius II. waren diese Verleumdungen sehr willkommen. Er hatte noch eine Rechnung mit den Borgia offen, weil er 1492 im Konklave nicht gegen Rodrigo Borgia angekommen war – nun diskreditierte er die spanischen Emporkömmlinge nach Kräften.

Später verschwand diese Geschichte allmählich, weil sie zum einen nicht mehr für Propagandazwecke gebraucht wurde und zum anderen ein Urenkel Alexanders, der General des Jesuitenordens Francisco de Borja, heiliggesprochen wurde. Außerdem wirkte sich die katholische Zensur aus. Im protestantischen Europa erfuhr die Legende zwar literarische Verarbeitung, aber geringes Interesse. Konjunktur hatte der Stoff erst wieder in der Romantik des 19. Jahrhunderts, der es weniger um eine Kampagne gegen die Kirche als um die Auseinandersetzung mit der Renaissance ging. Wichtigste Wiederentdecker waren der Franzose Alexandre Dumas, der mit dem ersten längeren Borgia-Roman auch Historiker beeinflusste, sowie Victor Hugo. Hugo zeichnete Lucrezia in einem Theaterstück als missgünstige Giftmischerin und begeisterte damit sein Publikum. Der Komponist Gaetano Donizetti machte aus Hugos Vorlage eine Oper, die bis heute gespielt wird. Schauplatz des ersten Bildes ist Venedig, wo Lucrezia Borgia allerdings nie gewesen ist.

Ein wenig historische Gerechtigkeit erfuhr die Borgia-Dynastie Ende des 19. Jahrhunderts, als eine kritische Geschichtswissenschaft sich endlich die tatsächlichen Quellen vornahm. Der deutsche Historiker Ferdinand Gregorovius bemühte sich, das Bild von Lucrezia Borgia zurechtzurücken. Eine differenzierte Sicht auf die Dynastie der Borgia ganz ohne schaurige Legenden ließ aber noch mehr als ein halbes Jahrhundert auf sich warten.

Jahrhunderte nach Lucrezia Borgia traf eine andere, auf ihre modernere Weise ebenso häufig bemühte Art der Verleumdung eine bekannte Schauspielerin – einfach dadurch, dass ein tragischer Tod mit unsinnigem Gehalt aufgeladen wurde, weil eine berühmte Frau früh gestorben war. In der Nacht vom 4. zum 5. August 1962 endete vorzeitig eine der Traumkarrieren von Hollywood, als Marilyn Monroe an einer Überdosis Schlafmittel starb. Wie so oft beim spektakulären Ableben von Menschen, die im Mittelpunkt des öffentlichen Interesses stehen, schossen auch im Fall der Monroe Spekulationen über die Umstände ihres plötzlichen Todes ins Kraut. Als Drahtzieher wurden die amerikanische Mafia, die CIA oder auch US-Präsident John F. Kennedy und sein Bruder Robert gehandelt.

Zu den Gerüchten, mit ihrem Tod habe es eine besondere Bewandtnis, trugen die Umstände von Marilyns Ableben bei. So hatte sie noch den Telefonhörer in der Hand, als man ihre Leiche fand. Hatte sie noch jemanden anrufen wollen? Auf ihrer Telefonrechnung fehlten die Nachweise der Anrufe, die sie in jener Nacht getätigt hatte. Beweismittel der Obduktion verschwanden ebenso wie ihr Tagebuch. Auch die Körperstellung der Leiche entsprach nicht der üblichen bei einem Tod durch eine Überdosis Tabletten. Hinzu kamen widersprüchliche Aussagen über den Ablauf der fraglichen Nacht: Fand die Haushälterin die tote Schauspielerin schon um Mitternacht oder erst über drei Stunden später? Und wenn sie erst um halb vier Uhr morgens das Licht in Marilyns Schlafzimmer bemerkt hatte, was war seit dem Tod der Monroe geschehen? Hatten die Mörder nicht genügend Zeit gehabt, um ihre Spuren zu verwischen?

Hauptquelle der Theorien waren die Affären, die Marilyn Monroe mit dem US-Präsidenten John F. Kennedy und seinem Bruder Robert gehabt haben soll. Daher hätten sowohl der mächtige Clan der Kennedys mit seinen Verbindungen zur Mafia als auch die CIA allen Grund gehabt, in der psychisch labilen Schauspielerin eine Gefahr zu sehen, falls sie Geheimnisse oder intime Details ausplaudern würde. Das hätte John F. Kennedy immerhin seine Präsidentschaft kosten können. Nach einer anderen Erklärung wurde die Monroe von der Mafia umgebracht, um den Mord anschließend Robert Kennedy in die Schuhe zu schieben. Der hätte aber noch rechtzeitig alles Beweismaterial sicherstellen können, sodass ihn kein Verdacht traf. Weitere Erklärungen machen eine kommunistische Verschwörung aus oder verdächtigen ihre Haushälterin oder ihren Psychiater.

Die naheliegende Erklärung eines tragischen Selbstmords war für die an Sensationen interessierten Medien, ehrlich trauernde Fans und leidenschaftliche Verschwörungstheoretiker zu einfach. Nach einer verbreiteten Wunschvorstellung des Medienzeitalters sterben Stars nicht an persönlichem Kummer oder Depressionen, die sie in den Freitod treiben. Wer einen Star vergöttert, zieht einen mysteriösen Tod einer wahrscheinlicheren, aber weniger schillernden Version verständlicherweise vor – und wie könnte ein derart gefeierter Filmstar überhaupt unglücklich sein?

Das kann aber nicht darüber hinwegtäuschen, dass die Theorien darüber, wer Marilyn Monroe nach dem Leben getrachtet haben könnte, allesamt mit wenig aussagekräftigen Indizien und Verdächtigungen arbeiten. Zwar sind die exakten Abläufe ihrer Todesnacht weiterhin nur lückenhaft geklärt, aber Beweise für ein gewaltsames Ableben oder einen Mord gibt es trotzdem keine. Dagegen spricht erheblich mehr für die sehr viel traurigere Version: Danach konnte Marilyn Monroe mit ihrem raschen Aufstieg zum gefeierten Leinwandstar zwar ihre unglückliche Vergangenheit äußerlich hinter sich lassen, aber ihre Hoffnung auf persönliches Lebensglück erfüllte sich nicht. Sie befand sich seit Jahren in psychotherapeutischer Behandlung, weil sie das Trauma ihrer unglücklichen Kindheit nicht überwand. Darüber hinaus war sie tablettensüchtig, aufgrund einer leichtfertigen Verschreibungspraxis damals eine verbreitete Krankheit. Ihre drei Ehen waren unglücklich verlaufen, und auch ihre Hoffnungen auf ein Kind erfüllten sich nicht, denn Marilyn Monroe hatte zuletzt zwei Fehlgeburten erlitten. In den Monaten vor ihrem Tod trafen sie mehrere Schicksalsschläge, und sie wurde zunehmend arbeitsunfähig. Sie musste das Gefühl haben, dass sie bei aller Berühmtheit einsamer war als je zuvor – und sie hatte bereits zwei Selbstmordversuche hinter sich. Die wahrscheinlichste Erklärung für den Tod der Monroe bleibt, dass ein dritter Versuch gelang. Doch dass ein so glamouröses Leben so jämmerlich zu Ende gegangen sein sollte, schien eines Stars nicht würdig, und so verlängerten eine hungrige Öffentlichkeit und eine gierige Medienwelt den Glamour einfach in die Todesumstände hinein. Der tatsächlichen Biografie wird damit ebenso unrecht getan wie dem Menschen Marilyn Monroe, der jeder – und sei er noch so berühmt – jenseits der Berichterstattung trotzdem vornehmlich bleibt.

Ungeliebt und kühl verabschiedet?

Im Hochsommer 1806 ging ein Tausendjähriges Reich unter: das Heilige Römische Reich, das mit der Kaiserkrönung Karls des Großen im Jahr 800 begründet worden war und seit 962, als der Sachsenherzog und König des Ostfrankenreichs Otto I. in Rom zum Kaiser gekrönt wurde, ununterbrochen bestand. Es war ein eigenartiges Gebilde, das bis heute Schüler verzweifeln lässt, weil es in seiner Struktur nicht leicht fassbar ist: keine festen Grenzen, kein souveränes Oberhaupt, nicht einmal ein lockerer Staatenbund, keine eigene Armee und lange Zeit nicht einmal eine Verfassung. Schwer begreiflich auch, wieso es sich im Namen auf Rom bezog, wenn doch der Kaiser zumeist in Wien saß, und warum es seit dem 15. Jahrhundert noch den Zusatz »Deutscher Nation« erhielt, wenn es doch über den deutschsprachigen Teil Europas weit hinausreichte. Am ehesten hilft noch die vage Definition, dass hier mithilfe der Aura des antiken Römischen Reiches und mit tatkräftiger Unterstützung des römischen Papsttums das Alte ideell fortgeführt wurde, um etwas Neues zu schaffen und dem Kontinent eine einende Klammer zu geben. Dafür, dass es sich bei diesem Reich um kein fixes Gebilde handelte, hat es eine erstaunliche Lebensdauer an den Tag gelegt und die Lebensumstände eines Großteils Mitteleuropas über viele Jahrhunderte geprägt.

Trotzdem hält sich bis heute hartnäckig die Behauptung, das

Reich sei sang- und klanglos untergegangen und niemand habe ihm eine Träne nachgeweint. Dabei könnte man diese falsche Auffassung auch als eine Art verleumderischer Wahrnehmung bezeichnen, entstanden aus der bald vorherrschenden Überzeugung, da sei ein längst todgeweihtes Staatengebilde überfälligerweise zu Grabe getragen worden, beiläufig und kaum beachtet.

Ein Ende nach langem Siechtum war es tatsächlich. Seit Mitte des 18. Jahrhunderts, als 1740 Maria Theresia in Wien und Friedrich II. in Berlin ihre Regierung antraten, hatte sich abgezeichnet, dass dem komplexen, ehrwürdigen Gebilde kein langer Bestand mehr vergönnt sein würde. Das katholische Österreich, seit Jahrhunderten unangefochten im Besitz der Kaiserkrone, sah sich einem aufstrebenden protestantischen Preußen gegenüber, das Wien die Vormachtstellung im Reich streitig machen wollte. Dass Preußen nach drei Kriegen tatsächlich in die Reihe der europäischen Großmächte aufgestiegen war, brachte das fragile Gleichgewicht im Reich gehörig durcheinander. Vor allem die beiden Großen vernachlässigten aus Eigeninteresse das Wohl des Reiches, die kleineren Territorien konnten dem nur zusehen. Es zeichnete sich ab, dass Österreich und Preußen für ihren Machtegoismus notfalls das Reich opfern würden.

Aber das war, wenn auch ein gewichtiger, so doch nicht der einzige Grund für den Niedergang des einst so stolzen Gebildes. Zu viel hatte sich in ihm und darum herum verändert. Mit der Reformation und ihren politischen Auswirkungen galt die Bindung an die römische Kirche nur noch für einen Teil des Reiches, die militärischen und gesellschaftlichen Kämpfe der Konfessionen drohten das Gefüge zu sprengen. Auch waren die Zeiten andere, das Heilige Römische Reich erschien manchem Zeitgenossen als überkommen und antiquiert. In den letzten Jahrzehnten häuften sich Verstöße gegen die Reichsverfassung seitens der großen Mächte, und schließlich wurde das Ausgreifen der Französischen Revolution dem alten Staatengebilde zum Verhängnis.

Napoleon war es schließlich, der dem Reich das Totenglöcklein läutete – ihn deshalb aber als allein Schuldigen zu bezeichnen wäre angesichts der langen Vorgeschichte verfehlt. Maßgebliche Totengräber waren zweifellos die Monarchen in Berlin und vor allem in Wien, und das Siechtum dauerte ja bereits an. Dann aber brachte der »Kaiser der Franzosen« die alte europäische Ordnung gehörig durcheinander und schickte sich an, unter französischer Vorherrschaft den Kontinent neu zu ordnen. Der Kleinstaaterei setzte er ein Ende, achtete bei der Neuverteilung des Landes aber tunlichst auf den eigenen Vorteil, indem er die größer gewordenen Mittelmächte an sich band und damit Puffer zwischen sich und Österreich bzw. Preußen setzte.

Dabei musste das Heilige Römische Reich über die Klinge springen, das der unverbesserliche Spötter Voltaire einmal als weder heilig noch römisch, noch reich bezeichnet hatte. Und sonderlich laut beklagt wurde sein Ende auch nicht, so jedenfalls lautet die noch immer verbreitete Meinung. Es war ja seit Langem erwartet worden, und selbst der Römische Kaiser hatte sich schon vorsorglich eine zweite Kaiserkrone zugelegt, denn im August 1804 hatte er Österreich zu einem eigenen Kaiserreich befördert. Am 6. August 1806 schließlich erklangen von der Wiener Jesuitenkirche »Zu den neun Chören der Engel« Fanfaren, die dem Reichsherold bei der Verlesung der letzten Erklärung des Kaisers des Heiligen Römischen Reiches Deutscher Nation assistierten: Er verkündete das Ende, weil Franz II., der Letzte einer langen Reihe Römischer Kaiser, seine Krone niederlegte, das Reich auflöste und fortan als Franz I. das Kaisertum Österreich pflegte, nachdem er für knapp zwei Jahre zwei Kaisertitel auf sich vereint hatte.

Unter Historikern war lange Zeit die Annahme vorherrschend, die Menschen im Reich hätten die historische Wende gleichgültig über sich ergehen lassen. Johann Wolfgang von Goethe, zu diesem Zeitpunkt gerade von Karlsbad nach Jena unterwegs, notierte lapidar: »Auch fanden wir bey unserer Rückreise durch Hof in den Zeitungen die Nachricht: das deutsche Reich sei aufgelöst.« Seine Mutter vermerkte den Moment, als zum ersten Mal im Gottesdienst Kaiser und Reich in den Fürbitten nicht mehr vorkamen. Sie vergleicht den Zustand des Alten Reiches mit dem eines alten, kranken Freundes. Der Historiker Treitschke schrieb Ende des 19. Jahrhunderts, die Deutschen hätten das Ende »stumm und kalt« hingenommen. Auch spätere Geschichtswissenschaftler benutzen Formulierungen wie »sang- und klanglos«, »achselzuckend« oder »keine Emotionen«, wenn es um die Reaktionen in der Öffentlichkeit geht. Aber so sang- und klanglos, wie im Allgemeinen beschrieben, ging das Reich 1806 eben nicht unter. Dass keiner ihm eine Träne nachweinte, ist schlichtweg falsch. Immerhin endete eine Epoche, und das nahmen die Menschen damals sehr wohl wahr – auch wenn sie in bewegten Zeiten lebten und die epochalen Nachrichten sich häuften. Das Reich aber war über Jahrhunderte die wichtigste Konstante der deutschen Geschichte gewesen, schon aufgrund der territorialen und konfessionellen Zersplitterung des Territoriums, das es umfasste. Nunmehr gab es ein Davor und ein Danach, dazwischen lag die Auflösung des Reiches 1806.

Tatsächlich herrschten in der Bevölkerung Entsetzen und Betroffenheit, ebenso Erschütterung und Scham – quer durch alle Schichten. Die Bürger Wiens beispielsweise reagierten schockiert, von »Gemütsbeklemmung« spricht ein Beobachter. Von ostentativer Trauerkleidung wird berichtet. An den Orten der dezentral verteilten Reichsbehörden fürchtete man die wirtschaftlichen Konsequenzen der Ereignisse, reichsweit rechneten Bürger mit erheblichem Statusverlust, die Kirchen erlebten allerorten einen sommeruntypischen Zulauf. In Berlin äußerten sich die patriotischen Gefühle und Enttäuschungen in spontanen Reaktionen im Verlauf von Theateraufführungen. Und auch Goethe, inzwischen nach Weimar zurückgekehrt, ließen die Ereignisse keineswegs unbeeindruckt: Er schreibt von einer »großen Schwankung der Gemüter« und der Mühe, »sich selbst im Gleichgewicht zu halten«. In einem Brief spricht die Herzogin von Sachsen von tiefer Trauer und dass sie ihn eigentlich auf einem Bogen mit Trauerrand hätte schreiben müssen. Allerdings jagte in dieser Zeit eine schlechte Nachricht die nächste, sodass mitunter schwer zu gewichten war, welche Hiobsbotschaft die schlimmere darstellte. Angesichts der sich überstürzenden Ereignisse sah man außerdem eher davon ab, sich per Brief zu verständigen: Die ohnehin sehr lange Beförderungsdauer der Postsendungen verzögerte sich aufgrund der Ereignisse noch zusätzlich. Dass ein großer Schock wie der des Reichsendes von einem noch größeren abgelöst wurde, nämlich der militärischen Niederlage der drei Großmächte Russland, Österreich und Preußen gegen Frankreich in den beiden Schlachten von Austerlitz und Jena/Auerstedt, macht aus dem zweitgrößten Schock noch keine Kleinigkeit.

Was die Menschen empfanden, war überwiegend stummes Entsetzen, das sich in den Berichten naturgemäß viel weniger niedergeschlagen hat, als es dem wirklichen Erleben entsprach. Viele Stimmen lauteten unisono, man könne sich vor lauter Schreck gar nicht äußern. So schrieb der Dichter Christoph Martin Wieland in einem Brief an seine alte Jugendliebe: »Ich scheine ruhig, weil ich schweige, weil die Zeit vorbei ist, wo reden etwas helfen konnte – aber nichts geholfen hat ...« Goethe empfand offensichtlich ähnlich, wenn er äußerte: »Die Umwendung der Dinge steht einem noch zu nahe, alles was man sagt, ist unzulänglich oder unzuverlässig, und so schweigt man lieber oder nimmt sich zurück, als dass man spräche.« Solches sind private Äußerungen, wie es sie häufig gab, während der Öffentlichkeit gegenüber unter den Intellektuellen Sprachlosigkeit vorherrschte. Das entsetzte Schweigen der meisten Publizisten des Reiches sprach aber ebenso Bände, weil es ungewohnt war, unerhört – und unüberhörbar. Diese Zurückhaltung lässt sich leicht fehlinterpretieren, was Historiker denn auch taten.

Zudem wirkte die Vergangenheitsbewältigung am Ende der bewegten Zeiten, als der Wiener Kongress nach Napoleons letztendlicher Niederlage dem Kontinent wieder eine Ordnung gab, aber eben nicht die alten Verhältnisse wieder einsetzte, in dieser Richtung. Die Schmach des Zusammenbruchs der alten Ordnung und des Reiches vor Napoleon wurde unter den Teppich gekehrt, die Nachfolgestaaten betonten stattdessen das Positive: den Triumph über den Franzosenkaiser, zumal sie vom Ende des Reiches profitierten. Und alle versuchten, ganz unabhängig vom Ausmaß des Profits durch das napoleonische Gewitter, sich als dessen Opfer zu stilisieren, und missachteten dabei das eigentliche Opfer komplett: das abgewickelte Reich. Der pragmatischen Geschichtsklitterung bediente sich schließlich ebenso die später vorherrschende nationale Geschichtsschreibung preußischer Prägung nach der Gründung eines weiteren Reiches, des Deutschen Kaiserreiches 1871. Denn mit dem Wiedererstarken Preußens wie Phönix aus der Asche nach dem blamablen Untergang ließ sich die »preußische Sendung« bei der Gründung des ersten deutschen Nationalstaats historisch noch besser überhöhen. In dieser Auffassung der Entwicklungen begann die jüngere ruhmreiche Geschichte mit den antinapoleonischen Befreiungskriegen und führte geradewegs zur Reichsgründung 1871, die den preußischen König zum deutschen Kaiser machte – nachdem in der »kleindeutschen« Lösung Österreich, einst Träger der Reichskrone, verabschiedet worden war. Diese tendenziöse Lesart übernahm die Geschichtsschreibung in weiten Teilen selbst dann noch, als bereits das nächste Reich untergegangen war. Tatsächlich aber war es so, wie der Historiker Wolfgang Burgdorf vor einigen Jahren schrieb:»Anders als bisher angenommen, wurde das Ende des Reiches massenhaft als bestürzend erlebt.« Alles andere wäre auch gar zu merkwürdig gewesen, denn für die Menschen im vormaligen Heiligen Römischen Reich lag auf der Hand, dass sich damit ihre Lebensverhältnisse grundlegend veränderten, da nicht mehr galt, was eben noch selbstverständlich gewesen war.

Tropischer Samen, imperialistische Fänge

Um 1900 war Kautschuk ein ebenso unverzichtbarer und begehrter Rohstoff wie heute das Erdöl. Seit der Entdeckung der Vulkanisation, die aus dem Baumsaft den stabilen und vielseitig einsetzbaren Werkstoff Gummi macht, waren immer mehr Anwendungen entwickelt worden. Doch erst die Erfindung des Automobils und des Luftreifens in den 1880er-Jahren hatten die Nachfrage beflügelt. Ohne Kautschuk lief in der industrialisierten Welt nichts mehr, sodass zu Beginn des 20. Jahrhunderts der Kautschukmarkt boomte wie kein anderer Rohstoffmarkt und an der Londoner Börse Kautschukaktien heiß begehrt waren. Über Jahrzehnte war Brasilien hauptsächlicher Nutznießer dieses Booms gewesen, denn der Großteil des Kautschuks auf dem unersättlichen Weltmarkt stammte aus den Tiefen des riesigen Amazonas-Regenwaldes, der Heimat des wichtigsten Kautschukbaumes *Hevea brasiliensis*. Prächtigster Ausdruck der immensen Reichtümer, die die sogenannten Kautschukbarone im Bundesstaat Amazonas anhäuften, ist bis heute mitten im Regenwald die Stadt Manaus mit ihrem Opernhaus, das mehr Luxus entfaltete als so manche Oper europäischer Hauptstädte. Der Reifenmarkt wuchs, der Kautschuk wurde immer teurer, und ein Ende des brasilianischen Kautschukbooms schien nicht in Sicht.

Plötzlich aber tauchte auf dem Markt asiatischer Kautschuk

auf, angeboten von britischen Händlern und Plantagenbesitzern aus den britischen Kolonien in Südostasien. Der neuartige Plantagenkautschuk überschwemmte den Markt, denn er war sowohl billiger als auch besser als der wilde Kautschuk aus dem Amazonasbecken, dem er deshalb alsbald den Rang ablief. Innerhalb weniger Jahre brach die Nachfrage nach brasilianischem Kautschuk zusammen, war die Glückssträhne der Kautschukbarone beendet, und Manaus versank in einen tiefen Dornröschenschlaf. Großbritannien dagegen errang für Jahrzehnte die Kontrolle über den Weltmarkt für Kautschuk. Erst nach dem Zweiten Weltkrieg, als die Herstellung synthetischen Kautschuks wirtschaftlich geworden war, fand auch dieser zweite Boom sein Ende. Aber bis heute ist ein Drittel des Kautschuks, der weltweit verbraucht wird, Naturkautschuk aus Plantagen vor allem in Südostasien. Südamerika ist als Kautschuklieferant heute dagegen nahezu bedeutungslos.

Wenn brasilianische Schulkinder vom Rohstoffreichtum ihrer Heimat erfahren, lernen sie häufig, die Briten hätten Brasilien damals widerrechtlich um den verdienten Gewinn an der Ausbeute eines einheimischen Baumes gebracht. Ein englischer Abenteurer habe sich im Auftrag der Krone über das Verbot der Ausfuhr von Kautschuksamen hinweggesetzt, obwohl darauf die Todesstrafe gestanden habe. Das kann man daneben weltweit in zahllosen Büchern und seriösen Lexika nachlesen. Allerdings ist diese Lesart der Geschehnisse um den Kautschuk eher der Versuch, mit übler Nachrede zu kaschieren, dass Brasilien mit dem wertvollen Rohstoff allzu sorglos umgegangen war – begünstigt durch die Neigung eines Abenteurers, seinen Beitrag als besonders gewagt auszuschmücken.

Der gerühmte und verdammte Abenteurer war ein junger Mann namens Henry Wickham, der in der Fremde zu Ruhm und Geld kommen wollte. 1876 lebte er bereits ein paar Jahre reichlich erfolglos im brasilianischen Regenwald, als er von den Plänen erfuhr, den Anbau von Kautschuksamen in britischen Kolonien zu versuchen, und sich als kundiger Sammler anbot. Zu diesem Zeitpunkt hatten schon andere im Auftrag Londons erfolglos versucht, den kostbaren Samen nach England zu bringen. Weil die Zeit drängte, nahm man das Angebot Wickhams an, auch wenn man ihn eher für einen inkompetenten Aufschneider hielt. Aber Wickham schaffte es tatsächlich, genügend Samenkapseln zu sammeln und unversehrt nach London zu bringen, bevor sie ihre Keimfähigkeit verloren. Dort zog man in den *Royal Botanic Gardens* von Kew bei London Setzlinge heran, transportierte sie nach Übersee und versuchte in verschiedenen botanischen Gärten der Kolonien den Anbau.

Wickham wurde für den erfüllten Auftrag vertragsgemäß entlohnt, aber er hatte sich mehr erhofft. Um seine Rolle bei der historischen Tat gewürdigt zu wissen, veröffentlichte er einen Erlebnisbericht über sein Kautschukabenteuer, der seine Rolle im rechten Licht erscheinen lassen sollte. Er beschrieb, wie sein besonderes Geschick erst ermöglicht hätte, die Samen außer Landes und schnell genug nach Europa zu bringen. Dabei nahm er es mit der Wahrheit nicht allzu genau, wie es damals in den Büchern von Abenteurern üblich war. Ihre Berichte waren sehr beliebt, und wer besonders Spannendes zu berichten hatte, konnte damit die Reisekasse der nächsten Unternehmung auffüllen. Ebenso verklärte Wickham seine Tat – je älter er wurde, desto mehr: Nur unter größter Gefahr und Einsatz seines Lebens sei es ihm gelungen, die Samen aus Brasilien herauszuschmuggeln. In hohem Alter und angesichts des nunmehr britischen Kautschukmonopols mit einem ungeheuer gewinnbringenden Wirtschaftszweig in Südostasien erfuhr Wickham dann tatsächlich eine späte Anerkennung: Er wurde geadelt und erhielt eine Leibrente.

In Wahrheit gab es aber gar kein Gesetz, das die Ausfuhr von Kautschuksamen aus Brasilien verbot. Wickham musste demnach auch nicht allzu viel verschwörerischen Aufwand betreiben, um seine wertvolle Fracht durch den Zoll zu bekommen. Er musste sich allerdings beeilen, um keine wertvolle Zeit zu verlieren, in der die empfindlichen Samen eventuell verderben mochten. Die Brasilianer wiederum konnten sich gar nicht vorstellen, dass ihr wertvollster Baum auch anderswo gedeihen könnte, schon gar nicht in Asien. Die Überlegungen der Briten, die eigene Industrie mit ihrem Hunger nach Gummi vom launischen brasilianischen Kautschukmarkt unabhängig zu machen und selbst Kautschukproduzent zu werden, waren kein Geheimnis. Dasselbe hatte Großbritannien kurz zuvor schon mit der peruanischen Chinarinde gemacht: Um Chinin selbst und in ausreichender Menge herstellen zu können und damit seine Soldaten in Indien vor der Malaria zu schützen, hatte man den peruanischen Baum nach Asien verpflanzt.

Die Brasilianer dagegen wiegten sich in der trügerischen Sicherheit, die Nachfrage nach brasilianischem Kautschuk werde kein Ende finden. Ein Gesetz, das Brasilien als Kautschukland schützen sollte, wurde erst erlassen, als es längst zu spät war. Dann jedoch wurde der Mann, der den asiatischen Kautschuk möglich gemacht hatte, in Brasilien zum Sündenbock für eine sich anbahnende Entwicklung, die man leichtfertig ignoriert hatte. Die Ausschmückungen Wickhams kamen da gerade recht, um die Verantwortung für den Coup, der die brasilianische Wirtschaft um riesige Renditen brachte, auf die Nutznießer abzuwälzen. Dabei hätte Brasilien den weiter steigenden Bedarf auf Dauer ohnehin nicht befriedigen können, denn der Hunger der Weltwirtschaft nach Kautschuk wuchs immer weiter, schon weil der Markt für Autos keine Grenzen kannte.

Aber auch Großbritannien kam letztlich nur durch die Hartnäckigkeit einer Handvoll Männer zu dem Bombengeschäft mit dem elastischen Material. Die Regierung hatte sich kaum für die Idee interessiert, und es bedurfte der jahrzehntelangen Anstrengungen einiger weitsichtiger Männer, gegen alle Widerstände und Rückschläge den Kautschuk in Südostasien heimisch zu machen, sodass er im richtigen Moment den Markt erobern konnte. Bis heute wird in Malaysia und anderen südostasiatischen Ländern Kautschuk auf Plantagen angebaut. Sogar einige betagte Bäume aus den Samen, die Henry Wickham 1876 vom Amazonas nach England brachte, kann man dort noch bewundern.

Märchenhafte Bauwut

Bayerns Märchenkönig Ludwig II. ist international der vielleicht berühmteste deutsche Monarch. Jedes Jahr zieht es Millionen Besucher in seine Schlösser, die damit dem bayerischen Freistaat ein hübsches Sümmchen bescheren. Dass es mit dem Märchenhaften des vorletzten Bayernkönigs eine eher zweifelhafte Bewandtnis hat, ist weithin bekannt: Ludwigs unglückliches, zerrissenes Leben fand ein unglückseliges Ende im Starnberger See, nachdem er unter dem zweifelhaften Befund des Wahnsinns staatlicherseits eingesperrt worden war. Das Prädikat »märchenhaft« ist also wohl kaum zutreffend, so märchenhaft auch die selbst geschaffene Kulisse seiner Schlösserschar war, in die er sich vor seinem Volk und der Politik zurückzog.

Aber mag auch die Legende vom Märchenkönig ausgedient haben – die vom unpolitischen König, der bayerische Interessen verriet und sich mit schnöden Regierungsgeschäften nicht gemeinmachen wollte, hat weiterhin Konjunktur. Danach war der vergeistigte, schwärmerische Wittelsbacher für sein hohes Amt kaum geeignet, weil er sich lieber mit dem Bau von Schlössern und Wagner-Opern, mit strammen Burschen und Mittelalterromantik befasste. Insbesondere Ludwigs manische Bautätigkeit, die den bayerischen Fiskus belastete, gilt als Beleg für seine Weltvergessenheit – mit dem weithin bekannten unrühmlichen Höhepunkt, dass der König des zweitgrößten Staates in Deutschland sich vom größten, nämlich Preußen, für Geld den Schneid abkaufen ließ. Denn als Kanzler Otto von Bismarck die Weichen stellte, um das zu gründende Deutsche Reich unter preußische Vorherrschaft zu stellen und den preußischen König zum deutschen Kaiser zu machen, zweigte er aus windigen Kanälen etwas Geld ab und erkaufte sich damit Ludwigs Zustimmung, der auf diese Weise die Finanzierung seiner Schlösserleidenschaft einstweilen sichern konnte. Zunächst ging es auch weiter seinen unerquicklichen Gang, bis die bayerische Staatsregierung die Notbremse zog und dem königlichen Treiben ein Ende setzte. Aber auch hier ist die Geschichtsschreibung einer politischen Lesart gefolgt, die mit der historischen Wahrheit kreativ umgeht. Die angebliche unpolitische Haltung Ludwigs und seine vorgebliche Indifferenz den Staatsgeschäften gegenüber dienten als ein gutes Argument, den Monarchen aus dem Verkehr zu ziehen – anschließend konnte man ihn so gleichzeitig bedauern und ein gewichtiges Aber anfügen, das besagte, er sei nun mal seiner Aufgabe nicht gewachsen gewesen. Und über dieses Argument ließ sich auch besser reden als über des Königs homosexuelle Veranlagung, die den Staat nach Ansicht seiner Vertreter zunehmend in die Bredouille brachte.

Ludwig wurde als Sohn des dritten bayerischen Königs Maximilian II. 1845 geboren und bestieg bereits mit achtzehn Jahren den Thron. Die Zeit seiner Regierung ist die eines grundlegenden Wandels bayerischer Politik: Mithilfe Napoleons Königreich geworden, litt Bayern unter der Vormacht Österreichs und Preußens, obwohl es unter den übrigen deutschen Staaten der größte war. Zumal nach dem Ausscheiden Österreichs aus der deutschen Politik vermochte man dem Hohenzollernreich und dessen Kanzler Bismarck nicht mehr viel entgegenzusetzen, wovon die Reichsgründung unter preußischer Vorherrschaft eindrucksvoll Zeugnis ablegte. Ludwigs Möglichkeiten waren zudem sehr eingeschränkt, weil die bayerische Verfassung dem Monarchen Fesseln anlegte.

Mit den Idealen des jungen Königs von unumschränkter, absoluter Herrschaft hatte die konstitutionelle Monarchie nicht mehr viel zu tun, und dieses Unbehagen an der beschnittenen Stellung teilte er mit anderen Herrscherkollegen dieser Zeit. Dennoch stürzte sich Ludwig voller Zuversicht in die Regierungsarbeit, und eine Fülle von Belegen illustrieren beredt sein Interesse an Staatsgeschäften und seine Versuche, im Rahmen des Möglichen seiner Regierung eine Agenda zu geben.

Herzstück seiner Politik war, unter den schwierigen Umständen dieser Umbruchzeit, ein größtmögliches Maß an Eigenständigkeit und Bewegungsspielraum für Bayern zu bewahren. An politischem Scharfsinn und wacher Beobachtungsgabe mangelte es ihm keineswegs, wohl aber am Format, im Rahmen des Möglichen ein Optimum zu erreichen. Das mag auch an seinem jugendlichen Alter bei der Thronbesteigung gelegen haben. Ludwigs grundlegender, leidenschaftlich empfundener Widerwillen gegen die Einschränkungen, denen er unterworfen war, führte dazu, dass er nicht den nötigen Pragmatismus entwickeln konnte, um die verbliebenen Möglichkeiten auszureizen. Einige Selbstüberschätzung war auch im Spiel, etwa wenn er mittels Staatsstreich in Bayern wieder den Absolutismus einführen wollte oder den Plan verfolgte, anderswo ein Königreich nach seinem Geschmack zu errichten – er hoffte schließlich auf Erwerb der Kanarischen Inseln.

Wenngleich Ludwig deutschlandpolitisch keineswegs der Einzige war, der am politischen und diplomatischen Geschick Bismarcks scheiterte, litt er für den Rest seines Lebens darunter, dass er dem Verlust der bayerischen Souveränität nicht wirksam hatte entgegentreten können. Das muss man in Rechnung stellen, wenn man dem glücklosen König vorwirft, dass er sich der Öffentlichkeit nach 1875 verweigerte. Aber selbst dann noch verfolgte er aufmerksam das politische Geschehen, betrieb zuverlässig die ihm obliegende Aktenarbeit und drang beispielsweise darauf, dass Bayern durch mancherlei Initiative im Bundesrat auf dem föderalen Charakter des Deutschen Reiches bestand. Gänzlich entrückt und in einer tiefen persönlichen Krise gefangen war Ludwig erst ganz am Ende seines Lebens, als er zugunsten seiner Bauwut alles andere vernachlässigte und den Technokraten seiner Regierung schließlich den Vorwand für seine Absetzung lieferte.

Wenn das vernichtende Urteil über den scheinbar realitätsfernen und an der Tagespolitik desinteressierten Bayernkönig gefällt wird, werden im Allgemeinen zwei Hauptargumente ins Spiel gebracht: der Kaiserbrief, in dem Ludwig dem preußischen König Wilhelm I., mit dem er über seine Mutter verwandt war, die deutsche Kaiserkrone antrug, sowie sein bauliches Vermächtnis, das als steinerner Ausdruck seiner Ignoranz und mangelnden Eignung gilt.

Die Handlung größter Tragweite in Ludwigs 22-jähriger Regierungszeit stellt zweifellos der Kaiserbrief dar, der Ende 1870 aus München an den preußischen König erging, zähneknirschend unterzeichnet von Ludwig höchstselbst. Die Initiative dazu kam natürlich aus Berlin, offiziell wurde die Idee im September 1870 an Ludwig herangetragen. Die Angelegenheit war überaus heikel, denn rasch erwies sich, dass Bayern bei aller Opposition zur sich abzeichnenden Reichsgründung nicht in der Lage war, Preußens Vorgehen zu verhindern. Ludwig musste also gute Miene zum bösen Spiel machen, tat dies aber mit dem Willen, dann wenigstens so viel wie möglich für Bayern herauszuholen. An seinen Onkel Prinz Luitpold schrieb er damals: »… ich sehe durchaus nicht ein, warum ich noch dieses in der Tat sehr entwürdigende Anerbieten stellen muß, um erst dann die uns nötigen Konzessionen zu erlangen. O diese schändliche, falsche preußische Politik; Du kannst Dir denken, lieber Onkel, welch schmerzerfüllte, sorgenvolle Stunden ich erlebe, auch ist die hiesige Münchner sowie die Mehrzahl der bayrischen Bevölkerung überhaupt von dem wahnsinnigen deutschen Kaiserschwindel angesteckt. Es ist ein Jammer!«

Überhaupt hielt Ludwig wenig von den mächtigeren Verwandten, von der »räuberischen Hohenzollern-Bagage, jenes preußische Gesindel«, wie er später schrieb. Bismarck hingegen schätzte er durchaus, betrachtete er doch den »Eisernen Kanzler« als Bayern gewogen.

Als Konzessionen hatte Ludwig Gebietsgewinne im Sinn; namentlich ging es ihm darum, die einstmals bayerischen Teile der Pfalz seinem Land wieder zuzuschlagen. Dies gelang nicht, sehr viel mehr als das Recht einer eigenständigen bayerischen Außenpolitik, der Erhalt der bayerischen Staatspost und ein Sonderstatus für militärische Angelegenheiten – eher Symbolisches also – sprang am Ende nicht heraus. Die mit den Preußen in Versailles verhandelnden Minister gaben trotz größerer Forderungen ihres Königs dem Druck aus Berlin nach, zumal unter den anderen deutschen Staaten Bayern in gefährliche Isolation geraten war. Was schließlich den Vorwurf der Bestechlichkeit betrifft, der Ludwig bis heute anhängt, so handelt es sich dabei um eine doch recht bös- und eigenwillige Auslegung der Ereignisse, vielleicht auch ein nützliches Scheinargument, um die Rolle der Minister und die Zwänge Bayerns ein wenig vergessen zu machen. Längst konnte nachgewiesen werden, dass Ludwig dem Kaiserbrief bereits zugestimmt hatte, als es um Zahlungen für seinen Schlösserbau ging, für die Bismarck auf den Welfenfonds zurückgriff, eine Art »schwarzer Kasse« auf Grundlage des beschlagnahmten Vermögens des 1866 abgesetzten hannoverschen Königshauses. Auch hat er danach noch (vergeblich) versucht, Bayerns Position im Reich zu stärken, beispielsweise durch einen Kaisertitel, den abwechselnd ein Hohenzoller und ein Wittelsbacher tragen sollten. Ebenfalls erst Monate nach dem ergangenen Kaiserbrief und nach der Reichsgründung zu Versailles sagte Bismarck finanzielle Zuwendungen zu.

Die biografische Rolle der ludovizischen Prachtbauten verdient nicht minder einen prüfenden Blick. Wenn Regieren Königspflicht war, so war das Bauen ihre Kür, der viele Herrscher mit großer Leidenschaft nachgingen. Der Großvater Ludwig I. verwandelte München in eine stattliche Residenzstadt, und auch Ludwigs Vater Maximilian tat sich in seiner kurzen Regierungszeit als Bauherr hervor. Für Ludwig bedeutete das Bauen eine Möglichkeit, seiner Vorstellung des Königtums Ausdruck zu verleihen, wenn sie doch schon politisch keine Chancen auf Umsetzung besaß. Ob Herrenchiemsee oder Neuschwanstein: Ludwigs Schlösser schufen die Kulisse einer unumschränkten Herrschaft, die er so schmerzlich vermisste. Seiner zunehmenden Enttäuschung und Weltentfremdung gemäß und wegen seiner persönlichen Abneigung gegen die Stadt München baute er weit weg vom politischen Geschehen. Mag das Image des unglücklichen Märchenkönigs und glücklosen Monarchen für Ludwig II. auch durchaus zutreffen, das Bild des unpolitischen und politikuntauglichen Königs fällt in die Kategorie der Verleumdung.

Schuldzuweisungen unter Diktatoren

Im Krieg bleibt als Erstes die Wahrheit auf der Strecke. Diese uralte Strategenweisheit hat sich für die polnische Geschichte mehrfach und auf bis heute wirkmächtige Weise fatal bewahrheitet. Ein tragisches Beispiel dafür ist das Massaker von Katyn zu Anfang des Zweiten Weltkriegs, dessen Tote jahrzehntelang als Opfer Nazideutschlands galten, obwohl in diesem Fall die Deutschen tatsächlich unschuldig waren. Das kleine Dorf Katyn liegt ganz im Westen Russlands, in der Oblast Smolensk unweit des Dnjepr und an der Bahnstrecke Moskau–Minsk. In einem Wald außerhalb des Ortes wurden zwischen dem 5. April und 12. Mai 1940 4421 Menschen ermordet: polnische Offiziere, jeder mit einem Schuss in den Hinterkopf hingerichtet. Die Kugeln stammten aus deutschen Pistolen.

Als Hitler mit dem Überfall Polens im September 1939 den Zweiten Weltkrieg begann, konnte er damit rechnen, dass Stalin ihn gewähren lassen würde, denn kurz zuvor hatten Moskau und Berlin den berüchtigten Nichtangriffspakt geschlossen. Dieser Vertrag enthielt ein geheimes Zusatzprotokoll, in dem sich die beiden Diktatoren über ihre jeweiligen Einflusssphären in Europa verständigten. Deren Grenze verlief mitten durch Polen, das damit zur Disposition stand. Nach Kriegsbeginn besetzte die Sowjetunion den Osten des Landes, was Moskau seither als Schutzmaßnahme im polnischen Interesse gegen Nazideutschland verkaufte, während es für Polen den Beginn der sowjetischen Einflussnahme darstellte. Das Land war ohnehin gebranntes Kind im Verhältnis zu den beiden großen Nachbarn, die den polnischen Staat schon seit Langem als Objekt ihrer Großmachtpolitik betrachtet und zusammen mit Österreich Ende des 18. Jahrhunderts sogar von der Landkarte radiert hatten. Die Freude über das staatliche Wiedererstehen nach dem Ersten Weltkrieg war stets getrübt durch die andauernde Bedrohung aus Ost und West. Der deutsche Überfall bot Moskau die Möglichkeit, im Sinne des Zusatzprotokolls in Polen im eigenen Interesse tätig zu werden. Zweieinhalb Wochen nach Kriegsbeginn marschierte nach der Wehrmacht auch die Rote Armee in Polen ein, und kurz darauf verlor das Land im deutsch-sowjetischen Grenzvertrag seine Staatlichkeit ein weiteres Mal. Die Warschauer Regierung floh nach London ins Exil, Westpolen wurde dem Deutschen Reich einverleibt, der mittlere Teil fiel als »Generalgouvernement« unter deutsche Besatzung, das östliche Polen wurde unter der Roten Armee gewaltsam sowjetisiert und vom Geheimdienst NKWD terrorisiert. Beide Seiten wüteten grausam, rund sechs Millionen Polen, darunter drei Millionen Juden, wurden bis 1945 ermordet, Millionen deportiert, zur Zwangsarbeit nach Deutschland oder in Lager in Sibirien und Zentralasien verbracht. Nicht zuletzt zielte die Politik beider Besatzungsmächte darauf ab, die polnische Führungsschicht möglichst weitgehend zu eliminieren, um das Land ins Mark zu treffen. Stalin war fest entschlossen, auf Kosten Polens vom Krieg zu profitieren, und kehrte zu dieser Politik wieder zurück, als sich der Krieg zuungunsten Deutschlands entwickelte – dazwischen aber, als der deutsche Vormarsch nach Osten unaufhaltsam schien und die Wehrmacht über Polen hinaus weit in die Sowjetunion vorstieß, kam auch das restliche Polen unter deutsche Besatzung.

Auf erste Hinweise der Ermordungen in Katyn stießen die Deutschen im Sommer 1941, doch nahm Berlin davon zunächst wenig Notiz; genauere Untersuchungen der Massengräber erfolgten erst fast zwei Jahre später. Als aber Anfang April 1943 Propagandaminister Joseph Goebbels davon erfuhr, ließ er sich diese goldene Gelegenheit nicht entgehen. In seinem Tagebuch hielt er am 9. April fest: »Ich veranlasse, dass die Massengräber von neutralen Journalisten aus Berlin besucht werden. Auch lasse ich polnische Intellektuelle hinführen. Sie sollen dort einmal durch eigenen Augenschein davon überzeugt werden, was ihrer wartet, wenn ihr vielfach gehegter Wunsch, dass die Deutschen durch die Bolschewisten geschlagen würden, tatsächlich in Erfüllung ginge.« Am 13. April 1943 berichtete Radio Berlin vom Fund der Massengräber in Katyn mit den sterblichen Überresten Tausender polnischer Offiziere, die aufgrund ihres mumifizierten Zustandes sowie der noch vorhandenen Uniformen und Ausweispapiere gut zu identifizieren seien. Rotes Kreuz und internationale Mediziner, ausländische Journalisten und polnische Delegationen wurden vor Ort geladen, um ihnen die Ergebnisse der Ermittlungen und Obduktionen zur Kenntnis zu bringen. In der heiklen Situation nach der Niederlage von Stalingrad Anfang 1943 und dem einsetzenden Rückzug der Wehrmacht sollte die Nachricht eines sowjetischen Massakers an polnischen Militärs das Ansehen Moskaus schädigen und als Spaltpilz für die Anti-Hitler-Koalition dienen. Auch die polnische Exilregierung in London sollte der Sowjetunion entfremdet werden, was tatsächlich gelang: Weil die Vertreter Polens der Sache nachgehen wollten, fielen sie bei den Alliierten in Ungnade. Im Inland diente die Nachricht ebenfalls dazu, die antideutsche Koalition als verbrecherisch hinzustellen. Goebbels notierte: »Ich gebe Anweisung, dieses Propagandamaterial in weitestem Umfang auszunutzen. Wir werden davon einige Wochen leben können.« Die deutschen Lichtspieltheater mussten vor dem Hauptfilm einen Zehnminüter zeigen, der Angst vor der »bolschewistischen Gefahr« schüren sollte.

Stalin reagierte prompt und ließ am 15. April über Radio Moskau den Kriegsgegner der Propagandalüge bezichtigen: Vielmehr seien die Deutschen selbst die Urheber der Erschießungsaktion gewesen. Diese Version der Ereignisse wurde aber nicht nur vom Kreml behauptet, sondern blieb von Stalins Bündnispartnern unwidersprochen, wollten diese doch keine Schwächung des unverzichtbaren Waffenbruders und der gemeinsamen Anti-Hitler-Koalition riskieren. Die Indizien sprachen zwar für die deutsche Version, aber die Erfahrung lehrte, dass der Propaganda des Dr. Goebbels nicht zu trauen war. Außerdem sollte der vereinte Kampf gegen Hitlerdeutschland so lange in größtmöglichem Einvernehmen harmonisch bewerkstelligt werden, bis das Naziregime gestürzt war.

Dieser Verrat des Westens an Polen setzte sich nach dem Krieg noch fort, als Großbritannien und die USA die polnische Exilregierung fallen ließen und Polen der Sowjetunion als Einflussgebiet zugestanden. Aus polnischer Perspektive wechselte damals nur die Natur der Diktatur, aber die Fremdherrschaft blieb bestehen, bis sich Polen in den Achtzigerjahren nach und nach von ihr befreien konnte. Als die Rote Armee bei ihrem Vormarsch in Richtung Berlin nach Katyn zurückkehrte, wurde abermals eine Kommission eingesetzt, die erwartungsgemäß bestätigte, dass die Morde auf das Konto der Deutschen gingen und sowieso erst im Herbst 1941 stattgefunden hatten. Es wurden allerlei fingierte Beweise ins Spiel gebracht sowie aus der Tatsache Nutzen gezogen, dass die Opfer mit deutschen Waffen erschossen worden waren.

Tatsächlich hatte aber der sowjetische Geheimdienst NKWD die polnischen Offiziere auf dem Gewissen, der damit einen Befehl des Moskauer Politbüros vom 5. März 1940 ausführte. Stalin höchstpersönlich setzte seine Unterschrift unter die Befehle, weil die Polen»allesamt eingefleischte, unverbesserliche Feinde der Sowjetmacht« seien. Mit der Organisation betraut wurden NKWD-Chef Lawrenti Beria und sein Stellvertreter Wsewolod Merkulow.

Der Geheimdienst verfügte seit Jahren über das abgesperrte Wald-
gelände und hatte es schon öfter genutzt, um unliebsame Personen
zu liquidieren; mehrere Tausend Russen waren bereits in den
Dreißigerjahren während der stalinistischen »Säuberungsaktio-
nen« im Wald von Katyn umgebracht worden. Ihre Gräber wurden nach dem Ende der Sowjetunion gefunden, als Polen Grabun-
gen durchführen durfte. Dem russischen Staat kam das ungelegen,
Unterstützung blieb aus, und im Unterschied zu den polnischen
Offizieren wurden im Fall der russischen Opfer nicht einmal die
Namen der Ermordeten ermittelt. Stattdessen schloss man die Ak-
ten – den eigenen Toten unter den Terroropfern Stalins verweigerte man die verdiente Würdigung. Die in Katyn erschossenen Offiziere waren nicht die einzigen Polen, die zu Beginn des Zweiten
Weltkriegs im Zuge des russischen Vormarschs getötet wurden:
Fast 22 000 Armeeangehörige und Beamte, Priester und Intellektuelle wurden im blutigen Frühjahr 1940 ohne ordentliche Ge-
richtsverfahren exekutiert. Bis heute steht Katyn symbolisch für
den Versuch, der polnischen Nation mit der Ermordung ihrer Eli-
ten einen tödlichen Schlag zu versetzen.

Fast fünf Jahrzehnte lang galt die Geschichtsfälschung als Tatsache, an der nicht gerührt werden durfte. Nach dem Krieg richtete der NKWD auf dem Erschießungsgelände eine Feriensiedlung
für Geheimdienstmitarbeiter ein – Angehörigen der Toten wurde
der Zutritt verweigert. Später durften offizielle Delegationen aus
Polen der ermordeten Offiziere gedenken, aber stets unter Achtung der offiziellen Wahrheit vom Täter Nazideutschland. Die Sowjetunion gestand erst 1990 ein, dass die Erschießungen von Katyn auf das russische Kriegskonto gehen. Im Zuge der neuen
Politik Michail Gorbatschows entschloss sich Moskau zu mehr
Offenheit im Umgang mit der eigenen Geschichte. Gorbatschow
übergab dem polnischen Staatspräsidenten eine Liste der Ermordeten von Katyn und bezeichnete das Massaker als »eines der
schwersten Verbrechen des Stalinismus«. Die Anerkennung der

sowjetischen Urheberschaft im nachsowjetischen Russland erwies sich jedoch als weiterhin überaus schwierig, von einer Aufarbeitung kann dabei nicht die Rede sein, auch wenn zögerliche Schritte in dieser Richtung gemacht wurden. Den Angehörigen der Opfer wurde der Zugang zu russischen Unterlagen immer wieder verwehrt. Russland tut sich schwer mit dem Erbe Stalins und der einstigen Großmacht Sowjetunion. Immerhin erklärte das Moskauer Parlament 2010 unmissverständlich, dass das Massaker von Katyn auf Stalins direkten Befehl zurückging. 2010 erlebte Polen sein zweites Trauma von Katyn, als Präsident Kaczynski und zahlreiche Spitzenpolitiker des Landes bei einem Flugzeugabsturz nahe Smolensk ums Leben kamen, auf dem Weg zur Teilnahme an einer Gedenkveranstaltung zum 70. Jahrestag des Massakers. Da immerhin kam mit Bezug auf Katyn 1940 vorübergehend ein wenig Bewegung ins polnisch-russische Verhältnis.

Von Hinfälligkeit und Weichenstellung

Anfang Februar 1945, noch vor Ende des Zweiten Weltkrieges trafen sich unter größtmöglicher Geheimhaltung im Kurbad Jalta auf der damals sowjetischen Halbinsel Krim am Schwarzen Meer die Staatschefs der verbündeten Kriegsgegner Deutschlands: Großbritannien, Sowjetunion und die Vereinigten Staaten. Die »Großen Drei« Churchill, Stalin und Roosevelt kannten sich längst von anderen Gipfeltreffen und waren für die Dauer des Kampfes gegen das Deutsche Reich überwiegend einvernehmlich miteinander umgegangen. In Jalta sollte die Zukunft Europas verhandelt werden, denn das Kriegsende war zumindest in Europa in greifbare Nähe gerückt. Folglich hatten die drei Siegermächte in spe zahlreiche Themen auf der Tagesordnung: die Zukunft Polens und seine Grenzen, die Einbeziehung Frankreichs in den Kreis der Siegermächte, die Frage der Aufteilung Deutschlands in Besatzungszonen und deutscher Reparationen sowie nicht zuletzt die gesamteuropäische Nachkriegsordnung und die Einflusssphären der Siegermächte in der Welt.

Vielen gilt die Konferenz bis heute als Schandfleck internationaler Diplomatie. Statt der Freiheit zum Durchbruch zu verhelfen, hätte der Westen seine Prinzipien aufgegeben und der Expansion des Kommunismus Vorschub geleistet. Auf der Krim sei die Teilung Europas beschlossen worden, die über Jahrzehnte Bestand haben und durch die Entfremdung der westlichen Siegermächte von der Sowjetunion schon bald nach der Konferenz von Jalta im Kalten Krieg ein hässliches Symbol erhalten sollte: den Eisernen Vorhang quer durch Europa. Ohne Not hätten Churchill und Roosevelt dem bauernschlauen Stalin halb Europa überlassen. Insbesondere die Staaten Ost- und Mitteleuropas fühlten sich als Manövriermasse im Verhandlungspoker der Großmächte vom Westen dem Einfluss der Sowjetunion preisgegeben. Auch das geteilte Deutschland konnte dem Ergebnis der Konferenz verständlicherweise nichts abgewinnen, und in Westeuropa drängte sich schon bald der Eindruck auf, der Westen sei von Stalin über den Tisch gezogen worden. Das erschien unverständlich angesichts der schieren Machtfülle der USA und der Beharrlichkeit Churchills – bis der bedauernswerte Schuldige ausgemacht war: Franklin Delano Roosevelt, seit 1933 Präsident der USA, der als kranker Mann auf die Krim reiste und bald danach starb. Derart geschwächt sei er bereits gewesen, so eine verbreitete Auffassung, dass Stalin sich diese Schwäche kaltblütig zunutze machen konnte und die Konferenz in seinem Sinne beeinflusste.

Die Konferenz von Jalta ist in der Tat eng verknüpft mit der Ausbildung einer bipolaren Welt nach 1945, aber trotzdem trifft der Befund nicht zu, dass dort die Entscheidung darüber gefallen sei. Tatsächlich wurde diese Frage nur angerissen beziehungsweise nicht eindeutig geregelt. Viele Konfliktpunkte wurden schon deshalb nicht angesprochen, weil der Krieg noch nicht zu Ende und man aufeinander angewiesen war – auch wenn der Kriegsschauplatz Europa absehbar bald zur Ruhe kommen würde, so blieb doch völlig offen, wie lange der Krieg im Pazifik noch andauern würde. Im Falle Deutschlands beschloss man zwar die Einrichtung von Besatzungszonen und die Zahlung von Reparationen. Wie aber langfristig mit Deutschland zu verfahren sei, ob es also aufgespalten werden sollte, darüber wurde in Jalta nicht entschieden. Auch der Verlauf der künftigen Westgrenze Polens wurde nicht abschließend geregelt. Die Konflikte, die in der Folge zum Kalten Krieg führten, stehen durchaus in Verbindung mit der Konferenz in Jalta, denn die Großen Drei ließen wichtige Aspekte ungeklärt. Aber die Konflikte wären so oder so aufgetreten, auch wenn Jalta sich ihrer angenommen hätte. Akut mussten sie nach Kriegsende werden, sodass Europa dann in zwei Lager zerfiel und der Kalte Krieg den Kontinent beherrschte.

Die Großen Drei waren durchaus guten Willens, in Jalta ein Einvernehmen der Siegermächte zu treffen, das auf möglichst lange Zeit einen weiteren Krieg verhindern würde. Tagespolitisch wichtiger als eine Einigung in allen bedeutenden Fragen war aber, dass die Welt die Konferenz als Erfolg aufnehmen würde. Vor allem anderen ging es den Staatsmännern darum, Einigkeit zu demonstrieren.

Und wie steht es mit Roosevelts Verhandlungsfähigkeit? In Jalta war auch Churchills Arzt Lord Moran dabei, der später vom überaus schlechten Zustand des US-Präsidenten sprach. Roosevelt habe in die Gespräche nur selten eingegriffen und häufig mit offenem Mund abwesend dagesessen. Ganz offensichtlich sei der Präsident hochgradig verkalkt und habe nicht mehr lange zu leben. Das deutet darauf hin, dass am Urteil der Nachwelt etwas dran sein könnte. Allerdings äußerten sich manche Teilnehmer der Konferenz ganz anders. Der britische Außenminister Eden beispielsweise, näher am Konferenzgeschehen als Churchills Arzt, bestätigte zwar, dass Roosevelt angegriffen war. Sein Urteilsvermögen habe aber ganz und gar nicht gelitten. Auch der Verlauf der Konferenz lässt nicht vermuten, dass Roosevelt den Verhandlungen nicht ausreichend hätte folgen können. Er ergriff durchaus die Initiative, äußerte Einwände und machte Vorschläge wie seine beiden Kriegspartner auch. Genauso richtig ist aber, dass Stalin auf der Konferenz in Hochform war. Er verlor nur ein einziges Mal die Fassung, blieb ansonsten ruhig, überlegt und souverän. Er bewies Verhandlungsgeschick und war dreist genug, die tatsächlichen

Verhältnisse in Polen oder den deutschen Ostgebieten unkorrekt darzustellen, wenn es der Durchsetzung seiner Pläne diente.

Der Ausgang der Konferenz lässt sich völlig befriedigend dadurch erklären, dass zum Zeitpunkt der Verhandlungen der Krieg noch in vollem Gange war. Die Verhandlungsposition Roosevelts und Churchills war auch dadurch bestimmt, dass die Rote Armee den größten Beitrag im Kampf gegen Nazideutschland geleistet hatte und bereits sehr viel weiter vorangekommen war als die von Westen her vorstoßenden Truppen der Briten und Amerikaner. Während man verhandelte, eroberte die Rote Armee Budapest und stand weiter nördlich nur noch siebzig Kilometer vor Berlin an der Oder. Ebenso klar war, dass die Sowjetunion bei Weitem am stärksten vom Krieg betroffen war und daraus Ansprüche ableiten konnte. Davon abgesehen, waren es nun einmal die drei Sieger des Krieges, die hier über das Nachkriegseuropa verhandelten und dabei weniger das Wohlergehen und das Selbstbestimmungsrecht der kleinen Länder im Auge hatten als ihre eigenen Interessen in Europa und die künftige Weltordnung insgesamt. Diese Haltung nahm nicht nur Stalin ein, auch Roosevelt und Churchill berieten ohne Konsultationen mit den betreffenden Ländern, wie die neuen Grenzen verlaufen sollten und wer in welcher Ecke Europas seinen Einfluss geltend machen dürfe. Das gilt natürlich für Deutschland, das als Verursacher und Verlierer des Krieges ohnehin kein Recht auf Mitsprache hatte, aber so verfuhr man auch mit Polen und China.

Im Falle Polens rückte für die Großen Drei eine wohlüberlegte, polnische Interessen berücksichtigende Entscheidung in den Hintergrund, vielmehr wollten sie in dieser wichtigsten Frage der Konferenz Einigkeit demonstrieren. Was China und andere außereuropäische Schauplätze betraf, ging es im gegenseitigen Geben und Nehmen um die geopolitischen Interessen der drei Mächte. Staatsmänner entscheiden selten allein nach idealistischen und grundsätzlichen Erwägungen – und die drei von Jalta hatten durchaus noch US-Präsident Wilson als mahnendes Beispiel vor Augen, dessen 14-Punkte-Plan für Europa vor den realpolitischen Verhältnissen nach dem Ersten Weltkrieg keinerlei Bestand gehabt hatte.

Davon abgesehen war die Konferenz von Jalta genauso von einem Verhandlungspoker bestimmt wie andere Konferenzen dieser Art auch. Ob man es nun als skandalöses Geschacher oder als gegenseitiges Geben und Nehmen bezeichnen will – die Großen Drei klärten Fragen, die zu klären waren, und verwiesen heikle Themen an ihre Minister oder vertagten sie auf einen späteren Zeitpunkt. Jeder der drei hatte Erwartungen und Wertungen, was einzelne Fragen betraf, und betrachtete andere als weniger wichtig und daher als Verhandlungsmasse geeignet. Beispielsweise lag Churchill am Erhalt des Empire und am britischen Einfluss in Griechenland mehr als an Polen; Stalin dagegen war in der Polenfrage nicht zum Einlenken gewillt und konnte darauf bauen, dass Roosevelt und Churchill die Konferenz daran nicht scheitern lassen würden, solange sie ihr Gesicht wahren konnten. Dem diente die von einem demokratischen Kontinent sprechende »Erklärung über das befreite Europa«, der Stalin leichten Herzens beipflichtete. Dafür gab Stalin anderswo nach: Er stimmte einer französischen Besatzungszone ebenso zu wie amerikanischen Vorstellungen über die Vereinten Nationen und das Schicksal Chinas. Im Übrigen traten die Briten ohnehin nicht uneingeschränkt für das Selbstbestimmungsrecht der Völker ein, denn das hätte am britischen Commonwealth gerüttelt. Man verständigte sich in Jalta fast immer und vergleichsweise problemlos über die Interessensphären in der Welt. Roosevelt waren zwei Ziele am wichtigsten: sowjetische Hilfe auf dem asiatischen Kriegsschauplatz und Moskaus Zusage, den Vereinten Nationen beizutreten.

Die Konferenz von Jalta war ein Gipfel dreier Kriegspartner, die sich bereits als Sieger fühlen durften und mit der Haltung von Siegern die Zukunft besprachen. Sie nahmen sich das Recht heraus, die offenen Fragen nach ihren eigenen Interessen zu lösen. Die langfristigen Folgen der Konferenz Jahrzehnte später aus sicherer Perspektive zu beurteilen fällt leicht. Die negativen Einschätzungen der Konferenz sind zwar verständlich aus der Perspektive der späten 1940er- und frühen 1950er-Jahre, als der Kalte Krieg am hässlichsten war, doch handelt es sich um eine ungerechtfertigte Verunglimpfung des todkranken US-Präsidenten. Die Geschichte ist ein vielschichtiges Gewebe und entwickelt sich nach komplexen Regeln – und die handelnden Personen historischer Ereignisse können immer nur begrenzt die Folgen ihres Tuns ermessen. Die Begleiter der Staatsmänner waren überzeugt, für ihr Land jeweils das Beste herausgeholt zu haben, was für den Moment auch durchaus zutreffend erschien. Das sah die Öffentlichkeit ihrer Länder im Anschluss an die Konferenz ebenso. Noch war nicht absehbar, dass die erste Nachkriegskonferenz der Siegermächte ein paar Monate später in Potsdam ohne die Notwendigkeit einer Kriegsdisziplin West und Ost über Jahrzehnte auseinanderbringen würde. Die Geschichte gab Roosevelt gleichwohl recht: Trotz allem entsprach die Nachkriegsordnung der Welt von den Vorstellungen der Großen Drei denen des gar nicht senilen US-Präsidenten am meisten.

Staatsstreich im Kreuzfeuer

Im 20. Jahrhundert machte Lateinamerika schwierige Zeiten durch. Spätestens seit der Weltwirtschaftskrise 1929 – für die Länder Süd- und Mittelamerikas einschneidender als der Zweite Weltkrieg – wirkten sich die enormen wirtschaftlichen Probleme direkt auf das politische Klima aus, wurden zu ihrer Behebung doch verschiedenste Strategien zwischen den Extremen autoritäre Diktatur und Sozialismus angepriesen. Mit der Kubanischen Revolution 1959 geriet die Region ins Zentrum des Kalten Krieges zwischen den Supermächten Sowjetunion und Vereinigte Staaten von Amerika. Washington wollte dem Rivalen Moskau in seinem »Hinterhof« keinen Einfluss zugestehen, andererseits versuchten lateinamerikanische Politiker immer wieder, sich der mitunter erdrückenden wirtschaftlichen wie politischen Einflussnahme der USA zu entziehen. Gewaltige soziale Probleme und wirtschaftliche Schwierigkeiten ließen in vielen Ländern immer wieder neue Politiker auf den Plan treten, die Großes versprachen, aber selten einhielten. In schwierigen Zeiten und mit dem Modell eines revolutionären Staates vor der Haustür wurden politische Fragen vornehmlich ideologisch beantwortet. Die daraus folgende Radikalisierung war einer geruhsamen Entwicklung nicht eben förderlich.

In Chile wurde seit Ende der 1950er-Jahre politisch experimentiert, mit wechselnden Rezepten sollte das Land modernisiert und auf Erfolgskurs gebracht werden: eine liberale Wirtschaftspolitik mit Blick auf den Weltmarkt unter dem unabhängigen Konservativen Jorge Alessandri, sodann engagierte Wachstumspolitik nebst Armutsbekämpfung unter dem Christdemokraten Eduardo Frei. Man war sich einig über die Notwendigkeit von Reformen, aber leidenschaftlich zerstritten über deren Charakter, auch innerhalb der Parteien.

Unter dem Eindruck der Kubanischen Revolution neigte die chilenische Linke immer stärker radikalen Veränderungen zu, im Volk wuchs die Unzufriedenheit, vor den Wahlen 1970 stieg die Nervosität. Zu der trat zum vierten Mal Salvador Allende als Kandidat der Sozialisten an. Es wurde ein schmutziger Wahlkampf, in dem die einen die Gefahr eines zweiten Kuba als Bedrohung an die Wand malten, während die anderen den übermächtigen Einfluss der USA geißelten.

Allende, der aus Kuba und Moskau Unterstützung erfuhr, gewann knapp, aber eindeutig. Dass es jedoch politisch schwierig werden würde, deutete sich sogleich an, denn Allendes Gegner versuchten, seine Wahl zum Präsidenten durch das Parlament noch zu verhindern. Als das misslang, verlangten die Christdemokraten von Allende vorab Garantien. Dann kam es zu einem Putschversuch von Rechtsaußen, unterstützt vom US-Geheimdienst CIA. Der verfassungstreue Armeechef Schneider kam dabei zu Tode. In den USA drängten Firmen mit chilenischen Interessen die Regierung zum Eingreifen, und Washington befürchtete, nach Chile könnten weitere südamerikanische Staaten sozialistisch werden, mit Ansteckungsgefahren gar für das westliche Europa. Und schließlich zogen Gegner der neuen Regierung in einer massiven Kapitalflucht ihr Geld aus dem Land ab. Die Ausgangsbedingungen der ersten sozialistischen Regierung, die in freien Wahlen an die Macht gekommen war, standen also denkbar schlecht.

Allendes Regierung beruhte auf einem Bündnis zwischen Sozialisten und Kommunisten unter Regierungsbeteiligung vier weiterer Parteien, das sich nichts weniger zum Ziel setzte, als den Weg zum Sozialismus einzuschlagen. Die wichtigsten Wirtschaftszweige sowie die Kupferbergwerke, die 80 Prozent des Exportaufkommens ausmachten, und die Banken sollten verstaatlicht, die Macht der Großgrundbesitzer gebrochen und zugunsten der armen Schichten die Einkommen gerechter verteilt werden. Die Arbeiter sollten an Entscheidungen ihrer Betriebe und der Politik direkt beteiligt werden, gleichzeitig wollte man nach dem Prinzip der Kybernetik mithilfe von Computern eine objektive und effektive Wirtschaftssteuerung ermöglichen. Vor allem aber sollte es eine Art sozialistischer Revolution mit rechtsstaatlichen Methoden werden: stets auf gesetzlicher Grundlage.

In Europa hätte man Allende zur Toskanafraktion oder der Kaviarlinken gezählt, denn er war ein bürgerlicher Bonvivant und auch unter den Linken nicht unumstritten. Politisch folgte er dem Modell der internationalen Blockbildung und darin der sozialistischen Ideologie: Die Welt bestehe aus kapitalistischen, sozialistischen und Dritte-Welt-Staaten, zu letzteren zählte er Chile. Um diesen Kreis zu verlassen, müsse sich Chile aus der kapitalistischen Umklammerung befreien, die vor allem im Zugriff multinationaler Unternehmen auf die Rohstoffe des Landes bestand und die er als Hauptgrund für die chilenische Misere ansah. Allende nahm diplomatische Beziehungen zu allen bösen Buben unter den sozialistischen Staaten auf und versuchte, mit gleichgesinnten Regierungen des Kontinents ein Gegengewicht zum dominierenden politischen und wirtschaftlichen Einfluss der USA zu schaffen. Gütliche Kompromisse mit Washington, insbesondere bei der Verstaatlichung von Branchen, in denen US-Firmen engagiert waren, ging er nicht ein, schon weil die radikalen Sozialisten das nicht zuließen.

Das Scheitern der Regierung Allende hat viele Gründe: Zunächst fehlte dem Regierungschef die uneingeschränkte Unterstützung der eigenen Partei – unverzichtbar für den Erfolg seiner ehrgeizigen und heiklen Agenda. Hinzu kamen die Notwendigkeit, ohne eigene parlamentarische Mehrheit sechs Partner bei der Stange zu halten, sowie nach einem vielversprechenden Start wachsende wirtschaftliche Probleme, die keineswegs nur hausgemacht waren. Und schließlich ermutigte die grundlegende politisch-gesellschaftliche Umgestaltung seine Widersacher zu kaum weniger radikalen Gegenmaßnahmen, in deren Folge das parlamentarische System erodierte. Ebenso nahmen Radikalisierung und Gewalt in der Bevölkerung zu, ob für oder gegen das sozialistische Experiment. Mit einem Fernfahrerstreik im Oktober 1972, der sich zur Arbeitsniederlegung von 600 000 Arbeitern mit lähmenden Folgen für die Wirtschaft auswuchs, wurde die Situation in Chile immer prekärer. In ihrer Not beteiligte die Regierung das Militär an der Regierung, aber die Wirtschaft geriet weiter außer Kontrolle und die wenigen Versuche, zwischen den unversöhnlichen Gegnern in Politik und Bevölkerung zu vermitteln, fruchteten nicht. Schließlich entpuppte sich das Militär entgegen der Überzeugung der meisten Politiker als nicht verfassungstreu und putschte am 11. September 1973 gegen die Regierung Allende. Schlüsselfiguren des Putsches waren die Kommandeure von Kriegsmarine und Luftwaffe, zum Hauptnutznießer aber wurde der erst im Sommer neu ernannte Oberbefehlshaber des Heeres Augusto Pinochet, der Allendes Macht übernahm und bis 1990 Chile regierte – länger als jeder andere Diktator Lateinamerikas.

Der Putsch verlief ungeheuer brutal, obwohl die Gefahr eines Bürgerkriegs gar nicht bestand, weil die Arbeiterschaft kaum bewaffnet war. Das aber sahen die Militärs anders, die politisch nicht weniger polarisiert waren als der Rest des Landes und es als ihre Mission betrachteten, dem Marxismus in Chile eine nachhaltige Niederlage zu bereiten. Eine solche Welle der Gewalt hatte das Land trotz einiger Erfahrung noch nicht gesehen, und sie mündete in ein brutales Regime. Tausende Unterstützer der Regierung Allende wurden im Nationalstadion von Santiago zusammengepfercht, Massenerschießungen, Folter und Scheinhinrichtungen folgten. In den Jahren der Pinochet-Diktatur wurden über 3000 Chilenen ermordet, Zehntausende inhaftiert und gefoltert, andere ins Exil gezwungen.

Präsident Allende wurde am frühen Morgen des 11. September mit der telefonischen Nachricht geweckt, die Kriegsmarine habe den Hafen von Valparaíso besetzt. Keiner der Oberbefehlshaber war erreichbar. Allende begab sich mit den engsten Vertrauten in den Regierungspalast und versuchte, den Verteidigungsminister anzurufen, aber der war bereits von den Militärs festgesetzt worden. In einer Rundfunkerklärung weigerte sich der Präsident zurückzutreten. Angebote zur Flucht – ein Flugzeug stand bereit – schlug er aus. Panzer umstellten den Regierungspalast, dann griff, wie zuvor im Radio von den Putschisten angekündigt, die Luftwaffe das Gebäude an, kurz darauf drangen Bodentruppen vor. Zu dieser Zeit waren beim Präsidenten zwei seiner Töchter, einige Minister, Allendes Leibarzt, sein Sekretär sowie seine Leibwächter und siebzehn Polizisten der präsidialen Schutztruppe.

Über Telefon gab Allende seine letzte Erklärung ab, ein Maschinengewehr in der Hand und mit Stahlhelm auf dem Kopf. Die Putschisten stellten das Ultimatum, der Präsident müsse bis 11 Uhr aufgeben, sonst würde bombardiert, was pünktlich erfolgte. Aus Düsenjägern fielen Sprengbomben auf das Gebäude, um 13.30 Uhr schließlich stürmte die Infanterie den Palast. Allende und einige letzte Vertraute verschanzten sich in der Unabhängigkeitshalle, dann forderte er seine Begleiter auf zu gehen. Als um 14.20 Uhr Soldaten die Halle einnahmen, saß Allende tot in einem Lehnstuhl. Die neuen Machthaber gaben seinen Selbstmord bekannt.

Als Drahtzieher des Putsches wurden bis heute immer wieder die Vereinigten Staaten verantwortlich gemacht, aus deren Blickwinkel ein Umsturz als beste Lösung des Problems Chile erscheinen musste. Die polarisierte, unversöhnliche internationale Atmosphäre zwischen Ost und West trug dazu bei, und die USA hatten bereits in anderen lateinamerikanischen Ländern eingegriffen, wenn sie ihre Interessen bedroht sahen, so 1954 in Guatemala. Aber nicht für jede Washington zufriedenstellende Lösung war Washington notwendigerweise selbst verantwortlich. Allerdings unterstützten die Vereinigten Staaten Allendes Gegner und waren erklärte Feinde seiner sozialistischen Politik, die nicht nur US-Interessen schädigte, sondern auch in Gefahr stand, auf andere Länder Südamerikas überzugreifen. Die CIA finanzierte alle möglichen Programme, die Allendes Position schwächen sollten, und übte außenpolitisch und wirtschaftlich Druck aus, wo es nur ging. Das Ziel war eindeutig: Allendes Sturz. Die USA haben also durchaus mit darauf hingearbeitet, Allende zu Fall zu bringen. Dass jedoch der Putsch nicht in Chile selbst geplant und in eigener Regie ausgeführt wurde, sondern von Washington zu verantworten ist, ließ sich nicht beweisen. Die CIA wusste zwar, was sich anbahnte, erfuhr vom konkreten Szenario aber erst tags zuvor. Doch unabhängig von der Frage, ob die chilenischen Militärs in der Lage waren, einen Putsch durchzuführen (was ihr unheilvolles späteres Wirken in der Diktatur bewies), oder ob sie dafür die Unterstützung der USA brauchten: Wer war für den Tod des Präsidenten verantwortlich?

Für seine Anhänger hatten die Putschisten nicht nur die sozialistische Sache Chiles, sondern auch ihre Galionsfigur Allende auf dem Gewissen. Die Brutalität des Regimes sowohl in den Tagen des Umsturzes als auch in den Jahren danach schien das nur zu bestätigen. Zudem schrie die schmähliche Niederlage geradezu nach einem geeigneten Märtyrer – und der war besser ermordet worden, anstatt in ausweglosser Lage Selbstmord zu begehen. Der kubanische Staatschef Fidel Castro, für den der Freitod eines Revolutionärs als unehrenhaft gegolten hätte, beschrieb mit blumig-revolutionärem Pathos, wie Allende im Kampf gegen die Putschisten gefallen sei, aber Augenzeugen berichteten das Geschehen anders. Der im Präsidentenpalast anwesende Arzt Patricio Guijón erklärte, dass Allende sich umbrachte, er habe es selbst gesehen. Andere der allerletzten Getreuen bestätigten das. 1990, nach dem Ende der Pinochet-Diktatur, ergab die Autopsie der Leiche, dass keinerlei Anzeichen für eine Fremdtötung vorlagen. Trotzdem hielten sich weiter Gerüchte, der Präsident sei ermordet worden. Sie wollten auch dann nicht verstummen, als Chile wieder demokratisch geworden war. Um die kontroverse Angelegenheit ein für alle Mal zu klären, wurden im Mai 2011 Allendes sterbliche Überreste abermals exhumiert und untersucht. Dabei wurde zweifelsfrei festgestellt, dass er den Freitod wählte, als die aufständischen Truppen im Begriff waren, den Regierungspalast einzunehmen. Die Autopsie ergab, dass zwei Kugeln aus ein und demselben Gewehr Allende töteten. Das hatte er zwischen den Beinen festgehalten und auf sein Kinn gerichtet. Die Beteiligung einer zweiten Person konnte definitiv ausgeschlossen werden.

In heikler Mission

Anfang der 1990er-Jahre schien die Zukunft Europas licht und voller Versprechen – schien doch die Teilung der Welt beendet und der Eiserne Vorhang, der sich quer durch den Kontinent gezogen hatte, verschwunden. Umso größer war der Schrecken, als der Vielvölkerstaat Jugoslawien zerfiel und einen Nationalismus entfesselte, der für die meisten Menschen der Europäischen Gemeinschaft (heute EU) weitgehend überwunden schien. Über mehrere Jahre beherrschte ein Krieg mit grausamen Verbrechen den Balkan, dessen Auswirkungen bis heute nachwirken. Inzwischen gibt es statt des einen Vielvölkerstaates Jugoslawien sieben Republiken, die sich mehr oder weniger gut entwickeln und mehr oder weniger erfolgreich die Schrecken des Krieges und der Entfremdung mit den Nachbarn überwinden. Seither lautet die verbreitete Meinung, das Versagen der europäischen Diplomatie sei mitverantwortlich für die Auflösung Jugoslawiens, für neue Grenzen und für einander entfremdete Nachbarn, die doch jahrzehntelang friedlich in einem Staatenverband miteinander gelebt hätten. Im Visier der Kritik an der europäischen Diplomatie steht insbesondere Deutschland, das viel zu früh auf die Anerkennung der nach Unabhängigkeit strebenden Teilrepubliken Slowenien und Kroatien gedrängt, damit den Krieg erst ausgelöst hätte und mithin für seine Folgen mitverantwortlich sei. Umfassende Untersu-

179

chungen der Vorgeschichte des Jugoslawienkrieges widerlegen diese Schuldzuweisungen eindeutig. Denn tatsächlich bedurfte es keiner Einwirkung von außen, ob gewollt oder ungewollt, um den Staat Jugoslawien auseinanderbrechen zu lassen.

Die Europäische Gemeinschaft beschloss Ende 1991, Slowenien und Kroatien die Anerkennung ihrer ein halbes Jahr zuvor proklamierten Unabhängigkeit in Aussicht zu stellen. Tatsächlich hatte die deutsche Außenpolitik an dieser Entscheidung maßgeblichen Anteil, und mit der Initiative von Außenminister Genscher nahm Deutschland zum ersten Mal seit dem Zweiten Weltkrieg derart selbstbewusst Einfluss auf die internationale Politik. Ebenso aber hielt die deutsche Außenpolitik trotz der dramatischen Entwicklungen auf dem Balkan noch eine ganze Weile an der Einheit Jugoslawiens fest und beurteilte die Unabhängigkeitsbestrebungen von Slowenien und Kroatien durchaus als problematisch. Die Bundesrepublik stand aber ganz und gar nicht allein mit der Erkenntnis, dass der Zerfall Jugoslawiens nicht mehr aufzuhalten war. Die EG-Ratspräsidentschaft hatten damals die Niederlande inne, die ihrerseits längst gefordert hatten, sich den Tatsachen zu stellen. Abgesehen davon, konnte die westeuropäische Staatengemeinschaft den Balkanvölkern das Recht auf Unabhängigkeit ohnehin nicht rundheraus absprechen. Zu den ersten gewaltsamen Auseinandersetzungen der jugoslawischen Volksgruppen war es da längst gekommen – im Frühjahr 1991 in Kroatien und im Frühsommer in Slowenien, wo die bereits serbisch dominierte Jugoslawische Volksarmee ebenso kurz wie erfolglos versuchte, mit militärischer Gewalt die Abspaltung zu verhindern. Zum Zeitpunkt der EU-Entscheidung tobte in Kroatien längst der Bürgerkrieg, und auch Mazedonien hatte sich bereits von Jugoslawien losgesagt. Mochten noch zahlreiche Gräueltaten folgen – die Grausamkeiten von Vukovar hatten bereits stattgefunden. Das Mittel der Verhandlungsdiplomatie konnte ohne einen vorhandenen Willen auf serbischer Seite keine friedliche Lösung herbeiführen. Ohne militärisches

Zähnezeigen ging auf dem Balkan nichts, was sich spätestens durch die Tatsache erwies, dass der Friedensschluss von Dayton 1995 ohne »militärische Diplomatie« nicht zustande gekommen wäre. Zuvor hatte nicht zuletzt die vorsichtige Haltung Europas die aggressive serbische Politik begünstigt, solange Belgrad keine ernsthaften Konsequenzen befürchten musste.

Die Jugoslawienkrise hatte eigentlich schon mit der erzwungenen Aufhebung der Autonomierechte der serbischen Provinz Kosovo im März 1989 begonnen. Die maßgeblichen europäischen Außenpolitiker waren jedoch seither vom Auseinanderbrechen des Ostblocks, von deutscher Wiedervereinigung und der Kuwaitkrise so in Anspruch genommen, dass sie die Zerfallserscheinungen erst dann ernst nahmen, als im Frühjahr 1991 in Jugoslawien offene Kämpfe einsetzten. Länder wie Großbritannien oder Frankreich ließen sich zudem statt von nüchterner Realpolitik mehr von Eigeninteressen leiten: Sie sahen in einem serbisch dominierten Jugoslawien ein Mittel gegen den wachsenden Einfluss Deutschlands, das seit dem Ende der europäischen Teilung in Mitteleuropa gefährlich an Gewicht zu gewinnen schien. In der als wenig zimperlich bekannten britischen Presse wurde gar die Gefahr eines »Vierten Reiches« beschworen. Dass Deutschland auch weiterhin die schmerzhaften Lehren der eigenen Vergangenheit zum Prinzip seiner Außenpolitik machte, ging selbst hochrangigen Politikern erst später auf. Vor allem Frankreich und Großbritannien reagierten geradezu reflexartig auf das Engagement der deutschen Regierung. Statt veränderter Koordinaten weltweit wäre ihnen ein nur mäßig modifizierter Status quo der geteilten Welt vielleicht lieber gewesen – im Falle Jugoslawiens wollten sie den Einheitsstaat unbedingt erhalten. Beide Länder versuchten sogar noch unmittelbar vor der Entscheidung in Brüssel, das drohende Ungemach mithilfe des UN-Sicherheitsrates zu verhindern. Das scheiterte, und die Mehrheit der europäischen Außenminister schloss sich der deutschen Sicht auf die Balkankrise an – andernfalls wäre es zu der Entscheidung für die in Aussicht gestellte Anerkennung Kroatiens und Sloweniens wohl kaum gekommen. An der sich rasch bildenden Legende über eine unrühmliche Rolle der deutschen Regierung strickte diese aber auch selbst eifrig mit, als sie nach der Entscheidung der europäischen Außenminister im Alleingang Kroatien und Slowenien als unabhängige Staaten anerkannte.

Im Falle Großbritanniens kann man in der Ablehnung der deutschen Haltung auch den Ausdruck einer antieuropäischen Einstellung erkennen; im Fall Frankreichs vor allem die Befürchtung, Deutschland wolle in der Europäischen Gemeinschaft allein den Ton angeben. Hinzu kam bei beiden Ländern eine traditionell proserbische Haltung, während in Deutschland viele Angehörige aller jugoslawischen Volksgruppen lebten – insgesamt rund eine Dreiviertelmillion. Nicht zuletzt fiel es Deutschland leichter, auf die grundlegend veränderten Verhältnisse in Europa zu reagieren, weil sich im eben noch geteilten eigenen Land ohnehin dramatische Veränderungen vollzogen hatten. Dass die alte Weltordnung außer Kraft gesetzt war, lag für die Deutschen eher auf der Hand als für Franzosen oder Briten. Die meisten europäischen Länder und die Vereinigten Staaten von Amerika fürchteten außerdem das Schreckgespenst »Balkanisierung« mit einer in Kleinstaaten zersplitterten Region, die nicht zur Ruhe kommen würde. Und das einzige Rezept dagegen schien nun mal der Bundesstaat Jugoslawien zu sein, innere Konflikte hin oder her.

Der ehemalige US-Botschafter in Deutschland Richard Holbrooke urteilte im Nachhinein, das gerade wiedervereinigte Deutschland, das sich außenpolitisch profilieren wollte, sei zum Sündenbock gemacht worden. Das angebliche Versagen deutscher Diplomatie stellten gerade die Länder heraus, die von eigenen Fehlern in der heiklen Angelegenheit ablenken wollten. Das mag auch durch die Tatsache motiviert sein, dass letzten Endes die USA zum entschiedenen Eingreifen bereit waren. Aber selbst der ehemalige britische Außenminister und Jugoslawienvermittler

Lord Carrington nahm seine Kritik an der deutschen Haltung später ausdrücklich zurück.

Die Anerkennung Sloweniens und Kroatiens zog zwar auch die Unabhängigkeitserklärung Bosniens und Herzegowinas nach sich, was wegen der ethnischen Zusammensetzung einen neuen Kriegsschauplatz geradezu hervorbringen musste. Untersuchungen haben aber klar dargelegt, dass sich der Krieg in jedem Fall nach Bosnien ausgeweitet hätte, wenn auch möglicherweise später. Der Anspruch, den Vielvölkerstaat Jugoslawien zusammenzuhalten, glich längst dem Versuch, einen Pudding an die Wand zu nageln. Die Vorbereitung der serbischen Militärs für den Bosnienfeldzug war im Herbst 1991 bereits im Gange, ebenso die Bildung autonomer Gebiete durch die bosnischen Serben. Das europäische (und internationale) Versäumnis lag nicht darin, den Zerfall Jugoslawiens zu akzeptieren, sondern vielmehr im verspäteten Eingreifen in den Krieg. Aus einer Vielzahl von Gründen – aufgrund weltpolitischer Konstellationen und unwirksamer Mechanismen und Strategien zur Konfliktlösung – zog sich der gewaltsame Zerfallsprozess Jugoslawiens unheilvoll in die Länge. Der britische Politologe James Gow nannte das internationale Versagen im Jugoslawienkonflikt einen »Triumph des fehlenden Willens«. Nach seiner Einschätzung waren dafür schlechtes Timing, unangemessene Maßnahmen, uneinheitliches Vorgehen und ein Mangel an Entschlossenheit insbesondere zu wirksamem Druck verantwortlich. Andernfalls hätte der Jugoslawienkrieg schon nach zweieinhalb statt nach über vier Jahren beendet werden können.

Fälschungen

Ein naturgemäß wichtiges Genre der verfälschenden Geschichte sind stoffliche Fälschungen wichtiger Dokumente oder Schriftzeugnisse – auch von Gegenständen. Mit aufkommender Schriftlichkeit traten auch geschickte Fälscher auf den Plan, um mit angeblich Echtem ihren kaum weniger ruchlosen Auftraggebern zu Diensten zu sein – um falsche Tatbestände wirksam zu bestätigen, um zu verschleiern, dass Aneignungen widerrechtlich waren, oder um ganz konkret Geschichte zu verfälschen, indem Zeugnisse handelnder Akteure fabriziert wurden, die gar nicht von ihnen stammten. Frisierte oder komplett gefälschte Urkunden und Dokumente, Reden, Briefe oder Tagebücher und sogar manipulierte herrscherliche Stammbäume und angebliche Reliquien Heiliger wurden durch die Jahrhunderte immer wieder eingesetzt, mal mit mehr, mal mit weniger Erfolg. Sie haben noch heute Konjunktur, umso mehr, als sich zum einen die technischen Mittel und Wege verbessert haben und zum anderen die Möglichkeiten medialer Verbreitung ihre Wirkmacht potenzieren.

Der erschlichene Kirchenstaat

In der Auffassung des Mittelalters war das Römische Reich nicht untergegangen, sondern lebte fort: im oströmischen Byzantinischen Reich mit dem späteren Konstantinopel (Istanbul) als Hauptstadt, im Heiligen Römischen Reich mit den Kaisern seit Karl dem Großen sowie in der katholischen Kirche und deren Oberhaupt in Rom. Die römische Kirche rechtfertigte ihre herausgehobene, machtvolle Stellung nicht allein mit Gottes Wille, sondern daneben mit einem Geschenk desjenigen Kaisers, der im Römischen Reich das Christentum zur Staatsreligion erhoben hatte: Konstantin I. der Große, der das Römische Reich von 306 bis 337 n. Chr. regierte.

Die Konstantinische Schenkung besagt, dass Konstantin zum Dank für die empfangene Taufe und für eine Heilung vom Aussatz Papst Silvester I. und dessen Nachfolgern ein höchst großzügiges und umfangreiches Geschenk zukommen ließ: Dieser erste römische Kaiser christlichen Glaubens verlieh den Päpsten kaiserliche Würde, zeichnete sie aus als »Haupt und Spitze aller Kirchen in der ganzen Welt« und gab ihnen die Herrschaft über die heilige Stadt Rom sowie »alle Provinzen, Räumlichkeiten und Städte Italiens und des Westens«. Auch Symbolisches wurde verfügt, sodass der Kaiser dem Papst den Dienst erwies, sein Pferd ein Stück Weges am Zügel zu führen, oder eine spitze Kronhaube, aus der später die päpstliche Tiara wurde. Konstantin verlegte seine Residenz nach Byzanz, das fortan Konstantinopel hieß (das heutige Istanbul), weil es nicht statthaft sei, dass der irdische Kaiser an dem Ort herrsche, wo Gott das Haupt der Christenheit eingesetzt habe. Feierlich verpflichtete Konstantin seine Nachfolger, sich an diese Regelung zu halten.

Die Konstantinische Schenkung ist eine der bekanntesten Urkunden der christlichen Welt, und zu früheren Zeiten war sie von erheblicher Bedeutung für das römische Papsttum. Die Päpste mussten im Mittelalter immer wieder ihre Machtstellung und ihren Kirchenstaat sichern, und dafür nutzten sie über Jahrhunderte dieses angebliche Privileg des römischen Kaisers. Mal sollte die Urkunde die Oberherrschaft des Papsttums über den Kaiser des Heiligen Römischen Reiches legitimieren, mal diente sie als Rechtfertigung von territorialen Besitzansprüchen. Ebenso aber wurden immer wieder Stimmen laut, die den weltlichen Aspekt der Konstantinischen Schenkung kritisierten, weil er die Kirche von ihrer eigentlichen, nämlich nichtweltlichen Aufgabe ablenke. Ganz behaglich scheint den Päpsten aber ohnehin nicht immer gewesen zu sein, wenn sie das alte Pergament bemühen mussten, denn wie konnte das Geschenk eines weltlichen Kaisers die Vormachtstellung der geistlichen Macht legitimieren, wenn diese doch unmittelbar von Gott kam? Heftig umstritten war das Dokument innerhalb der Kirche bereits das Mittelalter hindurch, viele Seiten Pergament füllten sich mit Betrachtungen und Argumenten, Bestätigungen und Widerlegungen. Doch die Echtheit des *Constitutum Constantini* zog jahrhundertelang niemand ernsthaft in Zweifel; es war der Inhalt, der kontrovers verhandelt wurde

Im frühen Mittelalter war Europa ein unruhiges Pflaster, und die Päpste hatten es nicht leicht, sich zu behaupten. Mitte des 8. Jahrhunderts drängten die Langobarden in Richtung Rom, das damals zum Byzantinischen Reich gehörte. Weil Byzanz herzlich wenig unternahm, um die einstige Hauptstadt vor den gefürchte-

ten Langobarden zu schützen, bat Papst Stephan II. den Franken-
könig Pippin den Jüngeren um Hilfe. Möglicherweise kam da die
Fälschung zum ersten Mal zum Einsatz, aber das ist unter Historikern umstritten. Sicher ist, dass Pippin auf dem Reichstag zu
Quierzy 754 einwilligte, für das Papsttum in den Krieg gegen die
Langobarden zu ziehen, und mit territorialen Zugeständnissen
(pippinsche Schenkung) die Grundlage für den späteren Kirchenstaat legte. Der wurde Wirklichkeit, als Pippin in einem zweiten
Feldzug die Langobarden endgültig aus Italien vertrieb.

Ernsthaft in Zweifel gezogen wurde die Urkunde erst im 15.
Jahrhundert, als unabhängig voneinander zuerst ein italienischer
Humanist, der in Aragon in königlichen Diensten stand, und ein
paar Jahre später ein englischer Bischof nachweisen konnten, dass
es sich bei der vermeintlichen Urkunde Konstantins um eine Fälschung handelte. Beide vermuteten, dass ein Papst der Auftraggeber gewesen war. Doch höchstwahrscheinlich entstand das fingierte Dokument gar nicht in Rom, sondern im Frankenreich, und
zwar in der ersten Hälfte des 9. Jahrhunderts. Genaueres zum Ent-
stehungszeitpunkt hat die Forschung bisher allerdings nicht bestimmen können. Wahrscheinliche Orte der Fälscherwerkstatt
sind die Klöster St. Denis bei Paris und Corbie bei Amiens, deren
Äbte die Politik von Ludwig dem Frommen, einem der Söhne
Karls des Großen, für verfehlt hielten. Jedenfalls begann mit ihr
eine ganze Serie von Fälschungen, die das Mittelalter durchzieht.

Mochte auch kein Papst die Konstantinische Schenkung in
Auftrag gegeben haben – sie leistete dem Papsttum seit dem 11.
Jahrhundert wertvolle Dienste für den Machtanspruch der Kirche.
Also beharrte Rom weiter auf ihrer Authentizität, mindestens
vom Inhalt wollte man verständlicherweise nicht abrücken. Über
die Jahrhunderte hat die römische Kurie die Urkunde immer wieder gezückt, um ihren Anspruch der Vorherrschaft innerhalb
der Kirche zu untermauern – unter Berufung auf den Vertrauten
Jesu, Petrus, sowie den Apostel Paulus. Beide hätten in Rom den

Märtyrertod erlitten. Die beiden sollen Konstantin in einem Traum dazu bewegt haben, sich von Silvester taufen zu lassen, um seinen Aussatz loszuwerden – so die Silvesterlegende, auf die sich die Konstantinische Schenkung beruft. Von enormer Bedeutung waren aber auch die territorialen Ansprüche, die die Päpste aus dem Dokument ableiteten. Der Kirchenstaat umfasste zu seinen besten Zeiten Anfang des 16. Jahrhunderts einen erheblichen Teil Italiens. Sein heutiges Territorium erhielt er durch die Lateranverträge von 1929: Vatikanstadt, mit weniger als einem halben Quadratkilometer Fläche der kleinste Staat der Welt.

Stammbaum-Lyrik fürs Ahnenrenommee

Kunz von der Rosen, der Hofnarr Kaiser Maximilians I., führte einmal einen alten Bettler und eine ausgemergelte, nicht minder betagte Soldatenhure vor den Thron seines Herrn. Die beiden erbaten Hilfe, die ihnen rechtmäßig zustehe: Schließlich seien sie Verwandte des edlen Kaisers, so behaupteten sie selbstbewusst und verwiesen mit großer Geste auf den kaiserlichen Stammbaum. Maximilians herzliches Lachen auf diese Bitte ist überliefert, und vermutlich wird er den beiden für das kleine Amüsement einen Obolus gegeben haben. Wie aber war der Hofnarr auf diese Idee gekommen? Oder was mochte einen Chronisten zu dieser Anekdote angeregt haben?

Kaiser Maximilian I. (1508–1519) aus dem Hause Habsburg unternahm einige Anstrengung, um mit einem weit zurückreichenden Stammbaum den Glanz seiner Herrschaft historisch abzurunden. Eine ganze Belegschaft gelehrter Herren machte sich daran, die genealogischen Wurzeln des Hauses Habsburg auszumachen. Dass man dabei von ihnen erwartete, einen möglichst lückenlosen und über viele Generationen reichenden Stammbaum vorzulegen, dürfte vorher klar gewesen sein. Schließlich war dieser Auftrag das, was man heute eine Propaganda-Aktion zur Imageförderung nennen würde. Nicht dass Maximilian es nötig gehabt hätte – er, den das Volk als »letzten Ritter« aufrichtig verehrte. Doch die gehobene

Gesellschaft der Renaissance interessierte sich mehr und mehr für Geschichte und Herkunft. Und es war nicht länger damit getan, eine eindrucksvolle Abkunft einfach zu behaupten, sie musste mit einem ordentlich gefertigten Stammbaum nachgewiesen werden. Der Auftrag wurde erfüllt – sicherlich zur vollsten Zufriedenheit des kaiserlichen Kunden. Denn im Ergebnis, so zeigt es eine berühmte Abbildung aus dem Jahr 1518, hatte die Welt drei große Herrscherfolgen hervorgebracht: die der Päpste, der römischen Kaiser und der Habsburger. In Maximilian vereinten sich die drei Stränge zu größter Pracht und Herrlichkeit. Überdies geht des Kaisers Stammbaum bis auf Adam zurück, den ersten Menschen. Nicht schlecht, möchte man meinen, weiter hatten die ausführenden Fachleute, die in Innsbruck ihrer Fabulierkunst nachgingen, schwerlich gehen können. Und daher stammte auch die Idee des Hofnarren: Wenn Maximilian Adam als Stammvater reklamierte, konnte das mit gutem Recht auch jeder andere tun. Also war der Anspruch der beiden Alten zumindest theoretisch vollkommen gerechtfertigt: Sie gehörten zur Familie des Kaisers.

Von Adam aus vollzog Maximilians Stammbaum aber noch interessante Kurven: Als stünde dem Renaissance-Fürsten ein klassischer Stoff besonders gut an, ließen sich Maximilians Genealogen für des Kaisers Familiengeschichte außerdem von Homer inspirieren: Sie arbeiteten die Trojanersage in ihr Werk ein. Das wirkt heute überraschender als damals. Viele antike Stoffe haben im Mittelalter ihre Anziehungskraft bewahrt, sie sind erzählt und – von den wenigen *literati*, also Schriftkundigen der Zeit – auch gelesen worden. Das berühmte Epos über den Trojanischen Krieg gehört dazu. Jahrhunderte vor Schliemanns legendärem Fund glaubte man im Mittelalter fest an die Existenz der Stadt und den Wahrheitsgehalt der überlieferten Geschichten. Vor allem zur Zeit der Renaissance wurde die Sage dann aber nicht mehr nur weitererzählt, sondern auch in einen direkten Zusammenhang zu den Verhältnissen der Zeit gestellt – und politisch benutzt.

An Troja interessierte Maximilian weniger der klassische »Touch« oder die Authentizität des tapferen Achill und der schönen Helena: Er wollte den »Nachweis« einer ununterbrochenen Herrschaftsfolge der Habsburger von der eigenen Person bis zurück in die Zeit Trojas liefern. Also bediente sich Kaiser Maximilian einer solchen Verwandtschaft und verlieh sich und seiner Familie mit dieser genealogischen Konstruktion den erwünschten Glanz. Kontinuität im Stammbaum war damals unerlässlich, sie bedeutete gleichzeitig Sicherheit und Autorität. Herrschergeschlechter hatten keinen unangefochtenen Stand, ihre Macht bedurfte der fortwährenden Rechtfertigung. In der Gedankenwelt des Mittelalters war die beste Legitimation einer Machtstellung der Nachweis, man gehöre einer uralten Dynastie an und habe außerdem schon immer geherrscht. Nicht charakterliche Eigenschaften qualifizierten für die Herrschaftsausübung – was zählte, war die Abstammung von einem ausgewiesenen Herrschergeschlecht, die sozusagen höhere Weihen verlieh. Doch selbst das edle Blut allein reichte nicht, zur Legitimierung aktueller Herrschaftsansprüche benötigte eine Dynastie daneben die ununterbrochene Generationenfolge von Herrschern.

Kaiser Maximilian verfolgte mit dieser Art »geschönter« Abstammung aber noch einen weiteren Zweck: Er war der erste deutsche König, der die Kaiserkrone nicht mehr direkt durch die Hand des Papstes erhielt. Das war wichtig, denn damit erkannte Maximilian die Oberherrschaft der römischen Kirche symbolisch nicht mehr an – im Unterschied zu seinen Amtsvorgängern. Ohne die mittelalterliche Vorstellung eines Gottesgnadentums aufzugeben, betrachtete sich Maximilian als unabhängig von den Gnaden der römischen Kirche – und deshalb nicht mehr zu unbedingtem Gehorsam verpflichtet. Die Abkunft von Troja war rein weltlich – und führte noch dazu über die glorreichen Römer: Der antike Dichter Vergil lieferte nämlich in seiner »Aeneis« den Gründungsmythos Roms, wonach sein Titelheld die Flucht aus dem brennenden Troja meisterte, schließlich nach Italien gelangte und dort zum Stammvater der Römer wurde.

Maximilian war keineswegs der Erste, der derartige Genealogie betrieb. Diese aus heutiger Sicht durchsichtige Strategie zur dynastischen Legitimierung seiner Macht fand vielerorts rege Anwendung, und der Trojamythos war ein naheliegender Bezugspunkt. Viele Chroniken und Urkunden verweisen auf eine trojanische Abstammung zum Beispiel der Karolinger, als handele es sich um eine Selbstverständlichkeit. Das früheste bekannte Beispiel ist die um 660 n. Chr. entstandene »Fredegar-Chronik«, wahrscheinlich verfasst im lothringischen Metz. Zahlreiche Herrscherstammbäume gingen zurück auf die merowingischen Könige, von denen die Linie dann bis zu den Trojanern weiterführte. Den politischen Nutzen hatten vor Maximilian schon andere erkannt, so im späten Mittelalter die französischen und englischen Königshäuser, als sie auf älteren Behauptungen über eine ansehnliche Ahnenlinie bis ins antike Troja bestanden. Die noch jungen Dynastien sahen sich veranlasst, ihre Herrschaft zu rechtfertigen, und die Troja-Herleitung diente sowohl dem eigenen Selbstverständnis durch eine möglichst weit zurückreichende Herkunftslinie als auch als ideelle Waffe im Beharren auf Eigenständigkeit gegenüber Papst und Kaiser. Damals ließ sich mit solchen Behauptungen viel Staat machen, deshalb verfuhr man vielerorts ähnlich, so in Spanien, Island oder Dänemark. Heute hingegen wirkt es ziemlich fadenscheinig und unverfroren, wenn zum Beispiel der französische Chronist Rigord im 12. Jahrhunderte behauptete, Gründer der Stadt Paris sei der Sohn des Trojanerkönigs Priamos gewesen, Paris Alexander, dessen Entführung der schönen Helena laut Homer einst den Trojanischen Krieg ausgelöst hatte. Eine trojanische Gründung ihrer Hauptstadt beanspruchten die Engländer ebenso durch den Trojaabkömmling Brutus, den eine lange Odyssee aus Italien nach England gebracht haben sollte, um dort ein Königreich zu begründen, das nach ihm Britannien heißt.

Die harte Währung heiliger Knochen

Wenn es von der Vorhaut Jesu mehrere Exemplare gab, mussten alle bis auf eines Fälschungen sein. Papst Innozenz III. sah sich 1179 außerstande zu entscheiden, welches der als echt reklamierten, in winzige, reich verzierte Schreine eingepassten Hautstücke die authentische Reliquie war – Gott selbst mochte das entscheiden. Vermutlich waren sie alle falsch, denn es ist kaum anzunehmen, dass dieser Fetzen Haut aufgehoben worden war. Nach dem Lukasevangelium fand die Beschneidung Jesu immerhin schon am achten Tag nach der Geburt statt.

Von Jesus und Maria existieren keine Körperteile als Reliquien, denn beide sind mitsamt ihren Körpern gen Himmel gereist. Nur die bei seiner Beschneidung als jüdisches Kind entfernte Vorhaut Jesu konnte verehrt werden – vom hl. Kreuz, dem Grabtuch oder anderen sogenannten Sekundärreliquien einmal abgesehen. Von Maria werden unter anderem zahllose Tropfen ihrer Milch verehrt. Von den »gewöhnlichen« Heiligen der römischen Kirche aber existieren meist mehr Reliquien, als einem einzelnen Körper entstammen können. Zwei Kirchen reklamierten im Mittelalter für sich, den Kopf des heiligen Jakobus zu besitzen. Das sei schlechterdings nicht möglich, stöhnte angesichts dieser Tatsache ein Mönch, der in seiner klösterlichen Schreibstube an einer Chronik arbeitete.

Wie aber kam es zu dieser Vielzahl an vermeintlich echten Überresten der Heiligen? Wie sehr wir es aus heutiger Sicht auch belächeln mögen – im Mittelalter besaßen Reliquien eine große Bedeutung. Für eine universal christlich ausgerichtete Weltordnung, die überdies von Symbolen und Ritualen geprägt war, spielten Heilige eine sehr konkrete und lebendige Rolle. Im christlichen Europa des Mittelalters erfüllten sie eine viel umfassendere Funktion als heute. Das lag zum einen an der universellen Bedeutung des Glaubens – Heilige waren als stets anrufbare Begleiter des täglichen Lebens der persönliche Trost der meist einfachen Gläubigen. Den einfachen Menschen standen sie viel näher als der furchtsam verehrte Gott. Sie waren meist lokal verankert und hatten, so die mittelalterliche Vorstellung, immer ein offenes Ohr und viel Verständnis für alltägliche Nöte. Heilige waren in der Tat geradezu greifbare tägliche Begleiter der Menschen von damals. So wie heute Bewunderer zum Grab von Lady Diana reisen, pilgerten fromme Christen im Mittelalter zum Beispiel nach Marburg, um den Gebeinen der heiligen Elisabeth nahe zu sein und sich von ihr Trost oder Hilfe zu erbitten. Schon während der Aufbahrung der frommen Landesfürstin wurden von den Tüchern, in die Elisabeth eingewickelt war, Stücke abgerissen; man schnitt sogar Haare und Nägel vom Leichnam der Heiligen ab, weil Gläubige am Nimbus der Heiligen teilhaben wollten. Heute lässt sich nicht mehr genau sagen, ob solche Vorkommnisse immer nur aus Frömmigkeit geschahen – oder eher aus Habgier.

Aber nicht nur kleinen Leuten bedeuteten Heilige viel, gebildeten Kirchenmännern dienten sie als intellektuell-spirituelles Vorbild. Sie waren darüber hinaus regionale oder gar nationale Identifikationsfiguren. Das Bedürfnis der Menschen nach religiösem Beistand und Schutz ließ Reliquien zu einem kostbaren Handelsgut werden – wer es sich leisten konnte, besaß ein Amulett, in das wenigstens eine kleine Reliquie eingearbeitet war. Da man an Wunder glauben wollte, sah man sie auch geschehen: durch die

Kraft des Heiligen mittels seiner sterblichen Überreste. Selbst ein noch so kleines Stück bedeutete die Präsenz des Heiligen in seiner Gesamtheit – und seiner Heilkraft. Da ist es kaum verwunderlich, wenn geschäftstüchtige Menschen mit der Not der Leute ihr Geschäft machten.

Auf gewisse Weise lassen sich Reliquien mit den Resten der Berliner Mauer vergleichen, die man noch heute kaufen kann: Sie lassen sich leicht fälschen, worüber sich auch der Käufer im Klaren ist, aber man stellt sie trotzdem zu Hause ins Regal. Auch im Mittelalter war man sich bewusst, dass es sich immer auch um Fälschungen handeln konnte. Abschaffen ließ sich das Reliquienwesen jedoch nicht, denn der Volksglaube war oft stärker, als es der Kirche in Rom lieb sein konnte. Aber auch die Kirche hatte ein handfestes ökonomisches Interesse am Reliquienwesen: Der Besitz ihrer Reliquien bedeutete für Kirchen und Klöster nicht nur Prestige, sondern auch wirtschaftliche Vorteile, denn Wallfahrten waren im Mittelalter ein florierender Wirtschaftszweig. Mit einem Satz: Für eine Kirche, ein Kloster oder eine Stadt war es von erheblichem Wert, die – idealerweise vollständigen – sterblichen Überreste eines möglichst bedeutenden Heiligen zu besitzen.

Reliquien konnten sogar ein bedeutender Machtfaktor sein. Besonders glücklich schätzten sich Königshäuser wie das ungarische oder das französische, deren Stammbaum verdiente Heilige verzeichnet. Eine enge Beziehung zu einem wichtigen Heiligen kam für Fürsten einem politischen Vorteil gleich. In einer Gesellschaft, in der die Grenzen zwischen Politik und Religion fließend waren, erlangte ein Herrscher mehr politisches Gewicht, wenn er wertvolle Reliquien besaß. Das Grab des wichtigsten französischen Nationalheiligen, des Märtyrers und ersten Bischofs von Paris Dionysius, verlieh dem dort errichteten Kloster Saint-Denis, vor den Toren von Paris gelegen, großen politischen Einfluss. In der Abteikirche – heute Kathedrale von Saint-Denis – wurden über viele Jahrhunderte die französischen Könige begraben. Weiter östlich am Rhein bedeuteten die Aachener Reliquien Karls des Großen, der 1165 heiliggesprochen wurde, eine Bestätigung der Macht seines Nachfolgers Friedrich Barbarossa. Die Existenz einer Reliquie war gleichzusetzen mit der Anwesenheit des Heiligen an diesem Ort. Und diese Anwesenheit war real, jedenfalls nach dem mittelalterlichen Rechtsverständnis. Kein Wunder also, dass immer wieder Kaiser und Könige symbolträchtige Zeremonien vollzogen, in denen Heilige und ihre Knochen eine wichtige Rolle spielten. Nur wenig anderes in dieser Zeit war propagandistisch wirksamer, und den Nutzen öffentlichkeitswirksamer Maßnahmen kannten Politiker auch damals schon.

Ein bedeutender Heiliger war Antonius, ein Einsiedlermönch, der hochbetagt Mitte des 4. Jahrhunderts starb. Bis heute reklamiert die südfranzösische Stadt Arles, in ihrer Kirche Saint-Antoine (ursprünglich Saint-Julien) lägen die sterblichen Überreste des Heiligen. Seit dem 11. Jahrhundert galt als gesichert, dass die Reliquien des heiligen Antonius in der Klosterkirche nicht weit von Grenoble ruhten, die zur Benediktinerabtei Saint-Pierre in Montmajour gehörte, etwa zehn Kilometer nördlich von Arles gelegen. Insgesamt dreimal wurde der Schrein zwischen 1131 und 1307 geöffnet, um sich der Existenz der Heiligengebeine zu versichern. Spätestens als Ende des 11. Jahrhunderts angesichts einer Epidemie von Mutterkornbrand, deren Ursachen man sich nicht erklären konnte, Menschenmassen zum Antoniusgrab pilgerten, wurden die Reliquien zu einem wichtigen Wirtschaftsfaktor. Der heilige Antonius war nämlich der zuständige Heilige für Mutterkornbrand, auch Antoniusfeuer genannt. Folglich hatte die Antoniusverehrung Konjunktur, und eine Laienbruderschaft gründete sich, die rasch wuchs und zu erheblichem Wohlstand gelangte. Zwischen diesen Antoniusbrüdern und den Benediktinern von Montmajour kam es jedoch zu Auseinandersetzungen, die 1247 in der Erhebung der Bruderschaft zum Mönchsorden durch Papst Innozenz IV. und 1292 in der Vertreibung der Benediktiner gipfelten. Ausgleichszahlungen wurden vereinbart, und man vollzog die Trennung. Wem aber gehörten die einträglichen Antoniusreliquien? Die Frage schwelte, während um finanzielle Regelungen und Kompensationen über zweieinhalb Jahrhunderte gestritten wurde. An deren Ende wurde von Rom die De-facto-Auflösung der Benediktinerabtei verfügt; sie wurde mit Mann und Maus dem Antoniterorden einverleibt.

Wut und Rachsucht ließen die Ex-Benediktiner, die sich mit der Zwangsvereinigung nicht abfinden wollten, zu drastischen Mitteln greifen. Sie verbreiteten das Gerücht, in Besitz der Gebeine des heiligen Antonius zu sein. Diese angeblichen Reliquien wurden nach Arles verlegt, um sie vor den königlichen Truppen, die die Sache der Antoniter vertraten, in Sicherheit zu bringen. Die ehemaligen Benediktiner wollten aber nicht nur Rache üben, sondern sich auch das einträgliche Geschäft mit Reliquien und Pilgerreisen sichern.

Der Betrug war eigentlich gar nicht sonderlich erfolgreich. Die Kirche ging dagegen vor; die Belege für ihren Reliquienbesitz blieben die Benediktiner schuldig – ja sie gaben im Verlauf des Verfahrens sogar zu, den echten Antonius gar nicht zu besitzen. Sowieso gab es in ihrer Kirche nicht einmal einen Altar, der dem Heiligen geweiht gewesen wäre – geschweige denn eine Krypta oder Kapelle. Die Kurie in Rom verpflichtete die Ex-Benediktiner von Montmajour, alle Aktivitäten zu unterlassen, die mit dem Betrug zusammenhingen: keine Verehrung der falschen Reliquien, keine organisierten Pilgerfahrten – wer sich nicht daran hielt, dem drohte die gefürchtete Exkommunikation. Das Eingreifen Roms beeindruckte die Benediktiner aber offenbar nicht allzu sehr, denn sie verschafften sich unter Androhung von Gewalt weitere Expertisen, die die Echtheit ihrer Reliquien erneut bestätigten. Die Antoniter dagegen ließen publikumswirksam ihr Antoniusgrab öffnen, das tatsächlich noch immer die Gebeine des Heiligen enthielt. Ende des 15. Jahrhunderts war der Streit zwischen den beiden Kirchen auf seinem Höhepunkt – Antoniter wurden in Montmajour von den verfeindeten Benediktinern verprügelt, Missliebige kurzerhand eingesperrt, regelrechte Unruhen wegen der Affäre erschütterten die Region um Arles.

Der Papst musste erneut eingreifen. Er machte die Zwangsvereinigung der beiden Klöster rückgängig und schaffte einen finanziellen Ausgleich, der alle weltlichen Streitereien begrub. Nur in der Verehrung der Reliquien des heiligen Antonius blieb alles beim Alten: Die Benediktiner von Arles blieben bei ihren Prozessionen, Wallfahrten und Heiligenfesten. Im 19. Jahrhundert noch erlaubte die Kirche der Stadt Arles, dem heiligen Antonius zu huldigen, auch wenn dort zweifellos keine seiner Reliquien aufbewahrt werden. Dabei sind sich die Historiker nicht einmal einig, ob überhaupt jemals eine Kirche oder ein Orden im Besitz der wahren Antoniusreliquien gewesen war. Der hochbetagte Heilige hatte nämlich kurz vor seinem Tod irgendwo in der afrikanischen Wüste seine Begleiter angewiesen, niemandem zu verraten, wo sie ihn begraben würden. Daran scheinen sich die beiden jungen Mönche respektvoll gehalten zu haben. Denn wie durch ein Wunder wurden die angeblichen sterblichen Überreste des Antonius erst zweihundert Jahre später gefunden.

Angesichts dieser weit mehr als nur religiösen Bedeutung von Reliquien ist es nicht verwunderlich, dass es immer wieder zu Betrügereien kam. Bis ins 19. Jahrhundert hinein versuchten Gauner, angebliche Heiligenüberreste zu Geld zu machen, oft mit ebenso aufwendiger wie zweifelhafter Versicherung ihrer Authentizität. Es lässt sich heute wie damals nicht mit Sicherheit feststellen, welche Reliquien wirklich echt sind. Die Kirche fand schon im Mittelalter eine findige Erklärung, um dem Problem beizukommen: Wer eine falsche Reliquie in gutem Glauben anbetete, dem sprang der gerufene Heilige trotzdem zur Seite, denn die gute und fromme Absicht ließ Gott Nachsicht walten. Aber man war sich durchaus bewusst, dass Heilige einmal Menschen gewesen waren und schwerlich mehr als zwei Arme und Beine gehabt haben dürften – der gesunde Menschenverstand war auch dem Mittelalter nicht fremd. Als einmal im 10. Jahrhundert ein Besitzstreit zwischen dem Abt eines Klosters und einem weltlichen Herrn ausbrach, sandte der Abt die Reliquien seines Klosters, um seinen Argumenten Nachdruck zu verleihen. Doch den Kontrahenten beeindruckte das wenig. Er äußerte abfällig, es handele sich doch ohnehin nur um Pferde- und Eselsknochen.

Erschwindelte Freiheit

Wer mit dem Auto nach Hamburg hineinfährt, den informiert das amtliche »Ortseingangsschild«, dass die Stadtgrenze der »Freien und Hansestadt Hamburg« erreicht ist. Im Allgemeinen macht man sich wenig Gedanken über diesen Titel. Dass Hamburg im 13. Jahrhundert Mitglied der Hanse wurde, ist eine weithin bekannte Tatsache; es teilt diese Geschichte mit vielen anderen Städten in Mittel- und Nordeuropa. Zu Recht wird der Wohlstand der norddeutschen Metropole damit in Verbindung gebracht. Aber der Reichtum der mittelalterlichen Hanse konnte sich nur deshalb auch für Hamburg bezahlt machen, weil es die besonderen Privilegien einer freien Reichsstadt für sich in Anspruch nahm.

Der Überlieferung zufolge bat Graf Adolf III. von Schauenburg 1189 den Kaiser, Friedrich I. Barbarossa, einen neuen Hafen gründen zu dürfen. Die Schauenburgs spielen nicht nur wegen dieser Urkunde eine wichtige Rolle in der Entwicklung Hamburgs: Sie schufen die Grundlagen für den Aufschwung der Stadt. Adolf fuhr nach Regensburg – damals alles andere als ein Katzensprung –, wo Barbarossa gerade sein Kreuzzugsheer zusammenstellte, dem sich der Graf ohnehin anschließen wollte. Die kaiserliche Kanzlei stellte Adolf, so heißt es, noch vor dem Aufbruch zum 3. Kreuzzug ins Heilige Land eine Urkunde aus. Darin garantierte Barbarossa der Neugründung wichtige Privilegien, ohne die dem Vorhaben kaum

Erfolg beschieden gewesen wäre: Zoll- und Handelsfreiheit sowie Fischereirechte. Diese Urkunde trägt das Datum des 7. Mai 1189 und befindet sich noch immer im Hamburger Staatsarchiv. Sie gilt gemeinhin als Gründungsurkunde des Hamburger Hafens – bis heute feiert der Stadtstaat alljährlich Anfang Mai den Hafengeburtstag mit einer großen Windjammerparade und einem Volksfest.

Die Urkunde erwies sich jedoch Jahrhunderte später als Fälschung. Als die Stadtväter Mitte des 13. Jahrhunderts den Elbzoll für die Hamburger Schiffe umgehen wollten, fälschten sie flugs die Urkunde, die es bisher allenfalls als Entwurf gegeben hatte. Sie benutzten dafür aber ein Siegel, das erst Kaiser Friedrich II., der Enkel Barbarossas, nach 1229 verwendet hat. Und auch Papier und Schrift stammen eindeutig nicht aus der Zeit Barbarossas. War das Dokument also irgendwann verloren gegangen und in späteren Jahren von der kaiserlichen Kanzlei noch einmal ausgestellt worden? Auch das kann nicht sein, denn die Handschrift der Urkunde lässt sich keinem der kaiserlichen Schreiber zuordnen, die alle bekannt sind. Dass es sich bei dem Dokument um eine Fälschung handelt, schließen erfahrene Historiker auch aus der Form der Urkunde: Das Papier ist viel zu hanseatisch nüchtern in der Sprache, und es enthält die Unterschriften zu weniger Zeugen, die in mittelalterlichen Urkunden den Wahrheitsgehalt bestätigen und deshalb in umso größerer Zahl aufgelistet werden, je wichtiger der schriftlich fixierte Vorgang war.

Ein Vortrag des Hamburger Stadthistorikers Heinrich Reincke, der 1907 darauf hinwies, dass Hamburgs berühmteste Urkunde eine Fälschung ist, durfte seinerzeit auf Veranlassung des Senats nicht gedruckt werden. Den Stolz der Stadtväter kränkte die Sache zu sehr, um den Schwindel einzugestehen. Das wurde nach dem Zweiten Weltkrieg zwar verschämt nachgeholt, aber noch heute hören die stolzen Hanseaten nicht gerne, dass wichtige Urkunden aus der Geschichte Hamburgs Fälschungen sind. Allerdings räum-

te Reincke ein, dass es möglicherweise durchaus eine entsprechende Aktennotiz gegeben habe, die nach der Rückkehr vom Kreuzzug Grundlage einer offiziellen kaiserlichen Urkunde werden
sollte. Barbarossa aber starb noch auf dem Weg ins Heilige Land,
als er Anfang Juni bei großer Hitze und nach dem Essen ein Bad
im Fluss nahm. Man mag den findigen Hamburger Stadtvätern
also zugutehalten, dass sie im 13. Jahrhundert einen Vorgang zu
Ende führten, dessen Abschluss durch den Kaiser selbst möglicherweise nur dessen vorzeitiger Tod verhindert hatte.

Erzfälschung für den Ruhm

Als im Sommer des Jahres 1360 dem Kaiser ein heikles Dokument
zur Bestätigung vorgelegt wurde, mag Karl IV. der Kragen geplatzt
sein. Es ging um Österreich im Allgemeinen und Herzog Rudolf
IV. im Besonderen. Der Habsburger Rudolf war immerhin sein
Schwiegersohn und hatte einen Großteil seiner jungen Jahre am
kaiserlichen Hof in Prag verbracht. Vom dortigen Glanz mag Rudolf einiges zu Kopf gestiegen sein – jedenfalls hatte der junge
Mann große Ambitionen. Sogar als kaiserlicher Hoffnungsträger
durfte er sich fühlen, solange kein männlicher Stammhalter für
Karls Nachfolge geboren war. Zeitgenossen attestierten ihm ein er-
staunliches Selbstbewusstsein – und ein enormes Maß an Überheblichkeit.

Rudolfs Schwiegervater Karl IV. hatte 1356 in der berühmten
Goldenen Bulle die Stellung der Kurfürsten und ihrer Territorien
geregelt. Österreich besaß damals faktisch mehr Gewicht im Reich,
als die althergebrachte Hierarchie dem Herzogtum zugestand.
Nach dem Tod seines Vaters Albrecht wurde Rudolf im Sommer
1358 mit knapp neunzehn Jahren österreichischer Landesherr.
Rudolf jedoch war nur ein Herzog, kein Kurfürst, und dass dieser
Status der Bedeutung seines Landes nicht entsprach, muss ihn sehr
gewurmt haben. Österreich bestand damals aus vier Teilherzog-
tümern, das Herrschaftsgebiet reichte im Norden bis weit über die

Donau, im Süden bis an die heutige slowenische Adriaküste. Rudolf versuchte umgehend, seine Vorstellungen von Österreichs verdienter Rolle umzusetzen, ohne dabei in der Wahl der Mittel allzu zimperlich zu sein. Er wollte wie ein König angesehen werden, also handelte er, als wäre er einer: Er stiftete die Wiener Stephanskirche, gründete die Wiener Universität Rudolphina und verwies stolz auf die ruhmreiche Vergangenheit seines Landes und den Reliquienschatz, der in seiner Größe dem des Kaisers Konkurrenz machte. Überhaupt orientierte er sich an seinem Schwiegervater, dem Gründer der berühmten Prager Universität. Viele sahen in Rudolf einen Narren, der seine Bedeutung maßlos überschätzte. Vielleicht wollte Rudolf aber nur das weiterführen, was bereits Jahrzehnte früher begonnen worden war. Der Stauferkaiser Friedrich II. hatte sich nämlich schon 1245 bereit erklärt, Österreich zum Königtum zu erheben, aber das Vorhaben war an den Auseinandersetzungen Friedrichs mit dem Papst in Rom gescheitert.

Rudolf versuchte also zu erlangen, was ihm seiner festen Überzeugung nach ohnehin zustand. Doch wählte er keine kriegerischen Mittel, sondern beauftragte sehr geschickte Männer mit der sachkundigen Fälschung von Urkunden. Heute wird dieser gesamte Komplex häufig als weitestreichende Fälschung des deutschen Mittelalters bezeichnet. In fünf Dokumenten legten die Schreiber zur Jahreswende 1358/59 nieder, dass Österreich in seinen Privilegien den Kurfürstentümern in nichts nachstehe und dem Reich gegenüber fast unabhängig sei. Diese Schriftstücke schrieb man den Kanzleien verschiedener Könige und Kaiser zu, und sie zitierten sogar angebliche Urkunden von Julius Cäsar und Nero. Die Bemühung der antiken Kaiser brachte Rudolf denn auch prompt den Hohn und Spott seitens des Dichters Petrarca ein, der unglücklicherweise gerade beim Kaiser weilte, als die Dokumente eintrafen. Die Fälschungen waren trotzdem sehr geschickt. Für die wichtigste Urkunde, das sogenannte Privilegium Maius, das heute berühmteste Dokument des Österreichischen Staatsarchivs in

Wien, erweiterte man eine echte Urkunde aus dem Jahr 1156. Damit hatte Kaiser Friedrich Barbarossa Österreich von Bayern abgetrennt und zum Herzogtum erhoben. Das Original wurde nach erfolgreicher Fälschungsarbeit vernichtet, sein Siegel bastelte man kurzerhand an die Fälschung.

Kaiser Karl platzte also der Kragen, als er die Urkunden als authentisch bestätigen und damit Österreichs Ansehen aufwerten sollte. Es kam zum Bruch zwischen den beiden. Rudolf verfolgte seine Mission trotzdem unermüdlich weiter. Er nahm Titel für sich in Anspruch, die er nicht besaß, und legte sich eine Krone zu, die ihn dem Stil nach eigentlich als König auswies. Auf die Fälschung geht auch der Titel Erzherzog zurück, den die Habsburger ab 1414 für fünf Jahrhunderte führten – zunächst nur die Prinzen, ab dem 18. Jahrhundert auch die Prinzessinnen. Langfristig erwies sich die Fälschung also als überaus wirksam, während zu seinen Lebzeiten Rudolf mit seinen Bemühungen um königliches Prestige wenig erfolgreich schien. Trotzdem erblühte das Land unter seiner Regierung, und er konnte zusätzlich Tirol erwerben. Rudolf starb bereits 1365 mit nur 25 Jahren.

Die weitere Geschichte Österreich hat allerdings dem dreisten, wenn auch an Tatsachen orientierten Streben Rudolfs recht gegeben: 1442 bestätigte Kaiser Friedrich III. die gefälschten Urkunden, was Österreich endlich auch offiziell die Stellung zukommen ließ, die es faktisch seit Langem innehatte. Dem Herrschergeschlecht der Habsburger leistete Rudolf also vor seiner Zeit einen großen Dienst, unabhängig davon, ob er überhaupt legitimes Mitglied der Familie war. Daran wurde nämlich schon zu Rudolfs Lebzeiten gezweifelt. Vielleicht rührten seine unbeirrten und hartnäckigen Bemühungen, Land und Familie aufzuwerten, auch daher.

Herrscherliche Geschäfte
mit Söldnern

Der hessische Landgraf Friedrich II. (1760–1785) schloss am 15. Januar 1776 einen Vertrag mit dem englischen König Georg III., der für viele wehrfähige Männer seines kleinen Landes ernsthafte Folgen nach sich zog. Friedrich verlieh nämlich in den kommenden Jahren insgesamt knapp 17 000 Soldaten an die englische Krone – für den Einsatz im Krieg gegen die nach Unabhängigkeit strebenden nordamerikanischen Kolonien und zum Preis von jährlich 45 000 Kronen. Den Engländern fehlte es an Männern für den aufwendigen Kampf gegen die abtrünnigen überseeischen Provinzen. Zahlreiche Soldaten fanden dort den Tod – Amerikaner, Engländer, Hessen, später auch Franzosen und Spanier, die allerdings auf der Seite der Kolonien kämpften. Bald nachdem der hessisch-englische Vertrag unterzeichnet und die ersten Landeskinder in den Kampf geschickt worden waren, geriet ein Brief an die Öffentlichkeit, der für große Empörung sorgte – und noch heute die menschenverachtende Haltung und die egoistische Geldgier absolutistischer Landesfürsten vortrefflich auszudrücken scheint.

In diesem Brief beklagt sich der Landgraf von Hessen-Kassel bei seinem Adressaten, in der Schlacht von Trenton 1776 seien zu wenige der deutschen Soldaten gefallen. Nur tote Soldaten waren gute Soldaten in der Logik des Absenders, denn sie brachten mehr Geld als ihre verwundeten oder gar unversehrten Kameraden. Er sei höchst unzufrieden mit seinem Feldkommandeur Baron Hohendorff, so der Brief weiter. Die zynische Haltung, die sich in diesem Brief ausdrückt, fand rasch Eingang in die Literatur: in Schillers *Kabale und Liebe* von 1782, eine leidenschaftliche Kriegserklärung gegen das absolute Fürstentum generell. Und noch heute gilt der sogenannte Uriasbrief des hessischen Landgrafen weithin als Synonym für die Auswüchse des Absolutismus. Selbst das verehrte Vorbild des hessischen Fürsten äußerte sich ausgesprochen negativ über die Bemühungen des Namensvetters, seine Finanzen zu sanieren: Der Landgraf verkaufe seine Untertanen wie Schlachtvieh, befand Friedrich der Große von Preußen.

Allerdings ist dieser Brief, der rasch zu zweifelhafter Berühmtheit gelangte, eine dreiste Fälschung. Er ist die vortrefflich inszenierte und ungeheuer wirkungsvolle Propaganda-Aktion eines Unbekannten gegen den verhassten Landesfürsten – und vor allem gegen die Unterstützung des englischen Krieges, der die nach Unabhängigkeit strebenden nordamerikanischen Provinzen bändigen sollte. Befreundeten Mächten für Geld eigene Truppen zur Verfügung zu stellen, das war damals unter den deutschen Fürsten durchaus gängige Praxis. Die Kritik bezog sich aber vor allem auf den Kampf gegen die in Europa überaus populäre Revolution der Amerikaner und ihren heldenhaften Kampf gegen das scheinbar übermächtige Großbritannien. In der Sache sprach der Fälscher also weiten Teilen der öffentlichen Meinung aus der Seele. Insbesondere die geistigen Größen der Zeit kritisierten außerdem die Art des »Soldatenhandels«, neben Schiller die Philosophen Herder und Kant. Sie befanden die Geldgier der deutschen Fürsten, also nicht nur des hessischen Landgrafen, als widerwärtig.

In der Tat bezahlte England einen fürstlichen Lohn für die hessische Unterstützung. Allerdings wurde das Geschäft für den Landgrafen nicht besser, je mehr Landeskinder über die Klinge springen mussten. Im Gegenteil – je länger der Einsatz, desto lukrativer war das Söldnerheer für Landgraf Friedrich. Das Geld kam außerdem nicht nur der landgräflichen Privatschatulle zugute, sondern auch den kämpfenden Soldaten und der allgemeinen Landeskasse. Und die füllte sich zusehends, je länger der Krieg dauerte, der anfangs nur als kleinere Operation angelegt war. Landgraf Friedrich sanierte den vorher maroden Haushalt und baute weiter an seiner prachtvollen Residenzstadt Kassel. Dass in der Folge Hessen eines der wohlhabendsten deutschen Länder wurde, war am Ende auch für die hessische Landesbevölkerung von Vorteil: Die Steuern sanken nämlich. Den gefallenen Soldaten nutzte dies allerdings nichts mehr.

Das Kriegskalkül des Diktators

Der deutsch-sowjetische Nichtangriffspakt, den die Außenminister Ribbentrop und Molotow Ende August 1939 abschlossen, kurz bevor Deutschland Polen überfiel und den Zweiten Weltkrieg auslöste, führte international zu Diskussionen und Mutmaßungen. Der Pakt verpflichtete beide Staaten unter anderem zur gegenseitigen Neutralität, sollte der Vertragspartner in militärische Auseinandersetzungen mit Dritten geraten. Auch wenn das geheime Zusatzprotokoll über die Aufteilung von Interessensphären in Osteuropa vorerst nicht bekannt wurde, gerieten die Kommunisten der europäischen Länder in Argumentationsnöte. Denn plötzlich schien nicht mehr zu gelten, was doch auf der Hand lag: dass Kommunisten Nazis bekämpften und umgekehrt Nazis Kommunisten verfolgten. Auch in Deutschland hatten die Propagandisten einiges zu tun, um der verständnislosen Bevölkerung diesen Geniestreich des »Führers« nahezubringen, der wiederholt unmissverständlich klargemacht hatte, dass er den Kommunismus und die Sowjetunion als Feinde ansah.

Seit dieser Zeit ist immer wieder einmal von einer Rede Stalins zu lesen, die der sowjetische Staatschef angeblich wenige Tage vor der Unterzeichnung des Vertrages im Moskauer Politbüro der KPdSU gehalten habe. Der Text der Rede wurde nach Kriegsbeginn über die Nachrichtenagenturen in Westeuropa verbreitet, nicht aber in Deutschland. Danach erläuterte Stalin am 19. August 1939 im Politbüro seine Strategie im Umgang mit dem Deutschen Reich: Ein Bündnis mit den Hitlergegnern Frankreich und Großbritannien könne einen Krieg verhindern und Polen retten, was aber nicht im Sinne der Sowjetunion sein könne. Denn der bessere Fall sei, so Stalin in dieser Rede, dass es zum Krieg in Europa komme, wenn Hitler Polen angreife und damit England und Frankreich zum Eingreifen zwinge. Das Kalkül der Rede ging dahin, der Sowjetunion Zeit zu verschaffen. Außerdem werde ein europäischer Krieg die Chancen einer »Sowjetisierung« Frankreichs erhöhen. Selbst wenn Deutschland den Krieg gewinne, werde es anschließend von inneren Problemen beansprucht und zu geschwächt sein, um eine Bedrohung für die Sowjetunion darzustellen. Natürlich wurde die Rede in Moskau umgehend dementiert – in der sowjetischen Regierungszeitung *Prawda* bezeichnete Stalin höchstselbst die Berichte als leeres Geschwätz und Kaffeehaus-Lügen.

Der Kriegsverlauf beschäftigte die europäische Öffentlichkeit mehr als eine angebliche Rede Stalins, und die Sache geriet in Vergessenheit. Dann aber gelangte im Sommer 1941 eine weitere Version des Redetextes an die Öffentlichkeit, die noch pointierter auf die Notwendigkeit eines europäischen Krieges hinwies: Denn nur so könne die Diktatur der kommunistischen Partei nach Westeuropa ausgeweitet werden. Dafür aber müsse der Krieg möglichst lange dauern; letztlich werde aber auch Deutschland sozialistisch werden. Während die deutsche Propagandamaschinerie die Rede zuvor ignoriert hatte, lief sie jetzt auf vollen Touren. Mit dieser Ausrichtung diente Stalins Kriegstaktik der nunmehr antisowjetischen Propaganda. Das Schreckgespenst Weltrevolution hatte der Propaganda schließlich schon vor dem Hitler-Stalin-Pakt beste Dienste geleistet. Das fand nun, nach dem deutschen Angriff auf die Sowjetunion Ende Juni 1941 und nachdem der Hitler-Stalin-Pakt hinfällig geworden war, seine Fortsetzung. Aber auch damit war die Karriere des Redetextes noch nicht beendet, denn 1942 erschien im Frankreich des Vichy-Regimes eine weitere Version – auffälligerweise gerade zu einem Zeitpunkt, als die Ergänzungen sich ausnehmend gut dafür eigneten, den immer heftiger werdenden Kampf der Vichy-Regierung gegen die Résistance zu legitimieren.

Nach dem Krieg tauchte die Rede erneut auf und wurde insbesondere von rechtsextremer Seite benutzt, um die Sowjetunion und den Kommunismus aufgrund ihrer schamlosen Rolle im Zweiten Weltkrieg zu diskreditieren. Bis heute kann man immer wieder davon lesen, dass die Sowjetunion unter Stalin den Zweiten Weltkrieg ganz bewusst ins Kalkül gefasst habe, um die Ausbreitung des Kommunismus nach Westen zu beschleunigen. Vor allem nach dem Ende der Sowjetunion 1991 wurde die Stalin-Rede in russischen Veröffentlichungen vermehrt angeführt. Angesichts der zahlreichen Verbrechen Stalins erschien durchaus vorstellbar, dass der sowjetische Staatschef mit derart zynischen Überlegungen dem Zweiten Weltkrieg entgegensteuert habe – sozusagen als feixender Gewinner in einem Krieg, der Europa erschüttern würde. Einzelne Autoren gingen so weit, aufgrund jener Rede Stalin als eigentlichen Verursacher des Zweiten Weltkriegs auszumachen. Mit wechselnden Zielsetzungen diente der Text dazu, die Geschichte des Zweiten Weltkriegs mal eben so umzuschreiben. Aber ist der Text der Rede überhaupt authentisch? Und wurde diese Rede des Genossen Stalin je gehalten?

Erst zu Anfang des 21. Jahrhunderts hat ein russischer Historiker die Geschichte dieser Rede eingehend untersucht. Einige Anhaltspunkte zur Aufklärung sind fast banal: Beispielsweise fand an dem Tag, an dem die Rede gehalten worden sein sollte, gar keine Sitzung des Politbüros statt. Der fragliche Text passt auch nicht zu der Tatsache, dass der Hitler-Stalin-Pakt kommunistische Organisationen aller Länder in Bedrängnis brachte, denn ihnen fehlten noch eine Weile die Argumentationshilfen aus Moskau, um die Kehrtwende sowjetischer Außenpolitik rechtfertigen zu können.

Mit der Rede hätte ihnen zumindest intern eine Argumentations-hilfe zur Verfügung gestanden. Für eine Fälschung spricht außerdem, dass ein Originaldokument fehlt – und dass der Text erst drei Monate nach seiner angeblichen Entstehung veröffentlicht wurde, zu einem Zeitpunkt, als ganz Frankreich die möglichen Folgen des deutsch-sowjetischen Paktes erregt diskutierte. Verdächtig ist darüber hinaus, dass immer neue Versionen jeweils zum rechten Zeitpunkt und mit der richtigen Akzentuierung auftauchten.

Nach dem Zusammenbruch der Sowjetunion und der Verfügbarkeit russischer Quellen wurde die Rolle Stalins im Zusammenhang mit dem Zweiten Weltkrieg unter neuen Aspekten beurteilt. Eine Sichtweise erfreute sich im Westen wie in Russland wachsender Beliebtheit: Die Verurteilung der stalinschen Außenpolitik als zynisch und skrupellos, mit dem Kalkül eines großen Krieges zum sowjetischen beziehungsweise kommunistischen Vorteil. Der Hitler-Stalin-Pakt diente dabei als Symbol, weil damit zwei verbrecherische Politiker den Zweiten Weltkrieg vom Zaun gebrochen hätten. Die angebliche Rede Stalins passt vortrefflich in diese Sichtweise – und sie erklärt überdies verführerisch einfach, wie es zu dem teuflischen Pakt zwischen Nationalsozialismus und Kommunismus kommen konnte.

Tatsächlich aber war die Situation 1939 erheblich komplexer und für die europäischen Politiker viel schwieriger, als es aus der Rückbetrachtung und mit dem Wissen der nachfolgenden Entwicklung erscheinen mag. Daneben hat die historische Forschung längst klar herausgearbeitet, dass Stalins Außenpolitik weniger ideologisch als pragmatisch war – was sie natürlich nicht automatisch aufwertet. Wie die anderen europäischen Mächte suchte auch Stalin nach einer angemessenen sowjetischen Antwort auf die politische Situation und die wachsende Kriegsgefahr. Und wie die anderen war er auf seinem Weg weder ausschließlich zynisch noch skrupellos. Aber ebenso hatten seine Entscheidungen vor dem Kriegswillen Hitlers ebenso wenig Bestand wie die Beschwichtigungspolitik Großbritanniens. Richtig ist jedoch, dass sich Stalin seit 1933 von einer Kooperation mit Hitler einiges versprach, entsprechende Avancen aber immer wieder an Berlin scheiterten. Der Text der angeblichen Stalin-Rede von 1939 schwebt historisch gesehen sozusagen im luftleeren Raum. Denn es gibt nichts, was seine Authentizität auch nur bestätigen, geschweige denn beweisen würde. Und sie passt auch nicht in das Geflecht der sowjetischen Außenpolitik am Vorabend des Krieges. Bei aller historischen Schuld Stalins in Bezug auf den Zweiten Weltkrieg und darüber hinaus lässt sich dem sowjetischen Diktator die eigentliche Schuld am Kriegsbeginn nicht in die Schuhe schieben.

Ein Medienskandal
erster Güte

Der ganze Schwindel währte eigentlich nur ein paar Tage, aber er hielt die gesamte Republik in Atem: Zwischen dem 25. April und dem 6. Mai 1983 musste der informierte Zeitungsleser und Fernsehzuschauer davon ausgehen, findigen Journalisten des Hamburger Magazins *Stern* sei ein unglaublicher Coup gelungen: die Entdeckung der Tagebücher Adolf Hitlers. Die jüngere deutsche Geschichte müsse neu geschrieben werden, verkündete das Magazin. Einen sensationellen Fund wollte man gemacht haben. Am Ende aber stellte der Bundesinnenminister höchstselbst fest, dass es sich bei den vorliegenden Kladden zweifelsfrei um Fälschungen handele. Das Bundesamt für Materialprüfung und sogar das Bundeskriminalamt hatten Gutachten erstellt. Daraufhin ging die Auflage des Magazins um 150 000 zurück, der Konzern nannte die Affäre eine »schlimme Geschichte«, die Journaille wurde belächelt oder beschimpft. Und die Republik ging wieder zur Tagesordnung über.

Wie kam es nur, dass alle Beteiligten und für kurze Zeit auch die deutsche Öffentlichkeit glauben wollten, ein verspätetes Erbe des »Führers« sei aufgetaucht? Im Nachhinein lässt sich leicht spotten: Es gab bis dahin keine Hinweise darauf, dass Hitler überhaupt ein Tagebuch geführt hatte. Schon der auffällige Fehler, den Kunstledereinband statt mit den Initialen »AH« für Adolf Hitler mit dem Kürzel »FH« zu versehen, hätte die journalistischen Detektive zu einer gewissen Skepsis veranlassen sollen: Der umtriebige Fälscher hatte eine verschnörkelte Schrifttype zum Vorbild genommen, aber das F für ein A gehalten. Oder die Tatsache, dass eher belanglose und längst bekannte Dinge vermerkt waren, aber keine aufsehenerregenden Details aus der Gedankenwelt Hitlers oder gar brisante Informationen aus dem engsten Zirkel der Macht. Dazu kamen offiziell anmutende Eintragungen, die nicht zu einem Tagebuch passen. Und schließlich Begleitschreiben, angeblich von der NSDAP – geschrieben mit einer Schreibmaschine, deren Schrifttype erst Mitte der Fünfzigerjahre hergestellt wurde.

Vielleicht war es die aufregende und zunächst glaubwürdig klingende Herkunftsgeschichte, die vortrefflich als Köder wirkte. Ein privat an antiquarischen NS-Devotionalien interessierter Redakteur des *Stern*, Besitzer der einstigen Jacht Görings, hatte bereits 1980 das Angebot erhalten, einen Band der angeblich aufgetauchten Hitler-Tagebücher zu kaufen. Davon gebe es noch mehr, hieß es, die brisante Fracht eines kurz vor Kriegsende bei Dresden abgestürzten Flugzeugs mit Kisten aus der Berliner Reichskanzlei an Bord habe aus 27 Bänden bestanden. Man wolle sie in Klaviertransporten für den Westen nach und nach aus der DDR herausschmuggeln. Ein hoher Offizier der Volksarmee sei an der Angelegenheit beteiligt.

Der Journalist witterte eine große Sache. Der Verlag beauftragte ihn, sich an die Erfolg versprechende Geschichte zu machen, und stellte eine größere Summe Geldes dafür bereit. Angesichts verschiedener bestätigend verlaufender Nachforschungen zur Herkunftsgeschichte glaubte man, es handele sich tatsächlich um authentisches Material. Bei einem Treffen mit dem »süddeutschen Sammler« einigte man sich auf einen (vorläufigen) Kaufpreis für die (vorerst) 27 Bände: 1,6 Millionen DM. Bei dem vermeintlichen Sammler handelte es sich, wie sich später herausstellte, um einen umtriebigen Kunstfälscher aus Stuttgart, einen Sachsen namens Konrad Kujau, der vor dem Mauerbau in den Westen übergesiedelt war.

Erste Zweifel an der Echtheit der Tagebücher ergaben sich, lange bevor die Titelstory des *Stern* erschien, aber Verlag und Magazin wollten wohl an die große Entdeckung glauben – wegen der Sensation, wegen des Geldes, wegen der Faszination, Akteure in einer so unglaublichen Enthüllungsgeschichte zu sein. Oder war die Sache schlichtweg nicht mehr aufzuhalten? Jedenfalls erklärte man sich alle Ungereimtheiten so, dass die Authentizität der vermeintlichen Dokumente nicht infrage gestellt werden musste. Kujau hatte außer den Tagebüchern zusätzliches Begleitmaterial produziert, das als Echtheitsbeleg für die eigentliche Ware dienen sollte.

In einer Pressekonferenz zum Heft Nummer 18, 1983, die am 25. April 1983 stattfand, erfuhr die überraschte Öffentlichkeit von der Entdeckung. Zwar äußerten Fachleute umgehend ihre Zweifel, andere hielten einen solchen Fund jedoch durchaus für möglich. Hatte der Fälscher so gute Arbeit geleistet? Oder bestärkte die Angelegenheit ein deutsches Trauma – das ewige Nachleben der verbrecherischen eigenen Vergangenheit?

Kujau kannte sich zwar einigermaßen aus in der jüngeren deutschen Geschichte, besaß aber offenbar nicht das intellektuelle Format oder den Anspruch, der äußeren Fälschung auch inhaltlich etwas zur Seite zu stellen. Er verließ sich auf nachprüfbare Details, auf Kalenderdaten und harmlose Beschreibungen. Selbst wenn niemand der Fälschungsaktion auf die Schliche gekommen wäre – der Inhalt der Bücher hätte wenig Grundlage geboten, die Geschichte umzuschreiben. Nur dass Hitler die Ausschreitungen der Reichskristallnacht missbilligt und vom legendären Englandflug seines Stellvertreters Rudolf Heß vorab Kenntnis gehabt habe, wollte der Fälscher glauben machen. Nicht viel für 62 Bände Tagebücher und über neun Millionen Mark. Allerdings war dem

Fälscher auch nicht viel Zeit für seine Arbeit geblieben, denn die ganze Sache hatte sich schnell aufgebläht durch die zur Eile antreibenden Wünsche des Magazins, denen Kujau flugs nachkam – sodass er später vor Gericht von einer »Explosion des Fleißes« sprach.

Das Kartenhaus der Betrüger stürzte schnell ein. Kujau selbst hatte nach späterer Aussage ohnehin nie damit gerechnet, dass die Sache so weit gedeihen würde. Er wurde verhaftet, ebenso der *Stern*-Reporter, der die Sache verfolgt hatte. Sie wurden wegen Betrugs und Urkundenfälschung zu jeweils mehr als vier Jahren Haft verurteilt. Dass an diesem Medienskandal aber auch die Medien selbst Schuld trugen, weil sie so leichtgläubig auf der Suche nach Sensation und Auflage einer eher mäßigen Fälschung auf den Leim gegangen waren, liegt auf der Hand. Aber dazu bedurfte es wiederum einer Öffentlichkeit, die sich mit solchen Sensationen willig füttern ließ. Der Skandal sagt viel über die alte Bundesrepublik und ihre »Informationsgesellschaft« aus – und bot Regisseur Helmut Dietl den Stoff für einen deutschen Blockbuster. 1992 wurde *Schtonk* ein Kassenerfolg in den deutschen Kinos und brachte es sogar zu einer Oscar-Nominierung für den besten ausländischen Film. Seither kam es zu weiteren Medienskandalen, in deren Reihe die Hitler-Tagebücher aber noch immer einen zentralen Platz einnehmen. Zuletzt 2021 kam mit *Faking Hitler* ein Fernseh-Sechsteiler heraus, der die Affäre ein weiteres Mal so gekonnt wie genüsslich ausbreitet.

Fälschen statt
Zahlungsunfähigkeit

Manche Legenden halten sich hartnäckig, obwohl sie der Wirklichkeit und den historischen Entwicklungen so offenkundig widersprechen. Eine solche ist die bis heute weitverbreitete Ansicht, die DDR habe vor ihrem Zusammenbruch zu den zehn wichtigsten Industrienationen weltweit gehört. Dem entgegen steht der rasche Zusammenbruch der ostdeutschen Wirtschaft nach Eintritt in die Währungs- und Wirtschaftsunion zwischen Bundesrepublik und DDR zum 1. Juli 1990, drei Monate vor der staatlichen Wiedervereinigung. War der nun einer maroden sozialistischen Staatswirtschaft geschuldet oder der aggressiven Strategie der Westunternehmen, die ihren Einflussbereich ohne störende Konkurrenz nach Osten ausweiten wollten? Entsprach der postulierte Weltrang der DDR-Wirtschaft den Tatsachen oder waren da einfach die Zahlen frisiert worden? Wie stark oder schwach war die DDR-Wirtschaft tatsächlich?

Es ist immer eine Frage des Vergleichs. 1980 hatte die DDR ein Wohlstandsniveau erreicht, das im staatssozialistischen Wirtschaftsraum des Rates für gegenseitige Wirtschaftshilfe (RGW) seinesgleichen suchte und sogar die Sowjetunion übertraf. Das ließ sich an den Konsumzahlen ebenso ablesen wie am Neid in den »sozialistischen Bruderstaaten«. Unter den Partnern konnte da nur die Tschechoslowakei mithalten. Die Versorgung mit Autos in der DDR beispielsweise übertraf alle anderen RGW-Länder, nirgendwo sonst jenseits des Eisernen Vorhangs verfügten mehr Menschen über eigene vier Räder, etwas mehr als die Hälfte der Haushalte. Diese eindrucksvolle Bilanz aber wirkte kläglich im Vergleich zu den westlichen Ländern mit ihrer funktionierenden Marktwirtschaft. Gegen das freie Spiel der Märkte, gegen den ordnenden Einfluss von Angebot und Nachfrage, gegen ein gesundes Preisbildungssystem und den Anreiz von an die Produktivität gekoppelten Löhnen konnte die starre sozialistische Planwirtschaft nur schlecht aussehen. Doch das war der Vergleich, den die DDR-Bürger überwiegend anstellten: Ihr Lebensstandard gegen den ihrer Landsleute aus dem Westen, wie sie ihn von Verwandten oder aus dem Westfernsehen kannten. Ebenso war für die Politiker der wohlstandsgesättigte dicke Bruder im Westen das Maß aller Dinge.

Dabei waren bei Kriegsende die wirtschaftlichen Ausgangsbedingungen in beiden Teilen Deutschlands durchaus vergleichbar gewesen. Dem leichten Vorteil der Sowjetischen Besatzungszone in Form von etwas geringeren Kriegszerstörungen stand entgegen, dass der Osten traditionell mehr auf gesamtdeutsche Wirtschaftsstrukturen angewiesen war als der Westen. Die faktische Trennung in zwei Wirtschaftsräume schuf in der Sowjetischen Besatzungszone also die größeren Probleme. Rasch aber schlug die schonungslose Reparationspolitik der Besatzungsmacht Sowjetunion, die ganze Fertigungsanlagen nach Russland verladen ließ, für die spätere DDR negativ zu Buche. In dieser schwierigen Lage wurde die Wirtschaft gemäß sozialistischer Lehre auf Plan getrimmt – mit dem Ziel rascher Modernisierung nebst Produktionssteigerung. Dem Ideal nach sollten objektiv erstellte Vorgaben auf alle Bereiche der Wirtschaft einwirken und wie bei einem präzisen gesamtwirtschaftlichen Uhrwerk alle Zahnräder exakt ineinandergreifen, um zum Wohl der sozialistischen Gesellschaft optimale Ergebnisse zu erzielen. Die Lenkung durch Staat und Partei mit dem Instrument der Staatlichen Plankommission (SPK) war ein Credo staatssozialistischer Wirtschaftspolitik und als solches nahezu unangreifbar.

Doch die ideologisch bedingte und unflexible Wirtschaftspolitik nach sowjetischem Vorbild lähmte die Entwicklung in der jungen DDR – eine dynamische Entfaltung der Wirtschaft ist in einem engen staatlichen Korsett nicht möglich. Zu den Belastungen infolge der bis in die Fünfzigerjahre anhaltenden Reparationsentnahmen kam außerdem hinzu, dass der forcierte Aufbau der Schwerindustrie zulasten der Konsumgüterproduktion ging. Aber spätestens seit dem Aufstand des 17. Juni 1953, dessen Anlass der Unmut über die Lebens- und Arbeitsbedingungen war, musste die DDR-Regierung Kompromisse eingehen, weil die Menschen nur mit einem gewissen Maß an Konsummöglichkeiten zufrieden- oder wenigstens ruhigzustellen waren. SED-Chef Ulbricht hatte Vorleistungen der Bevölkerung verlangt, um den Lebensstandard heben zu können, doch diese Strategie war nicht aufgegangen. Neben anderen Konsumartikeln wurden nunmehr auch die Weichen für eine Automobilproduktion gestellt – bald kam der Trabant auf den Markt. Ein Mehr an Konsumgütern aber beschränkte die Mittel für dringend nötige Investitionen in andere Sparten.

Als weiterer Hemmschuh erwies sich das Ideal der Vollbeschäftigung in Verbindung mit gleichzeitigem Arbeitskräftemangel und unzureichender Mobilität, was dazu führte, dass oft genug Arbeitskräfte am richtigen Ort fehlten. Desgleichen stellte der faktische Wirtschaftsboykott des Westens infolge des Kalten Krieges die DDR vor Probleme, denn westliche Spitzentechnologie stand auf der Embargoliste. So recht kam ein Aufschwung also nicht in Gang, und die wachsende Unzufriedenheit schlug sich in steigenden Flüchtlingszahlen nieder: Die fast drei Millionen, die dem Osten zwischen Kriegsende und Mauerbau den Rücken kehrten, sehr oft hoch qualifiziert, fehlten der DDR-Wirtschaft. Die Staatsführung sah sich schließlich gezwungen, mit dem Bau der Mauer 1961 dem Exodus radikal entgegenzuwirken.

Danach versuchte es Staats- und Parteichef Walter Ulbricht im »Neuen Ökonomischen System« (NÖS) mit Wirtschaftsreformen, die so allerdings nicht genannt werden durften, und gab gar die Parole aus, den Westen zu »überholen, ohne einzuholen«. Es war der ambitionierte Versuch, den Teufel in der Planwirtschaft mit dem kapitalistischen Beelzebub auszutreiben, indem ein »System ökonomischer Hebel« zum Einsatz gebracht wurde. Aber der Durchbruch gelang trotz anfänglich beachtlicher Erfolge nicht, die Reform erwies sich nicht als der erhoffte große Wurf.

Den Dogmatikern der Partei waren die marktwirtschaftlichen Elemente, die das Plansystem dynamischer gestalten sollten, von Anfang an nicht geheuer. Die Preise nicht mehr als starre Rechengröße anzusehen, sondern marktwirtschaftlich als regelnden Faktor in der Wechselwirkung zwischen Produzent und Verbraucher, das war aus ideologischer Sicht blankes Teufelszeug. Als Leistungsmaßstab der Wirtschaft statt Produktion den Gewinn anzusetzen war kaum besser. Und den Betrieben mehr Entscheidungsspielräume zu gewähren widersprach dem Postulat einer straffen zentralistischen Wirtschaftsführung. Die Hardliner stemmten sich gegen ein Abweichen vom sowjetischen Vorbildmodell und brachten die Reformen zu Fall, sobald es ging – was der niedergeschlagene Prager Frühling ermöglichte, in dessen Folge Reformen des sozialistischen Systems zum Tabu wurden. 1970 machten die Gegner dem Bemühen, der Planwirtschaft kapitalistische Beine unterzuschnallen, ein Ende, und ein Jahr später löste Erich Honecker Walter Ulbricht an der Staatsspitze ab – infolge eines parteiinternen Machtkampfs, der nicht zuletzt die Wirtschaftspolitik zum Thema hatte.

Der neue starke Mann griff auf die alten planwirtschaftlichen Regeln zurück und verfolgte eine andere Strategie als sein Vorgänger, die aber ebenso ins Leere lief: Honecker baute darauf, mit sozialen Wohltaten und größerem Konsumangebot eine steigende Zufriedenheit der Bevölkerung zu erzielen und in höhere Produktivität umzumünzen. Verbesserte Lebensumstände sollten zu mehr Leistungsbereitschaft führen. Im Zentrum stand die Wohnungsbaupolitik, die große Zeit des Plattenbaus begann. Allerdings war der Preis dafür höher als der wirtschaftliche Gewinn – am Ende war die DDR pleite. Denn die Bürger nahmen das verbesserte Angebot zwar an, sahen sich deswegen dem Staat gegenüber jedoch nicht in der Schuld. Folglich verschlang Honeckers »Einheit von Wirtschafts- und Sozialpolitik« bald mehr Geld, als das Land erwirtschaftete, und der Anreiz zu mehr Leistung blieb weitgehend folgenlos. Die Schere zwischen Konsumausgaben und Produktionseinnahmen ging immer weiter auf. Seit 1984 sanken die Produktionszuwächse kontinuierlich, bis Ende der Achtzigerjahre die DDR um zwei Drittel hinter der Bundesrepublik lag – damit hatte sich der Abstand seit Gründung der beiden deutschen Staaten mehr als verdoppelt. Gleichzeitig sank stetig die für eine dynamische, sich entwickelnde Wirtschaft unerlässliche Investitionsquote, die Infrastruktur wurde vernachlässigt, das Land zehrte von seiner Substanz. Wo in den Achtzigerjahren investiert wurde, scheiterte man, so bei der ehrgeizigen, aber absurd teuren Mikroelektronik oder in der Automobilindustrie. Der Kfz-Bestand überalterte zusehends, auf einen Neuwagen wartete man bis zu siebzehn Jahre. Selbst das Wohnungsbauprogramm blieb erheblich hinter den gesteckten Zielen zurück.

Von Mahnern im Politbüro ließ Honecker sich nicht beirren, stattdessen wurde die Auslandsverschuldung der DDR in die Höhe getrieben, bis der Import in keinem Verhältnis mehr zum Export stand. Die Zuwächse der Subventionen für preisgebundene Güter, Wohnungen, Kultur, Gesundheitswesen etc. überstiegen regelmäßig die des Nationaleinkommens. Waren bei Honeckers Machtantritt noch jährlich acht Milliarden DDR-Mark in Subventionen geflossen, betrug die Summe Ende der Achtzigerjahre bereits rund 50 Milliarden. Davon floss schließlich rund die Hälfte in Preissubventionen von Waren, deren Endpreise aus sozialpolitischen und ideologischen Gründen konstant gehalten wurden. Das Konsumwarenangebot sank trotzdem, während durch steigende Löhne der Kaufkraftüberhang ständig wuchs – Quelle erheblicher Frustration, weil der Nachfrage kein genügendes Angebot gegenüberstand.

Entsprechend stieg die Verschuldung der DDR im »nichtsozialistischen Ausland«, zu dem die Bundesrepublik zählte, von rund zwei Milliarden auf rund zwanzig Milliarden Valutamark im Jahr 1989, was einem Fünftel des Bruttoinlandsproduktes entsprach. 1988 mussten mehr als fünfzig Prozent des Staatshaushalts aus geliehenem Geld bestritten werden. Längst überstiegen also die Aufwendungen für den Schuldendienst die Einnahmen; immer neue Kredite waren die Folge. Da waren es dann auch nicht mehr nur Rohstoffe und Konsumgüter, die beim Klassenfeind teuer eingekauft werden mussten, sondern selbst Getreide, Steinkohle, Dünger- und Futtermittel. Schon 1982 war die DDR so gut wie zahlungsunfähig, und aus der Patsche half ihr mit rettenden Bürgschaften nicht Moskau, sondern Bonn, was Honecker allerdings nur auf kurze Sicht rettete. Ohne Westkredite ging nichts mehr, und die Bundesrepublik nutzte die Gläubigerrolle, um humanitäre Forderungen durchzusetzen, wie beispielsweise Reiseerleichterungen. Diese brachten nunmehr eine größere Zahl DDR-Bürger in den Westen, die wiederum als Rückkehrer von den Verhältnissen im nichtsozialistischen Ausland berichteten. Während die DDR-Währung verfiel, wurde die D-Mark als inoffizielle Zweitwährung immer wichtiger. Jede siebte Mark im Umlauf war schließlich Westgeld, die Sparguthaben mitgerechnet lag der D-Mark-Anteil in der DDR schätzungsweise sogar bei annähernd zwei Drittel.

Dass die DDR-Wirtschaft trotzdem vier Jahrzehnte durchhielt, erklären Fachleute mit dem Zusammenspiel mehrerer Faktoren. Beispielsweise wurden Schwächen des Plansystems immer wieder dadurch aufgefangen, dass die starren Vorgaben teilweise mithilfe von Schlupflöchern umgangen werden konnten. Der sogenannte graue Markt der Betriebe untereinander schuf einen gewissen Spielraum. Ein allgegenwärtiger Mangel erzeugte nicht nur im Privatleben, sondern auch in den Betrieben eine bewundernswerte Flexibilität im Management des Machbaren. Sodann wurde die DDR subventioniert – vor allem von der Sowjetunion, die jedoch in den Achtzigerjahren ausfiel, sowie seit den Siebzigerjahren von der Bundesrepublik. Und schließlich gründete die ostdeutsche Wirtschaft auf weit entwickelte Industriestrukturen der Vorkriegszeit.

Am Ende aber konnten die wirtschaftlichen Defizite nicht mehr aufgefangen werden. 1988 gab der Chef der Planungskommission Schürer Staatschef Honecker ein dringliches Warnsignal: Ohne grundlegende Wirtschaftsreformen und einen strikten Sparkurs drohte das Land ökonomisch gegen die Wand zu fahren. Honecker wies die Vorschläge zurück – sie lagen außerhalb seines Vorstellungsvermögens, und das nicht nur, weil sie der herrschenden Parteilehre zuwiderliefen, er hätte zudem auch seinen wachsenden Realitätsverlust überwinden müssen. Zwar beauftragte die Parteiführung die Plankommission, die Krise zu beheben, verweigerte ihr aber die dafür notwendigen Maßnahmen zum Strukturwandel. In der Folge ging es weiter bergab, bis im Herbst 1989 die DDR zwar noch nicht bankrott war, aber ohne die notwendige wirtschaftliche Rosskur geradewegs auf die Pleite zusteuerte.

In die exklusive Riege der größten Industriestaaten der Welt gehörte die DDR also zu keiner Zeit. Hinter der Mär von der ostdeutschen Wirtschaftspotenz steht, dass die DDR bei wachsender Verschuldung vor allem bei den Schuldnern im Westen gut dastehen wollte, um kreditwürdig zu bleiben. Da nur der Staat über alle ökonomischen Daten verfügte, war es ein Leichtes, die Angaben entsprechend zu frisieren. Und so schrieb zur Adventszeit 1988

DDR-Wirtschafts-Parteisekretär Günter Mittag im Parteiorgan *Neues Deutschland*, die DDR gehöre zu den Top Ten der führenden Wirtschaftsnationen. Dabei konnte er sich auf ein internes Papier stützen, das die DDR-Produktivität auf dem Niveau Großbritanniens oder Italiens verortete – aber schon das war nichts als Selbstbetrug. Weil die westdeutschen Fachleute an unabhängige Zahlen nicht herankamen, übernahmen sie die offiziellen Angaben, darunter insbesondere der Sachverständigenrat der Bundesregierung und das Deutsche Institut für Wirtschaftsforschung mit Sitz in Westberlin. Sowieso lassen sich Daten einer sozialistischen Wirtschaft mit denen aus einer Marktwirtschaft kaum vergleichen. Solcherart gefälscht, gelangten die Zahlen ins Bundeskanzleramt und wirkten auf interne Berichte der Ständigen Vertretung der Bundesrepublik, wie die Bonner Quasi-Botschaft in Ostberlin hieß, ebenso ein wie auf offizielle Publikationen des Bundesministeriums für innerdeutsche Beziehungen, in denen schon mal die »wirtschaftliche Erfolgsbilanz« der DDR gelobt wurde.

Diese Fehleinschätzung der ostdeutschen Wirtschaftskraft war fatal für die Wirtschaftspolitik der Bundesregierung nach der Revolution von 1989. Das Wagnis der Wirtschafts- und Währungsunion ging die Regierung Kohl 1990 keineswegs freihändig und allein politisch motiviert ein, denn die beratenden Ökonomen bestätigten diesen wohlwollenden Blick auf die Wirtschaftskraft des zweiten deutschen Staates. Bald stellte sich jedoch heraus, dass die ostdeutsche Wirtschaft viel maroder war als angenommen. Bundeskanzler Helmut Kohl nannte die »Schimäre« von der DDR als Wirtschaftsmacht trotz Hemmschuh Planwirtschaft und unübersehbarer Mangelwirtschaft einen der »gigantischsten PR-Tricks der Neuzeit«. Das oft verspottete und längst sprichwörtlich gewordene Versprechen des Kanzlers zum Auftakt der Währungs- und Wirtschaftsunion am 1. Juli 1990, man werde »schon bald wieder blühende Landschaften« erblicken, war zwar vor allem eine klassische Politikeraussage, die das Licht am Tunnelausgang in trügerische Nähe rücken sollte. Es stützte sich aber nicht zuletzt auf die Annahme, die wirtschaftliche Substanz der DDR sei einigermaßen intakt und daher mit einem Bonner Vitaminschub rasch auf Westniveau zu hieven.

Eine Revolution wird gekapert

Neunzig Kugeln verschossen drei Soldaten der rumänischen Fallschirmjägereinheit Boteni am Nachmittag des 25. Dezember 1989 vor einer Kasernenmauer in Târgovişte, dann lagen der Diktator und seine Frau tot am Boden: Nicolae und Elena Ceauşescu. Die Soldaten waren an diesem kalten Weihnachtstag abkommandiert worden, ohne zu wissen, worum es ging. Sie flogen per Hubschrauber nach Târgovişte und wurden vor Ort von General Victor Stanculescu, stellvertretender Verteidigungsminister, eingewiesen. Wenige Minuten vorher hatte ein Gericht nach gut einer Stunde Verhandlung und Beratung in Rekordzeit einstimmig das Todesurteil gefällt. Dem alten Paar blieb gerade noch Zeit, den gemeinsamen Tod zu fordern und die »Internationale« anzustimmen, aber die Kugeln trafen, bevor das Lied beendet war. Ein Kameramann, der die Hinrichtung filmen sollte, kam zu spät, weil sein Kabel nicht reichte – um die Welt gingen daher keine Bilder der Hinrichtung, wohl aber des Prozesses und der Leichen. Besiegt, vor Gericht gestellt und hingerichtet von einer der Revolutionen, die 1989 über Mittel- und Osteuropa hinwegsausten und dem Staatssozialismus ein Ende setzten. Mehr als vier Jahrzehnte hatte Nicolae Ceauşescu Rumänien mit eiserner Hand regiert. Sein steinernes Vermächtnis war eine Bauruine in Bukarest: ein gigantischer Palastkomplex, den weiterzubauen die folgenden Regierungen sich genötigt sahen. Der »geliebte Conducator« hatte sich damit ein Denkmal setzen wollen.

Das Regime des Conducators (»Führers«) Ceaușescu konnte sich länger behaupten als die Machthaber anderer kommunistischer Staaten – längst war selbst Erich Honecker entmachtet, die Mauer geöffnet und damit der Eiserne Vorhang quer durch Europa Geschichte. Die überaus beschwerlichen Siebziger- und Achtzigerjahre, darunter eine katastrophale Versorgungslage, die zeitweise zu Hungersnöten führte, hatten viele Rumänen apathisch gemacht; das enorm wirkungsvolle repressive System des Geheimdienstes Securitate tat ein Übriges. Die wenigen mutigen Dissidenten wurden unerbittlich verfolgt und drangsaliert. Und noch im November verkündete der Staatschef frohgemut, den »goldenen Traum der Menschheit« namens Kommunismus verwirklichen zu wollen.

Dann aber ging es im Dezember 1989 umso schneller: Anlässlich der Strafversetzung des oppositionellen ungarischen Pfarrers in Timișoara László Tőkés kam es zu Protesten, die sich immer weiter ausbreiteten. Die staatlichen Medien enthielten die Nachrichten darüber dem restlichen Land vor, und Ceaușescu reiste kurz darauf ungerührt zu einem Staatsbesuch in den Iran. In der Zwischenzeit schossen Armee und Securitate im siebenbürgischen Timișoara auf Demonstranten; es gab erste Tote, was aber den Protest nur befeuerte, anstatt ihn zu ersticken: Timișoara wurde die erste freie Stadt Rumäniens.

Ceaușescu, im festen Glauben an eine aus dem Ausland gesteuerte Verschwörung, hielt bei seiner Rückkehr am 20. Dezember eine Rundfunkansprache, in der er als Urheber der Proteste Faschisten und Hooligans, Terroristen und ausländische Kräfte, vor allem Ungarn, verantwortlich machte. Damit erfuhr erstmals das ganze Land von den Vorkommnissen. Am nächsten Tag schickte die Regierung Arbeiter-Schlägertrupps nach Timișoara, um dem Aufruhr ein Ende zu bereiten – allerdings verbrüderten sich die Menschen, anstatt aufeinander loszugehen. Ebenso scheiterten mehrere Versuche des Diktators, das Volk persönlich zu beruhigen. Nach dem letzten dieser Auftritte am 22. Dezember – der Ausnahmezustand war bereits ausgerufen – warf die aufgebrachte Menge zunächst Steine und stürmte dann den Sitz des Zentralkomitees der Rumänischen Kommunistischen Partei. Das Ehepaar Ceauşescu rettete sich aufs Dach und brachte sich im Hubschrauber vor dem eigenen Volk in Sicherheit. Dann wurden auch das staatliche Radio und Fernsehen besetzt, und der Dichter und Oppositionelle Mircea Dinescu verkündete den Triumph der Revolution:»Der Tyrann ist geflohen, das Volk hat gesiegt!«Die Ceauşescus wurden nach einer verzweifelten Flucht in gekaperten Autos gefasst und nach Târgovişte gebracht – in die Stadt, die Ceauşescu einst zur neuen, glanzvollen Hauptstadt Rumäniens hatte ausbauen wollen.

In Bukarest bildete sich unterdessen aus dem Kreis, der nunmehr das Fernsehen kontrollierte, eine Übergangsregierung, die »Front zur nationalen Rettung«, unter Ion Iliescu, seit 1953 Mitglied der Kommunistischen Partei, aber längst von Ceauşescu wegen Aufsässigkeit entmachtet. Iliescu kündigte im Fernsehen an, die Armee habe den Befehl erhalten, sich zurückzuziehen. Trotzdem schossen bewaffnete Einheiten der Securitate weiter auf das Volk, was der Übergangsregierung langfristig in die Hände spielte, allerdings noch mehr Todesopfer forderte, als bisher ohnehin schon zu beklagen waren. Vor dem 22. Dezember, also vor der Machtübernahme der neuen Regierung, wurden bei den Unruhen 162 Menschen getötet, aber 889 sollten noch folgen, der überwiegende Teil davon in der Hauptstadt Bukarest. (Von den insgesamt 1033 Revolutionstoten waren 352 unter dreißig und 187 jünger als zwanzig.)

Die andauernde Gewalt liefert der Nationalen Rettungsfront ein Argument für den kurzen Prozess: Sollte der abgesetzte Staatschef von unbelehrbaren Getreuen befreit werden, ist Gefahr im Verzug.

Die neue Regierung beschließt, das Ehepaar Ceaușescu vor ein Militär-Sondergericht zu stellen, das mit eigenen Leuten besetzt ist – und dessen Urteil vorab feststeht. Das Politbüro der Staatspartei wird verhaftet, die Securitate aber nicht etwa entwaffnet und aufgelöst, sondern dem Verteidigungsministerium unterstellt.

Doch auch wenn die Ceaușescus im Rahmen der rumänischen Revolution zu Tode kamen, so geschah dies nicht im Namen der Revolution und auch nicht durch die eigentlichen Revolutionäre. Denn es war nicht die Revolution, die das Diktatorenpaar so schmählich und ohne jede Möglichkeit, das Urteil des kurzen Prozesses anzufechten, töten ließ. In Wahrheit wurde die Revolution um ihren Erfolg betrogen, denn die Entscheidung, sich der Ceaușescus zu entledigen, traf die alte Riege, die sich zum Zwecke des Machterhalts neu formiert und gegen ihren einstigen Führer gestellt hatte. Noch während der Volksaufstand im Gange war, führte ein Teil dieser Machtelite einen Staatsstreich durch, den sie seither zu kaschieren suchte, um die Revolution kapern zu können. Die rumänische Revolution wurde also bei voller Fahrt verfälscht. Die Putschisten schoben alle Schuld an der rumänischen Misswirtschaft, an der staatlichen Unterdrückung allein auf Ceaușescu und erhoben die eigenen Leute zu revolutionären Helden, wofür man sogar Zertifikate ausgab. Gleichzeitig wich man einer umfassenden Bestandsaufnahme der Verfehlungen des kommunistischen Systems und der politischen Klasse aus. Zwar wurden die Revolution zum Sieger ausgerufen und vordergründig Maßnahmen getroffen, mit denen das Land grundlegend umgestaltet werden sollte. Aber ähnlich wie ein knappes Vierteljahrhundert später in Ägypten sahen sich die eigentlichen revolutionären Kräfte, die ihr Leben eingesetzt hatten, um die Revolution betrogen. Das durch den Umsturz entstandene Machtvakuum füllten rasch alte Kräfte, und alte Strukturen blieben erhalten.

Die Forderung der Revolutionäre, gegen die rumänische KP vorzugehen – was auch die meisten Mitglieder der Übergangsregierung betroffen hätte –, wurde zwar angenommen, schon Wochen später aber wieder ausgesetzt, ohne großes Aufhebens davon zu machen. Ion Iliescu nutzte seine Popularität und stilisierte sich zum Helden, auch weil er von Ceauşescu einst wegen seiner Kritik an dessen Wirtschaftspolitik geschasst worden war. Zwar konnte sich die neue Regierung in den Revolutionstagen mit den Namen einiger der Allerbesten der Opposition schmücken, die der eiskalt kalkulierenden alten Garde zunächst auf den Leim gegangen waren – die meisten von ihnen aber verließen die »Rettungsfront« schon Anfang 1990.

Die Übergangsregierung hatte zudem keineswegs die Absicht, nur rein provisorisch im Amt zu bleiben. Auch die wirkungsvollsten und berüchtigtsten Werkzeuge des alten Regimes, Armee und Securitate, wurden keiner Aufarbeitung unterzogen, ihre Entscheidungsträger vor kein Gericht gestellt. Nur ein paar Symbolfiguren machte man den Prozess. Als Ende April Studenten in Bukarest einen wochenlangen Dauerprotest begannen, der die ausbleibende Auseinandersetzung mit der kommunistischen Vergangenheit geißelte, bezeichnete sie Staatschef Iliescu als Strolche. In der ersten Wahl seit dem Ende der Ära Ceauşescu erreichte Iliescu sein Ziel: Gut 85 Prozent wählten ihn zum Präsidenten. Um den Protest der Studenten auf dem Universitätsplatz zu beenden, holte die Regierung drei Wochen später Minenarbeiter aus ganz Rumänien in die Hauptstadt, die auf die Demonstranten losgingen und die Büros der Opposition kurz und klein schlugen. Die neue Regierung verkaufte sich als Hüter einer wehrhaften Demokratie, obwohl es legitimer Protest war, gegen den sie da so rücksichtslos vorging.

Zu einem wirklichen Machtwechsel, zu einer echten Opposition kam es in Rumänien erst mit den Wahlen vom November 1996, als die CDR (Demokratische Konvention Rumäniens) an die Regierung gelangte und Emil Constantinescu Präsident wurde. Er bezeichnete in seiner Antrittsrede die neue Regierung als erste demokratisch gewählte seit 1937 und betonte, 1989 sei »zwar die Machtpyramide geköpft (worden), aber alle Machtstrukturen blieben intakt«, nun müsse endlich die Vergangenheitsbewältigung beginnen. Bald darauf nahm erstmals ein rumänischer Präsident an den Gedenkveranstaltungen zur Erinnerung an den Ausbruch der Revolution in Timişoara teil. Die alten Seilschaften aber verteidigen ihren Staatsstreich und die anschließende Camouflagetätigkeit weiter, als hätten sie seinerzeit im Dienste des Volkes und seiner Revolution gehandelt – die sie, ganz im Gegenteil, betrogen hatten. Bis heute stolpert und strauchelt die rumänische Demokratie immer wieder, weil Machtklüngel und Korruption grassieren – Spätfolge einer abgewürgten, gekaperten und verfälschten Revolution.

Verschwörungsmythen

Es mag nicht gerade auf der Hand liegen, doch im 21. Jahrhundert haben Verschwörungsmythen und -theorien Hochkonjunktur. Während nach Ansicht vieler Historiker das überaus blutige 20. Jahrhundert hoffnungsfroh mit dem 9. November 1989, als die Berliner Mauer fiel, zu Ende ging, ist das Symboldatum für den Start ins 21. Jahrhundert der 11. September 2001, als islamistische Terroranschläge die Welt erschütterten – und schon sehr bald Verschwörungsmythen aufkamen, die bis heute weit verbreitet sind. Man kann das als symptomatisch verstehen für eine Epochenwende, die manche als Ende des Zeitalters der Vernunft ansehen. Was jedoch Verschwörungsmythen betrifft, so gibt es sie seit Langem; gerade im aufgeklärten 18. Jahrhundert, das doch der geistigen Unmündigkeit den Kampf angesagt hatte und dafür Vernunft, Wissenschaft und Rationalismus triumphieren ließ, erlebten sie eine bemerkenswerte Blüte.

Das führt geradewegs zur Erklärung für die Popularität von Verschwörungstheorien und -mythen: Sie sind ein Gegenentwurf zur rationalen Welterklärung von Aufklärung, Wissenschaft und Vernunft. Außerdem ersetzen sie in gewisser Weise das Geheimnisvolle in einer »entzauberten Welt«, in der Mystisches und Religiöses für die Erklärung der Welt keinen Platz mehr haben sollen. Generell scheinen autoritäre Gesellschaften dafür anfälliger zu sein, ebenso solche, die sich bedroht oder als Opfer sehen. Zudem wurde mit dem Beginn der Moderne die Faktenwelt für die Zeitgenossen immer komplexer und komplizierter, sodass einfache, antirationale Erklärungen wie Verschwörungsmythen verlockend schienen, um mit den realen Entwicklungen umzugehen. Die Daten- und Informationsflut unserer Zeit verschärft das Problem noch zusätzlich. Es ist bequemer, hinter hochkomplexen Entwicklungen eine Verschwörung zu verorten, als sich mühsam mit den komplizierten Zusammenhängen zu befassen. Noch dazu wertet sich selbst auf, wer Verschwörungserzählungen folgt, weil man vermeintlich mehr weiß als die »unwissende Masse«.

Ein anderer Aspekt ist die Sache mit dem Zufall: Der kann jederzeit zuschlagen und auch bedeutende Ereignisse beeinflussen – doch gestehen Menschen diesem Faktor gemeinhin weniger Einfluss zu, als angezeigt wäre, denn die Macht des Zufalls begünstigt Kontrollverlust und Ohnmachtsgefühle, die zu vermeiden eine grundlegende menschliche Eigenschaft ist. Auch dabei gilt, dass ein geheimes Komplott zur Erklärung eher einleuchtet als die Möglichkeit, dass da vielleicht einfach nur der Zufall am Werk war.

Verschwörungsnarrative sind ein weites Feld, und schon die Begrifflichkeit ist heikel. Der Begriff Verschwörungstheorie tut der Sache zu viel Gutes an, weil eine Theorie per Definition eine schlüssige und logische Erklärung bietet, was Verschwörungsmythen aber nur vorgeben. Für unsere Zwecke sind nur die historischen Verschwörungserzählungen interessant und solche, die Geschichte mithilfe von Verschwörungsmythen erklären, aber natürlich gibt es sie darüber hinaus in bemerkenswerter Zahl.

Verschwörungserzählungen gibt es schon sehr lange, bereits in der griechischen und römischen Antike waren sie weit verbreitet. Einen ersten Aufschwung aber erlebten sie im späteren Mittelalter, wo sie sich insbesondere gegen Ketzer, Juden und andere diskriminierte Minderheiten richteten, die angeblich mit Teufel oder Antichrist im Bunde waren. In der Frühen Neuzeit kamen vermeintliche Hexen hinzu. Solcherart geübt, wandten sich zur Zeit der Aufklärung Verfechter der Religion gegen alles Antiklerikale der neuen Zeit, und Geheimgesellschaften wie Illuminaten und Freimaurer gerieten in den Fokus, ehe die Verschwörungserzählungen immer häufiger säkularer gerieten. Mit der Erfindung des Buchdrucks Mitte des 15. Jahrhunderts ließen sich entsprechende Schriften und Pamphlete noch viel besser unter die Leute bringen – ein Schub für die Verbreitung der Verschwörungserzählungen, ähnlich wie Internet und soziale Medien im 21. Jahrhundert. Im Unterschied zu heute waren in früheren

Jahrhunderten entsprechende Narrative in der öffentlichen Debatte besser etabliert und akzeptiert als heute. Welche Gemengelage auch immer diese Mythen im Einzelnen hervorbringt: Dramatische Ereignisse laden zu ihrer Entstehung ein. Das gilt für einige der bekanntesten Verschwörungstheorien des 20. Jahrhunderts wie die »wirklichen« Hintermänner der Ermordung des US-Präsidenten John F. Kennedy 1963, die angeblich inszenierte Mondlandung 1969 oder die »unterdrückten« Hintergründe der Terroranschläge vom 11. September 2001.

Ein Geheimbund mit Absichten

Vor allem im debattenreichen 18. Jahrhundert gründeten sich zahlreiche »Geheimgesellschaften«, deren bekannteste zweifellos die der Freimaurer ist. Während viele andere Organisationen ins Leben gerufen wurden, eine Zeit lang existierten und wieder verschwanden, gibt es die Freimaurer bis heute. Weil sie diskret und verschwiegen sind, haftet ihnen noch immer das Label des »Geheimordens« an. Von dort ist es nur ein kleiner Schritt zu der Überzeugung, da würde im Verborgenen von anstößigen Ritualen bis zur Planung von Attentaten alles Mögliche oder Unmögliche ausgeheckt und sogar durchgeführt. Hartnäckig halten sich daneben Gerüchte über den Auftrag, den sich die Freimaurer bei ihrer Gründung gegeben haben sollen und seither im Geheimen umzusetzen versuchen: Nichts weniger als die Weltherrschaft würden sie anstreben – ein Verdacht, der seit ihrer Gründung im frühen 18. Jahrhundert bis in die Gegenwart immer wieder erhoben wird. Was also hat es mit den Freimaurern auf sich, und was ist dran am Plan der Weltherrschaft?

Zunächst führt das Wort »geheim« auf eine völlig falsche Fährte. Es bedeutet nämlich für den Wortgebrauch des 18. Jahrhunderts in den meisten Fällen nichts anderes als »privat« oder »nichtstaatlich«. Damals existierte kein Versammlungsrecht, wie unsere Demokratien es kennen. Die geheimen Gesellschaften arbeiteten diskret und wurden vom Staat nur akzeptiert, wenn sie unpolitisch blieben und sich bei der absolutistischen Obrigkeit nicht durch unerwünschte Aktivitäten unbeliebt machten. Heute sind die Logen der Freimaurer amtlich eingetragene Vereine, auch wenn Traditionen und Rituale hochgradig symbolisch geblieben sind und von Außenstehenden als geheimnisvoll oder gar okkult verstanden werden. Dabei betreiben die Freimaurer mittlerweile Öffentlichkeitsarbeit, laden zu öffentlichen Veranstaltungen ein und sind sogar im Internet vertreten. In den freien Gesellschaften der westlichen Welt verbergen die Mitglieder ihre Zugehörigkeit auch längst nicht mehr. Als verdächtig wird häufig wahrgenommen, dass Freimaurer kein großes Aufheben aus sich und ihrer Zugehörigkeit machen. Früher war dies angesichts der Anfeindungen von vielen Seiten eine Notwendigkeit; heute liegt es wohl eher daran, dass die im Allgemeinen männlichen Mitglieder ihr Freimaurertum eher als private Sache betrachten, die keine Öffentlichkeit braucht. Wenn sie jedoch für die Allgemeinheit handeln, dann tun sie es, ohne allzu sehr auf ihren Hintergrund einzugehen, weil das ihrem Selbstverständnis widerspräche.

Die erste Großloge der Freimaurer wurde 1717 in London gegründet. Sie stellte sich dabei in die Tradition der Werkmaurergilden des Mittelalters und der Renaissance und gab sich mit den sogenannten Alten Pflichten eine Verfassung, die die Mitglieder zu einem ethisch einwandfreien Lebenswandel, zu Toleranz gegenüber anderen Menschen, Religionen und Weltanschauungen verpflichtet. Nach und nach gründeten sich Logen in anderen Ländern, und unter ihren Mitgliedern finden sich zahlreiche wichtige Männer aus Politik, Philosophie, Kunst und Wissenschaft – von Goethe bis Mozart und Montesquieu, von Herder bis George Washington und Gustav Stresemann. Insofern war der Einfluss der Freimaurer auf die Geschicke der Welt nicht unwesentlich, weil viele Impulse von Freimaurern ausgingen – allerdings als Einzelpersonen und nicht im Auftrag eines Geheimordens. Vor allem in Frankreich waren viele Freimaurer unter den wichtigsten Köpfen von Aufklärung, Liberalismus, Humanismus und Demokratie; in Italien arbeiteten sie im 19. Jahrhundert für die Einigung des Landes. Während aufgeklärte Herrscher wie Friedrich der Große von Preußen oder Franz I. von Österreich Mitglieder waren, beäugten die spätabsolutistischen Fürsten Europas die Freimaurer höchst argwöhnisch. Die alte Ordnung sah weder die Mündigkeit aller Untertanen noch ihre Gleichheit vor, folglich musste sie durch die freigeistige Ausrichtung der Freimaurer gefährdet sein. Ebenso fühlte sich die katholische Kirche angegriffen, zumal die Freimaurer im protestantischen England gegründet worden waren. Der Papst exkommunizierte die Freimaurer; in kirchlichen Kreisen setzte sich die Auffassung durch, es handele sich um eine Art neuer Ketzersekte, die es ganz generell auf die katholische Kirche abgesehen habe. Ob in Spanien, Frankreich oder Deutschland – zahllose Kampfschriften und Pamphlete gegen die Freimaurer erschienen, in denen man Juden und Freimaurer zusammenbrachte, die gemeinsam an einer Weltverschwörung arbeiten würden. In der Tat gab es Juden unter den Freimaurern, ihr Toleranzideal erlaubte die Mitgliedschaft aller Schichten, Nationen und Religionen.

Diese Abwehr liberaler, freiheitlicher, toleranter Vorstellungen verstärkte sich durch die Französische Revolution 1789. Besonders in Deutschland war die Furcht vor einer importierten Revolution groß, und die Propaganda machte mal die Freimaurer, mal den militanten bayerischen, schon 1785 verbotenen Illuminatenorden zu Drahtziehern der Vorgänge. 1797 war es ein vor der Revolution geflohener Geistlicher, Abbé Augustin de Barruel, der behauptete, die Freimaurer hätten die Revolution in Szene gesetzt. Die Anschuldigung machte Furore, der Begriff »Freimaurer« wurde für lange Zeit zum Schimpfwort der Gegner von Revolution und Aufklärung, im 19. Jahrhundert verdächtigte man sie stets des gesellschaftlichen Umstürzlertums. Verschwörungsvorwürfe gegen die Freimaurer hatten immer wieder Konjunktur, wenn politische, gesellschaftliche oder wirtschaftliche Entwicklungen unwillkommen waren. Das konnte Napoleon sein, der mithilfe der Freimaurer aus dem Exil seine Herrschaft wiedererlangen wollte, oder die von den Freimaurern ins Leben gerufene Sozialistische Internationale; ebenso wurden Freimaurer als Schuldige am deutschen Liberalismus des 19. Jahrhunderts oder am Ersten Weltkrieg ausgemacht. Auch die Ablehnung von Modernisierung und Industrialisierung im 19. Jahrhundert äußerte sich unter anderem in der Beschwörung der »freimaurerischen Gefahr«.

Nun ist unüberlegte Abwehr eine verbreitete Reaktion auf unliebsame oder unverständliche und daher unheilvoll erscheinende Entwicklungen. Was nicht sein darf, kommt entweder von außen oder vom Fremden, Andersartigen inmitten der Gesellschaft – das hatten sowohl die frühen Christen in Rom als auch die europäischen Juden des Mittelalters sehr schmerzhaft erfahren müssen, und dieses Muster hat bis heute Bestand. Wie haltlos die Beschuldigungen sind, erweist sich schon daran, dass sie je nach Bedarf aus der historischen Mottenkiste geholt werden. Beweise wurden nie geliefert, und selbst die mageren Indizien lassen sich nur dann ausmachen, wenn man sie von vornherein im Sinne der Vorwürfe fehlinterpretiert. Einer Weltverschwörung widersprechen die Ideale der Freimaurer; ihre Diskretion hat andere Gründe. Und schließlich ist das Freimaurertum keine international gesteuerte, zentralistische Organisation. Vielmehr sind die Großlogen unabhängig, wenn sie sich auch gemeinsamen Idealen verpflichtet fühlen, sich gegenseitig anerkennen und kooperieren.

Wenn man also all die kruden Theorien und Beschuldigungen weglässt, bleibt vom geheimnisumwobenen Orden der Freimaurer eine zwar verschwiegene, aber ganz und gar nicht zweifelhafte Gemeinschaft von Freigeistern und Humanisten, die sich seit fast drei Jahrhunderten um Toleranz, Menschlichkeit und Aufklärung bemüht. Da ist vom Drang zur Weltherrschaft keine Spur und von Verschwörung allenfalls in dem Sinne einer »Verschwörung zum Guten«, wie ein deutscher Freimaurer einmal geschrieben hat. Nicht mehr und nicht weniger.

Hinterrücks und hinterhältig

Mit dem Sommer 1918 schwand in Deutschland die Hoffnung, den Ersten Weltkrieg doch noch zu gewinnen. Die Frühjahrsoffensiven scheiterten, und als am 8. August alliierte Truppen erfolgreich die Front durchbrachen, setzte sich auch im Heer die Einsicht durch, dass an der Niederlage nicht mehr zu rütteln war. Das Vertrauen in die militärische Führung schwand, und mit ihm die Moral der Truppe. In Deutschland selbst hatte sich die politische Atmosphäre spätestens seit der Russischen Revolution 1917 zunehmend aufgeheizt, auch wenn die russischen Entwicklungen den Diktatfrieden von Brest-Litowsk und damit eine Entlastung im Osten ermöglichten. Mit der Kapitulation Bulgariens und dem Zusammenbruch des Habsburgerreiches stand Deutschland Ende Oktober ohne Verbündete da. Als dann, im Gefolge eines Matrosenaufstands, am 7. November 1918 in München und zwei Tage später in Berlin revolutionäre Kämpfe ausbrachen, Kaiser Wilhelm II. ins Exil ging und Philipp Scheidemann die Republik ausrief, stand das Kriegsende unmittelbar bevor. Die nachfolgenden Friedensregelungen sollten Deutschland wirtschaftlich, politisch und psychologisch schwer treffen.

In einer Gemengelage aus tief verletztem Stolz und reaktionärer Haltung, die mit der ausgerufenen Republik nichts anzufangen wusste, wurden in konservativen Kreisen sehr bald Vorwürfe laut:

Die Revolution, die ausgebrochen war, als die Armee noch im Felde stand, sei ihr mit zersetzender Wirkung in den Rücken gefallen und habe sie sozusagen hinterrücks erdolcht. Der Sieg sei zum Greifen nah gewesen und hätte noch erlangt werden können, hätte die Heimat den Soldaten nicht die Unterstützung entzogen und sie damit demoralisiert. Führende Militärs verbreiteten die Losung vom deutschen Heer, das »im Felde unbesiegt« geblieben war. Sogar der sozialdemokratische Reichskanzler Friedrich Ebert begrüßte heimkehrende Soldaten am Brandenburger Tor mit den Worten: »Kein Feind hat euch überwunden!« Selbst gemäßigte Politiker verurteilten die Revolution, weil sie die Niederlage verschärft und damit die deutsche Verhandlungsposition empfindlich geschwächt habe. Dies entsprach auch einer verbreiteten Ansicht im Ausland. Die Legende vom Dolchstoß avancierte zum innenpolitischen Kampfbegriff in der hitzigen Atmosphäre der Weimarer Republik – und sie wuchs sich zu einer wirkmächtigen Verschwörungserzählung aus.

Einem Land, das von seiner Größe überzeugt gewesen war und nun mit einer Niederlage zurechtkommen musste, die noch dazu in der erdrückenden Reparationslast empfindlich zu spürende Folgen hatte, musste die Vorstellung eines feigen Dolchstoßes, an verwundbarer Stelle beigebracht, wie ein rettender Strohhalm im Strudel des nationalen Unterganges erscheinen. Gleiches gilt für die irrige Annahme, der Krieg sei Deutschland aufgezwungen worden und die Kriegsschuldregelung des Versailler Friedensvertrages entbehre deshalb jeder Berechtigung. Attraktiv war dieses Bild vom erdolchten Sieg überdies wegen seiner Möglichkeit, an den damals sehr populären Siegfried-Mythos anzuknüpfen – vom drachenblutgestählten Helden, der sein Leben verliert, weil der Dolchstoß ihn an der einzigen Stelle trifft, die das Blut nicht gepanzert hat. Die Anschuldigung, die Heimatfront falle der Armee in den Rücken und gefährde den Sieg, erhob im Reichstag jedoch schon im Juni 1917 Generaloberst Hans von Seeckt.

Der konkrete Begriff des verhängnisvollen, hinterrücks gegen das eigene Heer ausgeführten Todesstoßes wurde Mitte Dezember 1918 in einem Artikel der schweizerischen *Neuen Zürcher Zeitung* erstmals verwendet: »Von hinten erdolcht« habe die Heimat ihre eigene Armee, so habe ein englischer General die deutsche Niederlage erklärt. Im Herbst 1919 bezog sich im Reichstag ein Abgeordneter darauf, und kurze Zeit später tat es ihm mit erheblicher Breitenwirkung Generalfeldmarschall Paul von Hindenburg nach. Dabei hatte der Schweizer Journalist die Aussage des britischen Generals falsch wiedergegeben. Doch das so eindrückliche wie willkommene Bild verfing und begleitete die Zeit bis zur Unterzeichnung des Versailler Friedensvertrages, ohne allerdings die öffentliche Diskussion bereits zu bestimmen. Dann jedoch trat der Begriff des tückischen »Dolchstoßes« seine Karriere als Propagandainstrument an, außerdem kamen neue Versionen über seinen angeblichen Ursprung hinzu.

Dieser Befund über die Gründe der als schmachvoll empfundenen Niederlage sprach vielen aus der Seele. Als spontane Reaktion und zeitgenössische, unreflektierte Wahrnehmung ist dies auch durchaus nachvollziehbar und verständlich. Begünstigt wurde seine Verbreitung durch der Nachwirkung der jahrelangen Kriegspropaganda und die beständig wiederholten Lobpreisungen der zurückkehrenden Soldaten, kein Feind habe sie geschlagen. Wenn aber das Heer nicht besiegt war, das ja bei Kriegsende noch weite Teile in West- wie Osteuropa besetzt hielt, so der vordergründig logisch erscheinende Schluss, musste die Heimat schuld sein an der qualvollen Niederlage – und dort die linken Kräfte, die ihr Land so schmählich im Stich gelassen hatten.

Aus dem Narrativ des Dolchstoßes wurde schon bald eine Verschwörungserzählung, als die politische Rechte behauptete, die militärischen Anstrengungen seien in voller Absicht torpediert worden: um die Revolution herbeizuführen. Eine schlagkräftige Waffe war gefunden, um die verhasste Republik zu bekämpfen.

Bald war die Sache mit dem Dolchstoß in aller Munde, wurde als Trost missbraucht und in Wahlkampfparolen auf breiter Ebene politisch benutzt, nicht mehr nur als billige Entschuldigung, sondern für politische Agitation. Auch die Nationalsozialisten bedienten sich mitunter der populären Überzeugung, so nach dem missglückten Attentat vom 20. Juli 1944, als Hitler in einer Rundfunkrede gegen die Verschwörer hetzte, die glaubten,»wie im Jahre 1918 den Dolchstoß in den Rücken führen zu können«.

So verständlich der Griff nach einem Strohhalm auch ist, der Wunsch nach einfachen, rettenden Erklärungen für komplexe Zusammenhänge, so falsch ist die Vorstellung, die Revolution habe die Niederlage verschuldet. Als im Reich die ersten Unruhen ausbrachen, war der Sieg der alliierten Kräfte längst bloß eine Frage der Zeit. Bei allen militärischen Einzelerfolgen des deutschen Heeres war in der Gesamtsumme der Sieg nicht mehr zu erlangen. Und als am 9. November 1918 die Revolution ausbrach, war die Waffenstillstandsdelegation längst entsandt – mit der Maßgabe, die alliierten Bedingungen zu akzeptieren. Letztlich gilt für die Niederlage, was Generalleutnant Arnold Lequis im Dezember 1918 nüchtern konstatierte:»Gesiegt haben wir in allen Himmelsrichtungen, aber den Krieg haben wir verloren.«

Das stets wirksame Gift
des Antisemitismus

Im Fall der Dolchstoßlegende war der Weg von der beschuldigten Linken zu den Juden nicht weit, denn für die Rechte war ausgemacht, dass der politische Gegner ohnehin unter dem Einfluss der angeblich notorisch unpatriotischen Juden stand. Schon während des Krieges hatte die Behauptung zur antisemitischen Propaganda gehört, die deutschen Juden seien Drückeberger, die den Kampf fürs Vaterland verweigerten. Eine staatliche Untersuchung sollte den Vorwurf klären und erbrachte eindeutig, dass im Gegenteil mehr jüdische Soldaten im Einsatz waren, als dem Bevölkerungsanteil entsprochen hätte. Nur wurde die Studie einstweilen nicht veröffentlicht, womit die Verleumdung in der Welt blieb und immer wieder hervorgeholt wurde. Die Dolchstoßlegende erhielt also eine judenfeindliche Version, was nicht verwundern muss, denn den Juden alles erdenklich Böse und Niederträchtige zu unterstellen hat eine sehr lange, unheilvolle Tradition.

Bereits im Mittelalter lebten die jüdischen Gemeinden des christlichen Europa gefährlich. In einer Gesellschaft, die universell von Kirche und Christentum geprägt war, galten Juden immer als Fremde, obwohl sie in Deutschland schon seit der Spätantike ansässig und Bestandteil der mittelalterlichen Gesellschaft waren – allerdings an den Rand gedrängt. Weil sie nicht zur christlichen Gemeinschaft gehörten, dienten sie als willkommene Sündenböcke, wann immer es solcher bedurfte. Zwar gab es immer wieder Versuche sogar der Kirche, die Juden zu schützen – immerhin war Jesus gebürtiger Jude gewesen und das Judentum der Ursprung des christlichen Glaubens –, aber diese Maßnahmen bewegten sich stets im Rahmen dessen, was wir heute als Diskriminierung und Ausgrenzung bezeichnen. Und was sollte man einem Volk auch zugutehalten, das aus »Gottesmördern« bestand, so jedenfalls die verbreitete Ansicht des gemeinen Volkes. Wer außerhalb der christlichen Ordnung lebte, dem war alles zuzutrauen.

Marodierende Kreuzfahrer rechtfertigten mit der Anschuldigung, die Juden hätten Jesus ans Kreuz genagelt, dass sie sie regelrecht abschlachteten, noch bevor sie sich zur Befreiung Jerusalems in Heilige Land aufmachten. In friedlicheren Zeiten wurden den Juden hohe Zahlungen auferlegt, angeblich zu ihrem Schutz, und immer wieder wurden sie aus ihren Städten vertrieben – meist um ihnen kurze Zeit später gegen hohe Geldzahlungen die Rückkehr zu gestatten. Nicht selten war die Motivation für die vielen mittelalterlichen Hetzjagden, dass Städten oder Bischöfen Geld fehlte, das sie sich von den jüdischen Gemeinden holten – erst durch deren Vertreibung, die sie sich bezahlen ließen, dann durch die Erhebung von Schutzgeldern, wenn sie sie wieder zurückholten. Auch unerlaubte Missionstätigkeit warf man den Juden vor, doch während die Kirche das christliche Missionsideal eifrig verfolgte und nicht selten mittels Zwang durchsetzte, hielten sich die Juden mit religiöser Werbetätigkeit zurück.

Ständig waren Juden das Ziel verleumderischer Attacken. Zwar erging es anderen Minderheiten ähnlich, so im Mittelalter religiösen Außenseitern und Volksgruppen wie den Slawen. Doch keine andere Bevölkerungsgruppe erlebte Ausgrenzung, Diskriminierung und Verfolgung in ähnlichem Ausmaß. Die Anschuldigungen lassen Muster erkennen und entwickelten sich zu stereotypischen Vorurteilen mit häufig katastrophalen Konsequenzen. Der Vorwurf des jüdischen Ritualmordes an christlichen Kindern beispielsweise, vor allem Jungen, zieht sich durch das Mittelalter bis in die jüngere Vergangenheit. Sobald eine Kindsleiche gefunden wurde und der geringste Verdacht bestand, es könne sich um eine nicht natürliche Todesursache handeln, fiel der Verdacht auf Juden. (Diese schlimmste Beschuldigung traf auch andere ausgegrenzte Randgruppen weltweit stets aufs Neue.) Immer wieder wurden ganze jüdische Gemeinden ermordet, weil sie angeblich Kinder getötet hatten. Das Leiden Jesu damit verhöhnen zu wollen, warf man ihnen vor, und das Blut der unschuldigen Kinder für abscheuliche rituelle Zwecke zu verwenden. Worin genau diese Riten bestanden, wusste allerdings niemand so recht zu sagen. Angeblich würde einmal pro Jahr zu Ostern ein Christenkind getötet, so berichteten Kirchenchroniken. Mit ähnlich unklaren Absichten würden sie auch geweihte Hostien stehlen und schänden.

Eine Geschichte aus dem 13. Jahrhundert soll das beispielhaft illustrieren: Am Heiligen Abend des Jahres 1235 kehrte ein Müller aus dem osthessischen Fulda mit seiner Frau von der Christmette zurück und fand seine Mühle vor den Toren der Stadt abgebrannt. In den Trümmern entdeckten sie die verkohlten Überreste ihrer fünf Söhne. Ein Brandstifter konnte nicht gefunden werden, da nahmen die Bürger der Stadt alle 32 Mitglieder der jüdischen Gemeinde der Stadt gefangen und beschuldigten sie, das grausame Verbrechen begangen zu haben. Ein paar Tage später wurden die Fuldaer Juden von der aufgebrachten Menge getötet – noch vor Abschluss des Prozesses. Als der Kaiser von den Fuldaer Ereignissen erfuhr, griff er ein. Zwar half die Intervention von höchster Stelle den Juden von Fulda nichts mehr, sie waren längst tot, aber der Staufer Friedrich II. machte aus den Vorkommnissen, die wohl eher als Alltäglichkeit wahrgenommen wurden, trotzdem eine große Sache. Auf einem Hoftag im Jahr darauf ließ Friedrich die Angelegenheit förmlich verhandeln und sprach die Juden von Fulda und des ganzen Reiches vom Vorwurf des Ritualmordes frei. Er wies darauf hin, dass Blutopfer dem jüdischen Verständnis und Ritus zuwiderliefen, und verbot entsprechende Beschuldigungen generell. Trotzdem konnte auch Friedrich II., hochgebildet und ein Freund des Judentums, nicht verhindern, dass haltlose Vorwürfe gegen Juden weiterhin erhoben wurden.

Als ausgegrenzte Minderheit am Rand der rein christlichen Gesellschaft waren den Juden viele Tätigkeiten verboten, übrig blieben vor allem Handel und Geldgeschäfte. Letzteres führte zum Vorwurf des Zinswuchers – dabei waren Nutznießer der Zinsen direkt oder indirekt die Landesherren, unter deren Schutz die Juden standen und die sie hoch besteuerten. Doch das Stereotyp setzte sich fest, ebenso wie das besonders perfide der mangelnden Loyalität: Man warf einer Bevölkerungsgruppe vor, was man ihr verweigerte, nämlich voll und ganz Teil der Mehrheitsgesellschaft zu sein. Der Befund, Juden seien illoyal, wurde »bewiesen« durch ihre weitgespannten Kontakte – dabei waren die Juden gezwungen, verstreut und ohne eigenen Staat zu leben. In Kriegszeiten führte das zum gefährlichen Ruch der Spionage, der sich darüber hinaus gegen Ausländer aller Art richtete – das gilt übrigens bis in die Gegenwart. Auch andere abstruse Anschuldigungen trafen verschiedene Minderheiten, neben Ritualmord und Hostienschändung waren das sexuelle Verderbtheit oder Perversion sowie grundsätzliche Niedertracht. Das setzte sich auf vergleichbare Weise in der Neuzeit fort, etwa als sich den Juden durch den Abbau gesetzlicher Diskriminierungen im 19. Jahrhundert berufliche Perspektiven eröffneten. Da es in etablierten Branchen bei der gewohnten Diskriminierung blieb, nutzten viele Juden die rasante Wirtschaftsentwicklung der Zeit und gingen in neu entstehende Branchen – mit dem Ergebnis, dass den Juden zum Vorwurf gemacht wurde, vom Boom neuer Wirtschaftszweige zu profitieren. Besonders heftig wurden die Anfeindungen seit Ende des 19. Jahrhunderts gegen jüdische Kaufhausbesitzer – als nähmen ihnen die nichtjüdischen Landsleute übel, selbst zum richtigen Zeitpunkt nicht risikofreudig genug gewesen zu sein. Sowieso hält sich seit Jahrhunderten der Vorwurf, die Juden seien gerissen und schlau – einen Ausgangspunkt dafür könnte man im Mittelalter finden, denn die bessere Bildung selbst einfacher Juden verunsicherte die christliche Gesellschaft, und die Kirche zeigte wenig Interesse, ihre Mitglieder umfassend zu bilden.

Bevor Nazideutschland den Antisemitismus in der Schoah auf eine mörderische Spitze trieb, war die schlimmste Auswirkung des mittelalterlichen Antijudaismus die Verfolgung der Juden zur Zeit der ersten großen Pestwelle, des Schwarzen Todes. Die Anschuldigung besagte, die Juden wollten aus lauter Niedertracht die Christen mit der Seuche allesamt ermorden. Meistens hieß es, sie würden die Brunnen vergiften – ein viel älteres Stereotyp, von dem bereits im 5. Jahrhundert v. Chr. der antike Historiker (und Augenzeuge) Thukydides berichtete, als während der Belagerung Athens im Peloponnesischen Krieg in der hoffnungslos überfüllten Stadt eine Seuche ausbrach. Beschuldigt wurden damals allerdings die gegnerischen Spartaner, die angeblich mit der Vergiftung der Brunnen die eingeschlossene Stadt zur Aufgabe zwingen wollten. Als Mitte des 14. Jahrhunderts die Pest durch Europa zog, marschierte der Vorwurf, diesmal (vor allem, aber nicht ausschließlich) gegen die Juden gerichtet, ihr voran und forderte die ersten Opfer der Seuche. Zahllose jüdische Gemeinden wurden ausgelöscht, ungezählte Opfer verbrannt oder erschlagen und weitere vertrieben. Es half wenig, dass selbst von den weltlichen und kirchlichen Hierarchien bis weit hinauf die Anschuldigung zurückgewiesen wurde mit dem Hinweis, dass schließlich Juden genauso an der Pest starben wie Christen. Der Volkszorn ließ sich leicht entzünden, und Angst und Ohnmacht wurden angesichts der Seuche mit dem Wüten betäubt. Noch wichtiger aber war wohl, dass sich die Verfolgung der Juden als äußerst einträglich erwies: Am Besitz der Opfer konnte man sich bereichern, die eigenen Schulden tilgen, denen Geld abpressen, die man zu verschonen versprach, und bei späterer Rückkehr weitere Zahlungen fordern.

* * *

Der Vorwurf der Brunnenvergiftung enthält bereits die nötigen Eigenschaften einer Verschwörungserzählung. Dazu gehört vor allem eine konkrete Absicht, in diesem Fall der angebliche Plan, die Christen auszurotten und die Herrschaft zu übernehmen. Die Vorstellung einer jüdischen Weltverschwörung ist noch heute verbreitet und bezieht sich in ihrer modernen Form häufig auf eine Verschwörungserzählung, die auf die angeblichen »Protokolle der Weisen von Zion« zurückgeht: ein Machwerk, das Authentizität behauptet, aber komplett erfunden wurde.

Der Begriff »Fälschung« ist demzufolge auf die »Protokolle« eigentlich nicht anwendbar. Sie protokollierten angeblich die Gespräche einer wechselnden Anzahl jüdischer Teilnehmer eines Geheimtreffens zum Zwecke der Weltverschwörung Ende des 19. Jahrhunderts. Es soll anlässlich des Ersten Zionistischen Weltkongresses 1897 in Basel stattgefunden haben. Den Kongress gab es tatsächlich, allerdings als eine Veranstaltung, die erheblich bescheidener war, als die Bezeichnung nahelegt. Bei den Protokollen handelt es sich um angebliche Mitschriften von Gesprächen, in denen intellektuelle Führer des Judentums vereinbaren, die Welt unter die Herrschaft einer jüdischen Geheimorganisation zu zwingen. Durch alle möglichen Eingriffe, von Kriegen über Wirtschaftskrisen, Revolutionen und Rassenhass, durch allgemeines Wahlrecht und politische Zwietracht, mithilfe von Freimaurerei und Liberalismus und Kommunismus, von Nihilismus und Darwinismus, durch kulturelle wie sexuelle Zersetzungen und einiges mehr soll die bestehende Ordnung gewissermaßen sturmreif geschossen werden, um sie dann durch eine jüdische Diktatur zu ersetzen.

Vollends geklärt sind Herkunft und Urheberschaft der »Protokolle« bis heute nicht, wohl aber, dass sie rein fiktiv sind. Möglicherweise entstand zu Anfang des 20. Jahrhunderts ein Ursprungstext in Russland, dort jedenfalls veröffentlichte ihn damals eine Zeitung. In Russland war zu dieser Zeit der Antisemitismus weit verbreitet, und immer wieder wurden Pogrome gegen die jüdische Bevölkerung in Szene gesetzt. Jedoch lässt sich belegen, dass die »Protokolle« auf viel ältere Texte zurückgehen, aus denen sich der nicht identifizierte Plagiator bedient hat, vor allem französische. Die Vorstellung einer Verschwörung geht zurück bis auf Ideen, wie eigentlich ein so weltumstürzendes Ereignis wie die Französische Revolution möglich war und ob nicht Freimaurer, Templer oder Rosenkreuzer insgeheim finstere Pläne verfolgen. Die Vorstellung einer jüdischen Verschwörung erhielt in der zweiten Hälfte des 19. Jahrhunderts immer mehr Aufmerksamkeit unter anderem in Frankreich, Russland und Deutschland.

Seine eigentliche Karriere begann das Pamphlet aber erst nach Ende des Ersten Weltkriegs. Die seither wohl wichtigste antisemitische Fiktion erschien übersetzt in Deutschland zuerst Anfang 1920 und brachte es rasch zu höchst zweifelhaftem Ansehen: Bereits ein Jahr später verweist Adolf Hitler darauf; und 1922 beruft sich ein Angeklagter im Prozess um den Mord am deutschen Außenminister Walther Rathenau auf das Pamphlet. Das Machwerk fiel in der Nachkriegszeit mit ihren verstörenden Erfahrungen, Unsicherheiten und Ungewissheiten auf fruchtbaren Boden. Nicht nur Adolf Hitler fühlte sich in seinem Antisemitismus bestätigt und bezog sich darauf in *Mein Kampf*, gleichzeitig gingen die Vorstellungen der »Protokolle« ins Weltbild zahlreicher anderer der späteren Nazi-Ideologen und -Spitzenpolitiker ein. Daneben halfen sie, ganz ähnlich der Dolchstoßlegende, vielen Deutschen bei der Bewältigung der Schmach des verlorenen Krieges. Denn die jüdische Weltverschwörung konnte für schlechterdings alles verantwortlich gemacht werden, darunter für den Ausbruch des Ersten Weltkriegs und die deutsche Niederlage. Als 1922 in Berlin Außenminister Rathenau ermordet wurde, waren seine Mörder überzeugt, einen der »Weisen von Zion« zur Strecke gebracht zu haben. Dem wurde im Prozess einiger Raum gegeben, was die »Protokolle« nur noch populärer machte. Im selben Jahr erschien in Deutschland *Der internationale Jude. Ein Weltproblem* des US-Autobauers Henry Ford und machte den späteren NS-Propagandaminister Joseph Goebbels mit den »Protokollen« bekannt. Als Hitler 1933 an die Macht kam, hatte die deutsche Ausgabe der »Protokolle« schon 33 Auflagen hinter sich. Sie blieben bis 1945 Teil der Nazipropaganda; im berüchtigten *Völkischen Beobachter* konnte man ständig davon lesen. Mit der Wahnvorstellung einer jüdischen Weltverschwörung ließ sich alles rechtfertigen: Machtergreifung, Krieg, Konzentrationslager, Völkermord. Die Popularität der »Protokolle« half, den Boden zu bereiten, auf dem die Deutschen den Holocaust geschehen lassen, wenn nicht begrüßen würden. Sie begründeten den Mythos von der jüdischen Weltverschwörung, der bis heute ein maßgeblicher Teil des Antisemitismus ist.

Dabei hatte schon 1921 die Londoner *Times* mit großer Breitenwirkung nachgewiesen, dass die »Protokolle der Weisen von Zion« jeder Grundlage entbehren. Ein Korrespondent in Istanbul gelangte an ein schweizerisches Buch von 1864, als dessen Plagiat sich das Pamphlet nun entpuppte; seine Artikelserie wurde allerorten in Europa gedruckt. Weitere Nachweise von älteren Texten kamen hinzu, aber das beschädigte die verhängnisvolle Karriere der »Protokolle der Weisen von Zion« kein bisschen. Sogar gelehrte Zeitgenossen hielten sie für echt. Das betraf bereits in den 1920er-Jahren auch die arabische Welt, wo etwa palästinensische Nationalisten oder ägyptischen Muslimbrüder die »Protokolle« verbreiteten. Im Internet finden sich unter dem entsprechenden Suchwort bis heute Hetzschriften, die weiterhin auf der Authentizität bestehen. In muslimisch geprägten Ländern arbeiten keineswegs nur religiöse Fundamentalisten mit den »Protokollen«, vielmehr stimmen weite Teile der Gesellschaften ihrem Gehalt zu. Ständig erscheinen neue Ausgaben, und Zeitungen, TV-Magazine oder Fernsehserien nehmen wie selbstverständlich darauf Bezug; selbst Intellektuelle und Professoren legen ihren Studenten die Lektüre nahe, und sogar Lehrbücher verweisen darauf. Im Jahr 2003 platzierte die neue Bibliothek von Alexandria, die sich ihrer bedeutenden Vergangenheit rühmt, eine Ausgabe der »Protokolle« in einer Vitrine neben der Thora, als handele es sich auch bei dem fiktiven antisemitischen Machwerk um eine Schlüsselschrift des Judentums. Erst nach einigen Wochen und internationalen Protesten wurde es wieder entfernt. Ähnlich wie im Europa des 20. Jahrhunderts wird in der islamischen Welt zwar häufig akzeptiert, dass das Machwerk nicht authentisch ist, aber es gilt als ausgemacht, dass es die angebliche Tatsache einer »jüdischen Weltverschwörung« zutreffend wiedergebe. Und wie für Nachkriegsgesellschaften nach 1918 dienen die »Protokolle« weiten Teilen der islamischen Öffentlichkeit als willkommene Erklärung für gesellschaftliche und politische Miseren, wirtschaftliche Krisen oder militärische Niederlagen der Gegenwart mit »den Juden« als universellem Sündenbock.

Die »Protokolle der Weisen von Zion« sind so weit gefasst, dass man mit der Fiktion nahezu alles erklären kann. Immer wieder dienen sie als Rechtfertigung für perfide Anschuldigungen – sogar für die absurde Theorie, die Juden hätten den Holocaust selbst in Szene gesetzt, um hinterher daraus Kapital zu schlagen.

Kaum ein spektakuläres Geschehen entgeht derartigen antisemitischen Kausalkonstruktionen. Auch das ebenso plötzliche wie folgenreiche Gewaltereignis der Terroranschläge vom 11. September 2001 – das bei aller Erschütterung sogleich zum Mediendrama wurde – brachte unweigerlich seine eigenen Verschwörungstheorien hervor, darunter solche mit antisemitischem Gehalt: Nach einer der ersten Behauptungen überhaupt, aus der eine Verschwörungserzählung entstand, war angeblich der jüdische Anteil unter den Anschlagsopfern auffällig gering. Das erinnert an die Verleumdung, was den Anteil jüdischer Soldaten im Ersten Weltkrieg betrifft – und ist ebenso falsch. Angeblich aber waren Tausende jüdische Mitarbeiter der Firmen im World Trade Center vorgewarnt worden, weil Israel (wahlweise auch die »jüdische Weltverschwörung«) hinter den Anschlägen steckte, um so den islamischen Staaten eins auszuwischen. Das ist nachweislich ebenso erfunden wie andere antijüdische Verdächtigungen im Zusammenhang mit den Anschlägen. Seither wurde immer wieder der größere Kontext bemüht, demzufolge hinter den Anschlägen zumindest der israelische Geheimdienst Mossad, wenn nicht eine »jüdisch-imperialistische« Verschwörung steckte. Der Plan war mindestens, die USA in einen Krieg gegen den Irak zu treiben, wenn nicht, auf diesem Weg den Islam auszurotten – und selbst die Weltherrschaft zu übernehmen.

Zeitenwende
mit Erklärungsbedarf

Die Theorien zum 11. September sind Legion, wurden in zahlreichen Büchern und Pamphleten ausgebreitet und in der Medienberichterstattung immer wieder verzückt ausgeweidet. Unmengen an Websites und Internetforen widmen sich ihnen – seltener mehr und häufiger weniger seriös. Viele der zahllosen, weltweit veröffentlichten Bücher zur »Wahrheit« hinter den Anschlägen wurden Bestseller – mehr denn je sind Verschwörungserzählungen ein einträgliches Geschäft. Die Vereinigten Staaten waren schon immer besonders anfällig für solche Verschwörungserzählungen, und zum in den USA beliebten Spiel, Staat und Regierung zu demontieren, kam neben der Masse von rund um den Globus produzierten Verschwörungstheorien eine Welle von Erklärungsversuchen aus der arabischen Welt hinzu, die im Fokus der Frontstellung »Islam gegen den Westen« ebenso die US-Regierung im Visier haben. Die ersten Beiträge zur »Wahrheit hinter Nine-Eleven« stammten jedoch aus Frankreich und Deutschland. Es würde den Rahmen dieses Buches sprengen, auf alle herumschwirrenden Theorien erschöpfend einzugehen – das übernehmen eigene Publikationen –, aber als reich sprudelnde Quelle von Irrtümern, Legenden und Mythen um ein historisches Ereignis darf das Ereignis Nine-Eleven nicht fehlen.

In einer einzigartigen Attacke, die die Vereinigten Staaten bis ins Mark erschütterte und die sogleich und völlig zutreffend als epochemachend bezeichnet wurde, gelang ein von langer Hand geplantes Unternehmen: Im Auftrag des islamistischen Terrornetzwerks al-Qaida unter Führung von Osama bin Laden, das sich später zu den Anschlägen bekannte, ließen sich mehrere Männer zu Piloten ausbilden, reisten Anfang September 2001 unerkannt in die USA ein und entführten am Morgen des 11. September vier Passagiermaschinen. Zwei davon steuerten sie in New York in die Zwillingstürme des World Trade Center, ein weiteres ins US-Verteidigungsministerium in Washington, während das vierte nach einem todesmutigen Gegenangriff der Bordpassagiere über Pennsylvania abstürzte. Fast 3000 Menschen starben, darunter alle Flugzeuginsassen inklusive der Hijacker, rund 2600 Menschen, die im World Trade Center arbeiteten oder gerade dort zu tun hatten, sowie mehr als 400 Feuerwehrmänner, Polizisten und Einsatzkräfte. Während die Schäden im Pentagon vergleichsweise gering waren, stürzten die Zwillingstürme des World Trade Center ein. Ein bewegendes Mahnmal und ein Museum am Standort der Türme am »Ground Zero« erinnern an die Opfer, außerdem wurde dort 2004 als höchstes Gebäude New Yorks das 541,3 Meter hohe One World Trade Center eröffnet.

Die Theorien zu den Hintergründen des 11. September begannen nicht lange nach dem Moment zu wuchern, als Millionen Fernsehzuschauer weltweit, aufgeschreckt von Eilmeldungen, dem Einschlag der zweiten Maschine in das World Trade Center atemlos und entsetzt live zusahen, gefolgt von Milliarden Menschen, die die endlosen Wiederholungen in den Stunden, Tagen und Wochen danach schauten. Noch heute weiß ein erklecklicher Teil der Weltbevölkerung, wo und wie er von dem Anschlag erfuhr. Wochenlang beherrschte das Thema die Berichterstattung, und die politischen Folgen bestimmen die Weltlage bis heute. Als direkte Reaktion rief die NATO zum ersten Mal in ihrer Geschichte den Bündnisfall aus, die Anschläge wurden als militärischer Angriff auf den Verbündeten USA angesehen. Die Regierung der Vereinigten Staaten verkündete den »Krieg gegen den Terror« und vertrieb das islamistische Taliban-Regime für zwei Jahrzehnte aus Afghanistan, weil es die Auslieferung bin Ladens verweigerte; 2003 fand sie außerdem in der Attacke Gründe für den Zweiten Irakkrieg, der schließlich zum Sturz Saddam Husseins führte. Bin Laden und al-Qaida waren für Jahre in aller Munde, islamistischer Terror erschütterte viele Länder der westlichen Welt wie des Nahen Ostens, und als der Kopf der Terrororganisation knapp zehn Jahre später gefasst und getötet wurde, erhielt das Thema erneut große Aufmerksamkeit.

Schon weil die weltpolitischen Auswirkungen andauern und immer wieder Kritik an der Antiterror-Strategie der US-Regierung geübt wurde, haben Theorien zum 11. September bis heute Konjunktur. Ein weiterer Grund dafür ist die Entwicklung des Internets, das zu dieser Zeit zunehmend interaktiver wurde, sodass sich die selbst ernannten Wahrheitsjünger vortrefflich vernetzen und austauschen sowie ihre Ergebnisse verlinken konnten. Viele Amateurfilme wurden produziert und im Internet veröffentlicht, als deren bekanntester und einflussreichster *Loose Change* gilt. Darin konstruierte der 22-jährige Dylan Avery aus dem Bundesstaat New York eine riesige Verschwörung hinter den Anschlägen.

Es waren nicht nur die Größenordnung des Weltereignisses, die zu Spekulationen einlud, sondern auch die vielen Fragen, die sogleich auftauchten. Warum reagierte Präsident Bush so ruhig, als er vom Anschlag erfuhr? Weshalb ignorierten US-Behörden die Warnungen vor einem bevorstehenden Terrorangriff? Wieso stürzte Flug 93 über Pennsylvania ab? Wie konnten die Zwillingstürme so schnell in sich zusammenstürzen? Und wieso kollabierte auch ein Gebäude, das von den Türmen einhundert Meter entfernt stand? Wie konnte das brennende Kerosin den Gebäudestahl zum Schmelzen bringen, wo doch Stahl einen viel höheren Schmelzpunkt hat? Da die offizielle Version des Terrorangriffs und seiner

Hintergründe nicht alles zu erklären und die offizielle Informationspolitik und lückenhaft und voller Zweifel schien, behielt die faszinierende Frage ihren Reiz: Was, wenn alles ganz anders war? Auffälligerweise zuerst außerhalb der USA entwickelten weltweit Zweifler, häufig vom Geist des Antiamerikanismus beseelt, Theorien und suchten nach Hinweisen für eine alternative und ihrer Meinung nach richtige Lesart der Geschehnisse. Im Gefolge des Zweiten Irakkriegs entstand eine Art Online-Community, die sich als »Wahrheitsbewegung« verstand. Grob lassen sich zwei Gruppen unterscheiden: die MIHOP- und die LIHOP-Vertreter. MIHOP steht für *made it happen on purpose* (»führte es absichtlich herbei«); LIHOP bedeutet *let it happen on purpose* (»ließ es absichtlich geschehen«). Der Unterschied besteht also in der Auffassung, ob die US-Regierung selbst für die Anschläge verantwortlich gewesen sei oder ob sie den Tod der Tausenden Opfer »nur« bewusst in Kauf genommen habe. Die gewissermaßen gemäßigte LIHOP-Gruppe behauptet, führende Regierungspolitiker hätten vorab vorliegende Hinweise auf drohende Terrorangriffe ignoriert, weil sie sich von erfolgreichen Anschlägen auf die USA Vorteile versprachen. Zur Schuldlast gehört, je nach Fraktion, dass die US-Regierung selbst die Attentäter anwarb, die Luftabwehr an diesem Tag mit Manövern ablenkte, die Twin Towers präparierte sowie nach dem Anschlag selbst Beweismaterial in großem Umfang zurechtfälschte – bis hin zum Bekennervideo bin Ladens, der darin gar nicht zu sehen sei.

Nach einer der frühesten Theorien, die insgesamt untereinander große Schnittmengen aufweisen, soll es sich gar nicht um einen Terrorangriff gehandelt haben, sondern um eine Verschwörung von US-Militärs, um mit dem Argument einer angeblichen Bedrohung das Verteidigungsbudget in die Höhe zu treiben und ein Militärregime zu errichten. Vor allem der französische Journalist und linke Aktivist Thierry Meyssan tat sich mit dieser Interpretation hervor, bezeichnete bin Laden als US-Agenten und wurde vom US-Verteidigungsministerium prompt mit einem Einreiseverbot belegt. Eine weitere Theorie, zum Teil als Ergänzung der ersten verwendet, machte als Urheber die US-Regierung selbst aus, die ihre Gegner in Verruf bringen wollte, um gegen sie losschlagen bzw. den Weltmachtstatus der Vereinigten Staaten sichern zu können. Andere Theorien beschuldigen die CIA, mitunter im Verbund mit dem israelischen Geheimdienst Mossad. Der kanadische Computerspezialist Alexander Dewdney behauptete ebenfalls, Washington stecke hinter den Anschlägen: Man habe drei leere Maschinen ferngesteuert in World Trade Center und Pentagon rasen lassen, die dokumentierten Telefongespräche aus den Flugzeugen seien gefälscht worden. Eine andere Theorie besagt, eine Rakete sei ins Pentagon geschossen worden, denn ein Flugzeug hätte einen größeren Krater in das Gebäude reißen müssen. Oder es wird behauptet, die beiden Türme des World Trade Center hätten infolge der Flugzeugtreffer nicht von selbst einstürzen können, sondern es sei mit vorher angebrachten Sprengladungen nachgeholfen worden. All diese Mutmaßungen wurden längst widerlegt, was natürlich nicht verhindert, dass sie weiterhin vertreten werden.

Auch der US-amerikanische Theologieprofessor David Ray Griffin hat in mehreren Büchern seine Theorie an den Mann gebracht: Seine Version der Ereignisse nimmt Bezug auf den Einsturz des dritten Gebäudes, das am Nachmittag des 11. September wegen statischer Probleme infolge der Flugzeugeinstürze kollabierte, obwohl es einhundert Meter weit weg stand. Dieser Einsturz müsse zum Zwecke der Beweisvernichtung manipuliert gewesen sein, allein aufgrund der Brandschäden hätte der Turm nicht einstürzen können und erst recht nicht auf die erfolgte Weise: bei minimalen Auswirkungen auf das unmittelbare Umfeld.

Für jede dieser und alle weiteren Verschwörungstheorien zum 11. September gibt es eingehende Beweisführungen, die ihre Haltlosigkeit belegen. Und doch zeigen Umfragen immer wieder, dass beispielsweise in den USA ein erheblicher Teil der Bevölkerung überzeugt ist, die Bush-Regierung habe die Anschläge inszeniert oder zumindest geschehen lassen. Hier soll es aber nicht um Behauptung und Gegenbeweis gehen, sondern um den Konstruktionsmangel solcher Verschwörungstheorien im Allgemeinen, denn die Verschwörungstheorien um die Terroranschläge vom 11. September 2001 scheitern aus denselben Gründen wie andere Verschwörungstheorien auch. Vordergründig knüpfen sie eine möglichst lückenlose Kette angeblicher Beweise, deren Glieder sich aber als bloße Indizien entpuppen. Diese Indizien bestätigen sich zwar gegenseitig, der Indizienring aber wabert ohne gesicherte Verbindung zur Realität hoch über den bewiesenen Tatsachen. Angebliche seriöse Referenzen entpuppen sich als Luftnummern. Zweifel an der Tragfähigkeit der Theorien werden mit dem Argument zu entkräften versucht, die Lücken erklärten sich aus der Verschleierungstaktik der wirklichen Urheber. Gegenbeweise werden vehement bezweifelt oder gleich ganz unterschlagen. Zu den Indizien gehört, neben dem großen Anteil bloßer Mutmaßungen wie den eben genannten, die Frage, wer den größten Nutzen aus dem Geschehen ziehen konnte – was nach Überzeugung der 9/11-Verschwörungstheoretiker die Bush-Regierung war. Im Grunde zerlegen die Theorien das Geschehen, also Vor- und Ablauf der Terroranschläge, in seine Einzelteile und setzen sie neu zusammen: Das Bild, das dabei entsteht, hat zwar mit der Wirklichkeit nicht mehr viel zu tun, aber es wirkt in sich stimmig.

Als Motivation der Verschwörungstheoretiker dient bestenfalls, frei nach den Panzerknackern aus Entenhausen, die Überzeugung, dass da »mehr dahintersteckt«, als die offizielle Erklärung hergibt – schlimmstenfalls aber der Versuch, aus Falschdarstellungen konkrete Vorteile zu ziehen. Richard A. Clarke, zur Zeit der Anschläge Mitglied des Nationalen Sicherheitsrats der USA, bemängelte die innere Widersprüchlichkeit der Theorien: Einerseits halten sie die Regierung für so dumm, mit schlechter Planung und vermeintlichen Ungereimtheiten die Glaubwürdigkeit der eigenen Version zu gefährden. Andererseits trauen sie ihr zu, einen Betrug dieser Größenordnung auf die Beine zu stellen. Der US-amerikanische Linksintellektuelle Noam Chomsky sieht gar eine veritable Verschwörungsindustrie am Werk. Aber das erinnert fast schon wieder an eine eigene Verschwörungstheorie …

Einzeltäterthese
gegen Verschwörungsglaube

Die Verschwörungsfantasten des 11. September konnten auf ein gut etabliertes, reich verfeinertes und vielseitig anwendbares Verschwörungsnarrativ über ein früheres Großereignis zurückgreifen: 1963 erschütterte die Ermordung John F. Kennedys in Dallas die Vereinigten Staaten und die Welt, und schon hier sollten sich Generationen von US-Amerikanern noch Jahrzehnte später erinnern, was sie zum Zeitpunkt des Attentats am 22. November 1963 gerade taten. Bis heute lässt der Mord am US-Präsidenten viele Fragen offen. Im Zentrum der Spekulationen steht vor allem die Frage, ob der mutmaßliche Kennedy-Mörder Lee Harvey Oswald wirklich als Einzeltäter handelte – und wenn nicht, wer die Drahtzieher des Attentats waren. Kaum ein Ereignis der US-amerikanischen Geschichte hat eine vergleichbare Flut an Publikationen und leidenschaftlichere Debatten ausgelöst. Zahllose Bücher, Websites und Filme befassen sich mit dem Fall, und spektakuläre Werke wie Oliver Stones pseudodokumentarischer Film *JFK* fanden noch Jahrzehnte nach der Tat Millionen Zuschauer weltweit. Anhänger der »offiziellen Version« und ihre Kritiker bekämpfen sich bis heute und werfen sich gegenseitig vor, mit der Beweislage selektiv und subjektiv umzugehen, unliebsame Indizien zu ignorieren und die Lösungsansätze der jeweils anderen Seite zu diskreditieren. Neben den Ergebnissen der offiziellen Untersuchungskommission ist eine Vielzahl anderer Versionen in Umlauf, was es mit der Ermordung John F. Kennedys wirklich auf sich haben könnte.

Ende November 1963 besuchte US-Präsident Kennedy Dallas, um seine Wiederwahl im schwierigen Bundesstaat Texas bei den Präsidentschaftswahlen im folgenden Jahr zu befördern. Als die offene Präsidentenlimousine am Dealey Plaza in einer engen Kurve die Fahrt verlangsamte, wurden vom sechsten Stock eines Gebäudes drei Schüsse abgegeben. Zwei der Schüsse trafen Kennedy, einer tödlich. Ein dritter Schuss verfehlte sein Ziel. Im nahe gelegenen Parkland Hospital konnten die Ärzte den Präsidenten nicht mehr retten. Kurz nach dem Attentat wurde Lee Harvey Oswald unter Mordverdacht festgenommen; zwei Tage später erschoss ihn der Nachtklubbesitzer Jack Ruby, als Oswald ins Gefängnis überführt werden sollte. Eine Woche nach der Tat beauftragte Präsident Lyndon B. Johnson, Vizepräsident unter Kennedy und beim Attentat im zweiten Wagen, den Obersten US-Bundesrichter (Chief Justice) Earl Warren mit der Leitung einer Untersuchungskommission, um den Mord aufzuklären. Der Bericht der Warren-Kommission vom September 1964 umfasst 888 Seiten. Sein Ergebnis ist, dass Lee Harvey Oswald Kennedy ermordet habe und ein Einzeltäter gewesen sei. Es gebe keine Verbindung zur US-Regierung oder zu ausländischen Regierungen, auch keine zu Oswalds Mörder Ruby. Oswald habe aus Geltungssucht und persönlicher Frustration gehandelt.

Die offensichtlichen Schwächen des Berichts erwiesen sich als munter sprudelnde Quelle der Kritik an der Untersuchung der Warren-Kommission. Aus politischen Gründen hatte die Kommission rasch arbeiten müssen und sich zudem unkritisch auf die US-Geheimdienste CIA und FBI verlassen. Fotos und Röntgenaufnahmen der Leiche Kennedys wurden für die Untersuchung nicht berücksichtigt. Die Einzeltätertese wurde offenbar vorausgesetzt; ignoriert wurden sowohl Indizien als auch Zeugenaussagen, die eine andere Erklärung zumindest zuließen. Die Rolle der Geheimdienste im Laufe der Untersuchungen geriet ins Visier der Kritiker: Hatte das FBI verhindert, dass seine Verbindung zum Kennedy-Mörder aufgedeckt wurde? Hatte man gar von den Attentatsplänen gewusst, den Präsidenten aber nicht gewarnt? Vertuschten FBI und CIA Verbindungen Oswalds zu sowjetischen und kubanischen Geheimdiensten? Mussten diese Verbindungen vertuscht werden, weil Kennedys Nachfolger Johnson sich trotz einer Verstrickung Kubas gegen die Invasion des kommunistischen Karibikstaates entschieden hatte? Hatten die Geheimdienste beim Schutz des Präsidenten nicht nur versagt, sondern das Attentat fahrlässig oder gar planmäßig begünstigt? War der Fahrer der Präsidentenlimousine nicht trotz der Kurve übermäßig langsam gefahren und hatte sich umgesehen, als ob er auf den Schuss wartete?

Zeugen berichteten nach dem Attentat von weiteren merkwürdigen Details: So behaupteten einige, Geheimdienstler hätten sie kurz vor der Tat von dem Ort vertrieben, von wo aus kurz darauf Oswald die tödlichen Schüsse abgab. Die Geheimdienste bestritten jedoch, dass ihre Männer dort im Einsatz gewesen seien. Manche Augenzeugen wollten mehrere bewaffnete Männer in den Fenstern des Gebäudes gesehen haben, aus dem die Schüsse kamen. Warum ließ die Warren-Kommission bestimmte Zeugenaussagen unberücksichtigt? Und warum war die Untersuchungskommission Merkwürdigkeiten am Ort des Attentats nicht nachgegangen – so jenem Mann, der wie als Signal kurz vor den Schüssen seinen Regenschirm auf- und wieder zugemacht hatte? Warum wurden Einzelpersonen nach dem Attentat vorübergehend festgenommen, deren Verhörprotokolle anschließend verloren gingen?

Wichtiger noch schienen Amateurfilmaufnahmen vom Attentat, die der Einzeltätertheorie der Warren-Kommission geradewegs widersprachen, weil sie mehr als drei Schüsse vermuten ließen, die Oswald jedoch nicht allein abgegeben haben konnte.

Zudem schlossen Beobachter daraus, wie Kennedys Körper auf den Schuss reagierte, dass ein zweiter Schütze von anderer Stelle aus gezielt haben musste. Diese Annahme stützten zahlreiche Aussagen von Augenzeugen, darunter Polizisten. Und wieso musste die amerikanische Öffentlichkeit Jahre warten, bis sie diese Aufnahmen überhaupt zu Gesicht bekam? Reichlich Nahrung für Skepsis boten widersprüchliche Befunde der Ärzte in Dallas und Washington, wo Kennedys Leiche übereilt, unvollständig und unsachgemäß obduziert wurde. Die Ungereimtheiten des Tathergangs und des Berichts der offiziellen Untersuchungskommission allein füllen Bände, aber auch die Spekulationen über die Tatbeteiligten sind schier unübersehbar.

Vor allem der angebliche Einzeltäter Lee Harvey Oswald und seine außergewöhnliche Biografie nährten die Zweifel. Der Ex-Soldat war Kommunist geworden, hatte in der Sowjetunion gelebt und war erst 1962 in die USA zurückgekehrt. Hier hatte er vergeblich versucht, nach Kuba auszureisen. In der Hochphase des Kalten Krieges schien es da zweifelhaft, dass zwischen Oswald und den US-Geheimdiensten keinerlei Verbindung welcher Art auch immer bestehen sollte. War er womöglich ein US-Agent? Dafür sprach unter anderem, dass er mit seiner russischen Frau problemlos in die USA hatte zurückkehren können und mit einem russischen Emigranten und CIA-Kontaktmann befreundet war. Kurz vor dem Attentat war Oswald nach Mexico City gereist – um in der sowjetischen Botschaft dem KGB die Ermordung Kennedys anzubieten? Oder fingierte der US-Geheimdienst eine Verbindung zwischen Oswald und Kuba, um dem kommunistischen Vorposten vor der Haustür der USA den Mord an Kennedy in die Schuhe zu schieben? Wie verhielt es sich mit Oswald-Doppelgängern, die der Geheimdienst angeblich eingesetzt hatte, um Oswald als geeigneten Sündenbock für den Geheimdienstmord an Kennedy aufzubauen? Die Verteidiger des Warren-Reports stellten ihn dagegen lediglich als politischen Wirrkopf dar. Zu Spekulationen musste auch der Mord an Oswald führen. Hatte der zwielichtige Ganove Ruby wirklich aus persönlicher Abscheu gegen den Präsidentenmörder und Mitgefühl für dessen Witwe gehandelt, oder war er vom Geheimdienst oder von der Mafia für seine Tat bezahlt worden? Und starb er 1967 im Gefängnis wirklich an Krebs oder wurde er mundtot gemacht?

Bei der Suche, wer hinter dem Mord steckte, wenn Oswald kein Einzeltäter oder gar Sündenbock gewesen war, kamen verschiedene Erklärungsmöglichkeiten ins Spiel: Kam etwa infrage, dass Lyndon B. Johnson mit seinen texanischen Verbindungen Kennedy beiseitegeschafft hatte, um endlich selbst Präsident zu werden? Hatte die US-Mafia Kennedy hinrichten lassen, um sich für die Anti-Mafia-Kampagne des Präsidentenbruders Robert zu rächen? Oder wollte die CIA mit dem Mord verhindern, dass Präsident Kennedy den Auslandsgeheimdienst auflöst? Und gleichzeitig Kuba den Mord anhängen und damit die Invasion der Karibikinsel erreichen, die in der Schweinebucht 1961 so blamabel gescheitert war? Auch der FBI-Direktor und notorische Moralist J. Edgar Hoover mit seiner Abneigung gegen die Familie Kennedy profitierte vom Tod des Präsidenten, weil sein persönlicher Freund Johnson die Nachfolge antrat und den Termin für Hoovers Ruhestand verschieben konnte. Tatsächlich blieb Hoover bis zu seinem Tod 1972 Direktor des FBI.

Eine andere Theorie nimmt die Rüstungswirtschaft ins Visier, die vom Kalten Krieg ebenso profitierte wie vom Vietnamkrieg und Kennedys Politik aus geschäftlichen Gründen missbilligte – und in der Tat gingen beide Konfrontationen nach Kennedys Tod weiter. Ebenso könnte Nikita Chruschtschow den KGB mit dem Mord an Kennedy beauftragt haben, um sich für die Kubakrise 1962 zu revanchieren und die USA politisch zu destabilisieren. Aber konnte Chruschtschow eine dann drohende Eskalation des Kalten Krieges in Kauf nehmen? Oder war es Kubas Machthaber Castro, der sich an der CIA rächen wollte, weil Kennedy Castro

271

ermorden lassen wollte? Ähnliches hatte er immerhin angedroht. Aber hätte Castro damit nicht am eigenen Ast gesägt, wenn die Sache aufflog und die USA Kuba erst recht überfallen würden? Standen hinter dem Mord vielleicht vielmehr Exilkubaner, die sich mit der gescheiterten Invasion und Kennedys Kubapolitik nicht abfinden wollten? Bei all diesen und weiteren Theorien spielen Oswald und die anderen Beteiligten eine jeweils passende und daher höchst unterschiedliche Rolle.

Für die meisten Theorien konnten keine stichhaltigen Beweise vorgelegt werden, auch wenn die Beschuldigten tatsächlich vom Tod Kennedys profitierten und einige in der Lage gewesen wären, den Mord durchzuführen und anschließend zu vertuschen. Fraglich ist wie immer bei solchen Verschwörungstheorien, wie die Verschwiegenheit eines so großen Kreises Beteiligter überhaupt jahrzehntelang sichergestellt werden kann. Und alle Theorien können sich zwar mehr oder weniger wahrscheinlich präsentieren und haben mitunter erheblichen »Charme« – sie weisen aber nicht selten einen ideologischen und damit subjektiven Hintergrund auf. Auch wenn die Warren-Kommission bei ihrer Untersuchung geschlampt hat, muss das nicht aus Kalkül geschehen sein, und es bedeutet auch nicht automatisch, dass die Ergebnisse der Kommission falsch waren. Die Einzeltäterthese mag nicht so attraktiv sein wie eine umfassende Verschwörung zum Präsidentenmord – aber deshalb ist sie noch lange nicht widerlegt.

Auch die Thesen einer WDR-Dokumentation von 2006, nach der das kommunistische Kuba seine Hände im Spiel hatte, ließen sich bei aller Plausibilität nicht beweisen. Danach machte sich der kubanische Geheimdienst den willigen politischen Wirrkopf Oswald zunutze, um Kennedy zu beseitigen. Eine solche Erklärung ist auch heute noch ideologisch befrachtet, und prompt regte sich heftiger Widerstand dagegen, den sozialistischen David Kuba für das Verbrechen am kapitalistischen Goliath verantwortlich zu machen.

Hintergrund war nach dieser Darstellung einer der zahlreichen Attentatspläne der CIA gegen Fidel Castro, die seit der gescheiterten Invasion in der Schweinebucht 1961 ausgearbeitet worden waren. Dafür rächte sich der kubanische Revolutionsführer – aber nicht, ohne zuvor eine klare Warnung an die USA auszusprechen, die die Vereinigten Staaten jedoch missachteten. Oswalds Reise nach Mexico City, so die WDR-Doku, diente demnach den Absprachen mit dem kubanischen Geheimdienst, der in Mexiko frei agieren konnte, und der Übergabe des Honorars von 6 500 US-Dollar. Inzwischen wurden die Tonbandmitschnitte der von der CIA überwachten Botschaft ausgewertet und ergaben lediglich, dass Oswald mithilfe der Kubaner in die Sowjetunion zurückkehren wollte.

In der Tat wurden zwar nach dem Mord in Mexiko ermittelnde FBI-Mitarbeiter auffällig rasch wieder zurückgepfiffen, weil die US-Regierung unter Lyndon B. Johnson entschieden hatte, die Version eines psychopathischen Einzeltäters zu favorisieren. Das Weiße Haus fürchtete die innen- und außenpolitischen Konsequenzen, wenn die Wahrheit über Kubas Verstrickung in den Kennedy-Mord an die Öffentlichkeit geriet: Neben der Demütigung der Supermacht USA durch die Inselkommune Kuba musste der demokratische Präsident innenpolitisch einen Rechtsruck befürchten. Außenpolitisch drohte zudem eine militärische Auseinandersetzung mit unberechenbaren Folgen wie beispielsweise eines Atomkriegs. Ebenso lag Kuba wenig daran, dass die eigene Beteiligung an dem Mord, der die Welt erschütterte, ans Licht kam. Castro hatte sein Ziel erreicht und über die USA triumphiert; seither üben sich beide Länder darin, die Wahrheit über den Mordfall Kennedy zu vertuschen. Allerdings ist auch dieser Umstand kein Beweis für eine kubanische Urheberschaft des Kennedy-Attentats.

Die Affäre wird weiterhin nicht restlos aufgeklärt werden, solange den Historikern nicht alles in den Archiven der USA und anderer beteiligter Länder lagernde Beweismaterial zur Verfügung steht. Zwar wurden in den letzten Jahren mehr der bisher unter Verschluss gehaltenen US-Archivalien veröffentlicht, doch ergaben sich daraus keine neuen Erkenntnisse. Die Spekulationen um den Mord am US-amerikanischen Präsidenten werden also weitergehen, doch mit zeitlichem Abstand sowie neuen Ereignissen und Entwicklungen, die Stoff für Spekulationen bieten, hat die Aufmerksamkeit für den Mordfall Kennedy merklich nachgelassen.

Hollywood auf dem Mond

Als 2006 die US-Raumfahrtbehörde NASA zugeben musste, die Originalmagnetbänder der Apollo-11-Mission seien nicht mehr auffindbar und damit ein wichtiger Beweis für die ersten Schritte der Menschheit auf dem Mond abhandengekommen, war weltweit die Schadenfreude groß. Denn seit der Mondlandung am 20. Juli 1969 und den Nachrichten vom Mondspaziergang Neil Armstrongs und Edwin Aldrins wollen die Gerüchte einfach nicht verstummen, nach denen der Coup der US-amerikanischen Raumfahrt schlichtweg gar nicht stattgefunden habe. Erstaunlich, wo doch das Unternehmen als eines der ersten internationalen Großereignisse vom Fernsehen in alle Winkel der Welt live übertragen worden war. Bis heute sind selbst in den USA bis zu 20 Prozent der Bevölkerung überzeugt, es habe sich bei der spektakulären Mission um einen ausgemachten Riesenschwindel gehandelt. Sie glauben, bis heute habe kein Mensch jemals einen Fuß auf den Erdtrabanten gesetzt, und die NASA habe den »großen Schritt für die Menschheit« mit der Hilfe Hollywoods auf der Erde effektvoll in Szene gesetzt. Die US-Regierung habe ihr Volk und die Weltöffentlichkeit getäuscht.

Diese beliebte Verschwörungstheorie kam fast unmittelbar nach den weltweiten Fernsehübertragungen im Hochsommer 1969 auf und wurde von zwei Aspekten besonders gefördert: Zum einen trauten viele US-Amerikaner angesichts des Vietnamkrieges und später der Watergate-Affäre ihrer Regierung einen solchen Betrug durchaus zu; zum anderen schienen spektakuläre Science-Fiction-Filme zu beweisen, dass eine solche Inszenierung mühelos zu bewerkstelligen war.

Die Theorie der terrestrisch inszenierten Mondlandung wird von einer Gemeinde von Verschwörungstheoretikern im Bewusstsein gehalten und gelegentlich mit neuen Belegen »untermauert«. Dabei ist auch innerhalb dieser Gemeinde das Ausmaß der Fälschung durchaus umstritten. Gemäßigte Anhänger gehen davon aus, dass die Landung zwar stattfand, die Aufnahmen davon aber gefälscht wurden. Die Mehrheitsmeinung unter den Anhängern der Fälschungstheorie lautet allerdings, die Landung hätte überhaupt nicht stattgefunden. Grund dafür sei, dass die US-Raumfahrt dazu Ende der Sechzigerjahre gar nicht in der Lage gewesen sei. In der Tat waren die NASA-Weltraumunternehmen der Fünfziger- und frühen Sechzigerjahre überwiegend gescheitert – wie hätten diese Schwächen so plötzlich behoben sein sollen? Die NASA habe vielmehr nicht einmal wagen können, die Astronauten auf eine Mission zu schicken, bei der sie die Erdumlaufbahn hätten verlassen müssen. Ein weiteres Argument lautet, Fotos und Filmaufnahmen der angeblichen Landung enthielten klare Hinweise darauf, dass sie nicht im Weltraum, sondern auf der Erde aufgenommen wurden. Als eines der bekanntesten Indizien wird angeführt, die US-Flagge der Astronauten flattere im Wind, obwohl der Mond gar keine Atmosphäre und damit auch keine Winde habe. Eine andere Meinung bemängelt, dass am Mondhimmel keine Sterne erkennbar seien, obwohl sie wegen der fehlenden Atmosphäre besonders gut zu sehen sein müssten. Die am NASA-Betrug Beteiligten würden von der US-Weltraumbehörde zum Schweigen gezwungen, einige der Astronauten seien gar von der NASA selbst umgebracht worden, damit sie nicht reden konnten. Wichtige Belege für diese Ansicht sind die Weigerung Neil Armstrongs, Interviews zu geben, sowie der Unfalltod mehrerer Astronauten Mitte der Sechzigerjahre.

So faszinierend die Überlegung auch sein mag, die Weltöffentlichkeit sei im Falle der ersten Mondlandung einem umfassenden Betrug von höchster Stelle aufgesessen, und so plausibel manche Argumente auch klingen mögen – sie lassen sich mühelos widerlegen. Wie bei anderen klassischen Verschwörungstheorien werden Indizien als Beweise eingesetzt, falsche Schlussfolgerungen gezogen und wissenschaftlich unhaltbare Argumente angeführt. Zum Beispiel kann gar nicht davon die Rede sein, die NASA hätte ihre Schwächen über Nacht und ausnahmslos in den Griff bekommen. Das lässt vor allem die Pannenmission Apollo 13 erkennen, aber auch die Raumfähre Apollo 11 ist dem Crash auf der Mondoberfläche nur knapp entgangen. Die Sterne sind auf Fotos und Filmaufnahmen deshalb nicht zu erkennen, weil die Sonne zu stark ist – so, wie auch ein Sternenhimmel über einer beleuchteten Großstadt bedeutend weniger hergibt. Und die US-Flagge wehte nicht wegen einer Brise in der Wüste von Nevada, sondern aufgrund der Mondanziehungskraft. Selbst das angeblich erzwungene Schweigen der Beteiligten ist leicht widerlegbar: Um ein solches Täuschungsmanöver aufrechtzuerhalten, hätten über Jahrzehnte nicht nur die Astronauten, sondern Tausende anderer NASA-Mitarbeiter mundtot gemacht werden müssen. Das ist schlichtweg undenkbar. Und auch wenn Neil Armstrong Interviews verweigerte, haben andere Apollo-11-Astronauten durchaus über ihre Erfahrungen auf dem Mond berichtet.

Selbst wenn die unauffindbaren Originalbänder der Mondlandung nicht wieder auftauchen sollten, besitzen zahllose Fernsehstationen noch immer Bänder ihrer Ausstrahlung. Ihr Verschwinden ist auch so keine echte Argumentationshilfe für die Verschwörungstheoretiker. Da müssten schon wirkliche Belege auftauchen, dass diese Aufnahmen nur gestellt wurden.

Blutiges Herbstende

Auf dem Höhepunkt des »Deutschen Herbstes« 1977, als der Linksterrorismus die Bundesrepublik in Atem hielt, öffneten am Morgen des 18. Oktober die Wärter im siebten Stock des Hochsicherheitstraktes des Gefängnisses Stuttgart-Stammheim wie jeden Morgen die Zellen der vier dort inhaftierten Mitglieder der »Rote Armee Fraktion«, die nach einem Mammutprozess von fast 200 Verhandlungstagen Ende April zu lebenslänglicher Haft verurteilt worden waren: Andreas Baader, Gudrun Ensslin und Jan Carl Raspe, außerdem Irmgard Möller, die bereits 1976 verurteilt worden war. In der Nacht zuvor war die Entführung einer Lufthansa-Maschine in der somalischen Hauptstadt Mogadischu blutig beendet worden: Eine deutsche GSG-9-Einheit hatte das Flugzeug um Mitternacht gestürmt und die verbliebenen Geiseln unversehrt befreit. Drei der beteiligten Terroristen wurden bei der Aktion getötet. Die vier Insassen von Stammheim, die Köpfe des deutschen Linksterrorismus, hatten trotz Kontaktsperre erfahren, dass das Ziel der Entführung, ihre eigene Befreiung, damit vorerst unerreichbar geworden war. Am nächsten Tag würde im Elsass die Leiche des bereits Anfang September entführten Arbeitgeberpräsidenten Hanns Martin Schleyer aufgefunden werden. Auch bei diesem Anschlag hatten die Entführer die Freilassung der vier RAF-Mitglieder und sechs weiterer Gefangener gefordert.

Die Vollzugsbeamten fanden Jan Carl Raspe auf seinem Bett sitzend, den Rücken an die Wand gelehnt, in der rechten Hand eine Pistole, am Kopf eine Wunde, aus der Blut floss. Er war bewusstlos, zwei Stunden später starb er. Andreas Baader hatte sich ebenfalls erschossen, er lag tot in einer Blutlache auf dem Fußboden seiner Zelle, neben sich eine weitere Pistole. Gudrun Ensslin hatte sich mit dem Lautsprecherkabel ihres Plattenspielers am Fenster ihrer Zelle erhängt. Nur Irmgard Möller, die sich mit einem gewöhnlichen Besteckmesser Stichwunden zugefügt hatte, überlebte den Suizidversuch.

Aber hatten sich die Anführer der RAF wirklich umgebracht? Waren sie nicht vielleicht ermordet worden, so unwahrscheinlich das angesichts der Umstände auch scheinen mochte? Hatte der Staat nicht allen Grund, sich der Männer und Frauen zu entledigen, die den westdeutschen Staat wie niemals zuvor herausgefordert hatten?

Dazu kamen die unglaublichen Vorkommnisse im Sicherheitstrakt der Justizvollzugsanstalt: Die vier Häftlinge, die unter Kontaktsperre standen, hatten alle vom Ausgang der Entführung in Mogadischu erfahren. Sie waren in der Lage gewesen, sich daraufhin über einen kollektiven Selbstmord zu verständigen. Und wie waren die beiden Männer zu ihren Waffen gekommen? Wieso hatte niemand die Schüsse gehört, wo doch sogar eine Justizbeamtin auf dem Stockwerk der Terroristen ein eigenes Dienstzimmer hatte? Auch keiner der anderen Häftlinge im sechsten Stock hatte die vier Schüsse gehört, die insgesamt abgefeuert wurden. Hinzu kamen die Aussagen der einzigen Überlebenden Irmgard Möller. Ihrer Schilderung zufolge hatte sie gegen fünf Uhr morgens ein Knallen und Quietschen gehört, als fiele etwas herunter. Das »Attentat« selbst, wie sie es nannte, habe sie nicht wahrgenommen, sie sei erst am Morgen auf der Bahre wieder zu sich gekommen. Eine Absprache zum Selbstmord unter den Häftlingen habe es nicht gegeben.

Um allen internationalen Mutmaßungen über zweifelhafte Vorkommnisse im Hochsicherheitstrakt von Stuttgart-Stammheim begegnen zu können, entschied die Bundesregierung, ausländische Gutachter einzusetzen, um die Todesfälle zu untersuchen. Nach der Obduktion ließen die fünf Gutachter mitteilen: »Die bisherigen Ermittlungen bei allen drei Toten sprechen nicht gegen Selbstmord, sondern lassen sich alle durch Selbstmord erklären.« Der nach Bagdad geflohene Teil der RAF-Mitglieder hörte vom Ausgang der Flugzeugentführung und von den Toten in Stammheim. Für einige von ihnen war klar, dass das Ganze eine staatlich initiierte Hinrichtung gewesen war. Andere sprachen von einem Selbstmord als politischem Akt.

Die These vom Mord, mit dem die drei Stuttgarter RAF-Insassen staatlicherseits »erledigt« worden seien, verbreitete die »Rote Armee Fraktion« in ihren Verlautbarungen. Alle Indizien, die für Selbstmord sprachen, waren danach inszeniert, ebenso jede Ungereimtheit oder Schlamperei, die bei den Ermittlungen zutage trat. Und davon gab es genug, sodass sich ein breiter Raum für Spekulationen auftat. Wurden die Häftlinge also ermordet? Mit Schalldämpfern, die später entfernt wurden? Hatte deshalb niemand in der Haftanstalt die Schüsse gehört?

Die Ermittlungen ergaben trotz aller Ungereimtheiten, dass die drei Terroristen Selbstmord begangen hatten. Aber hatte das Ergebnis nicht schon festgestanden, bevor die Ermittlungen überhaupt begonnen hatten? Die Aussagen der Überlebenden Irmgard Möller taten ein Übriges, um viele am Ergebnis zweifeln zu lassen. Und dann war da noch die Frage, ob die RAF-Insassen weiter abgehört wurden, nachdem es deswegen schon früher zu einem Skandal gekommen war. Dass die Häftlinge ein eigenes Kommunikationssystem aufgebaut hatten, ohne dass die Behörden davon Kenntnis gehabt haben sollen, schien mehr als unwahrscheinlich.

Neue Hinweise ergänzten das Bild, nachdem im Zuge der Auflösung der DDR und der deutschen Wiedervereinigung weitere

Terroristen gefasst wurden, die in der DDR Unterschlupf gefunden hatten. Am wahrscheinlichsten ist, dass die RAF, durch die Stammheimer Todesfälle in eine Krise geraten, die Legende vom Mord nutzte, um den weiteren Kampf zu rechtfertigen. Die ehemaligen RAF-Mitglieder Brigitte Mohnhaupt und Peter Jürgen Boock hingegen waren schon am Morgen nach der Entdeckung der Leichen überzeugt, dass es sich um Selbstmord gehandelt hatte. Die beiden wussten auch, wie die Waffen in die Zellen gelangt waren: Zwischen den Aktendeckeln der Papiere, die die Anwälte zu ihren Terminen mit den Häftlingen in die Haftanstalt mitbrachten.

In den meisten Ermittlungsverfahren bleiben am Ende einige Details unklar, da bildet der Fall der Toten von Stammheim keine Ausnahme. Das allein ist aber noch kein Grund, die Untersuchungsergebnisse anzuzweifeln. Ebenso wenig belegt die Mutmaßung, die Behörden hätten natürlich vertuschen wollen, dass Morde stattgefunden haben. Die Waffen von Baader und Raspe waren hinter einer Fußleiste beziehungsweise im Inneren eines Plattenspielers versteckt gewesen. In einer Zelle fand man ein kleines Transistorradio, durch das die Gefangenen vom Ausgang der Geschehnisse in Mogadischu hatten erfahren können. Der handwerklich geschickte Raspe hatte außerdem ein Kommunikationssystem zwischen den Zellen eingerichtet.

Ungeklärte Details, Ungereimtheiten und Platz für Spekulationen bleiben bestehen. Doch noch mehr als zur Zeit der Ermittlungen scheint heute die wahrscheinlichste Erklärung, dass die vier Häftlinge über ihre interne Kommunikationsanlage den kollektiven Selbstmord verabredet hatten, nachdem die RAF-Aktion in Mogadischu fehlgeschlagen war.

Literatur

Untergang auf Raten

Canfora, Luciano: Die verschwundene Bibliothek. Das Wissen der
  Welt und der Brand von Alexandria. Hamburg 2002

Clauss, Manfred: Alexandria. Schicksale einer antiken Weltstadt.
  Stuttgart 2003

El-Abbadi, Mostafa/Mounir, Omnia (Hrsg.): What happened to the
  ancient library of Alexandria? (= Library of the Written Word, 3).
  Leiden 2008

Lerner, Fred: The Story of Libraries. From the Invention of Writing to
  the Computer Age. New York 1998

Ovenden, Richard: Bedrohte Bücher. Eine Geschichte der Zerstörung und Bewahrung des Wissens. Frankfurt/Main 2021

Rufmord durch die Bibel

Demandt, Alexander: Hände in Unschuld. Pontius Pilatus in der
  Geschichte. Köln 1999, Freiburg 2001

Demandt, Alexander: Pontius Pilatus. München 2012

Märtin, Ralf-Peter: Pontius Pilatus. Römer, Ritter, Richter. München
  1989

Pietri, Luce (Hrsg.): Die Zeit des Anfangs (= Die Geschichte des
  Christentums. Religion, Politik, Kultur, 1). Freiburg 2003

Rosen, Klaus: »Rom und die Juden im Prozeß Jesu«, in: Alexander

Demandt (Hrsg.): Macht und Recht. Große Prozesse in der
Geschichte. München 1990, S. 39–58

Cäsarenwahn und Perversion

Barrett, Anthony A.: Caligula. The Abuse of Power (= Roman Imperial
Biographies). New York 2015²

Chilton, Bruce: The Herods. Murder, Politics, and the Art of Succession. Minneapolis 2021

Edelmann-Singer, Babett: Das Römische Reich von Tiberius bis Nero.
Darmstadt 2017

Elbern, Stephan: Nero. Kaiser – Künstler – Antichrist. Mainz 2010

Flaig, Egon: »Wie Kaiser Nero die Akzeptanz bei der Plebs urbana
verlor. Eine Fallstudie zum politischen Gerücht im Prinzipat«,
Historia 52,3 (2003), S. 351–372

Fratantuono, Lee: Caligula. An Unexpected General. Barnsley 2018

Hekster, Olivier: Commodus. An Emperor at the Crossroads. Amsterdam 2002

Holland, R.: Nero. The Man behind the Myth. Stroud 2000

Kunst, Christiane: »Livia and the Principate of Augustus and Tiberius«,
in: Carney, Elizabeth D./Müller, Sabine (Hrsg.): The Routledge
Companion to Women and Monarchy in the Ancient Mediterranean World. London 2021, S. 388–398

Levick, Barbara: Claudius (= Roman Imperial Biographies). London
2015²

Malitz, Jürgen: Nero. München 2016³

Meyer-Zwiffelhoffer, Eckhard: »Ein Visionär auf dem Thron? Kaiser
Commodus, Hercules Romanus«, Klio 88,1 (2006), S. 189–215

Schrömbges, Paul: »Caligulas Wahn. Zur Historizität eines Topos«,
Tyche 3 (1998), S. 171–190

Sonnabend, Holger: Tiberius. Kaiser ohne Volk. Darmstadt 2021

Waldherr, Gerhard H.: Nero. Eine Biografie. Regensburg 2005

Winterling, Aloys (Hrsg.): Zwischen Strukturgeschichte und Biographie. Probleme und Perspektiven einer neuen Römischen Kaisergeschichte (= Schriften des Historischen Kollegs, Kolloquien 75). München 2011

Winterling, Aloys: »»Caesarenwahnsinn im alten Rom««. Jahrbuch des Historischen Kollegs 2007, S. 115–139

Was nicht sein darf

Döllinger, Ignaz von: Die Papstfabeln des Mittelalters. Stuttgart 1890

Gössmann, Elisabeth: Mulier Papa. Der Skandal eines weiblichen Papstes. Zur Rezeptionsgeschichte der Gestalt der Päpstin Johanna. München 1994

Herbers, Klaus/Kerner, Max: Die Päpstin Johanna. Biographie einer Legende. Köln 2010

Noble, Thomas F. X.: »Why Pope Joan?«, Catholic Historical Review 99,2 (2013), S. 219–238

Schimmelpfennig, Bernhard: »Die Päpstin Johanna – Realität oder Legende?«, in: Volker Dotterweich (Hrsg.): Mythen und Legenden in der Geschichte. München 2004, S. 39–46

Moderne Überheblichkeit: Das verrufene Mittelalter

Arnold, Klaus: »Das ›finstere Mittelalter‹. Zur Genese und Phänomenologie eines Fehlurteils«, Saeculum 32 (1981), S. 287–300

Brieskorn, Norbert: Finsteres Mittelalter? Über das Lebensgefühl einer Epoche. Mainz 1991

Classen, Albrecht: The Medieval Chastity Belt. A Myth-Making Process. New York 2007

Dingwall, Eric John: The Girdle of Chastity. A Medico-Historical Study. Paris 1923, London 1931

Fried, Johannes: Die Aktualität des Mittelalters. Gegen die Überheblichkeit unserer Wissensgesellschaft. Stuttgart 2002

Fried, Johannes: Das Mittelalter. Geschichte und Kultur. München 2009[3]

Oexle, Otto Gerhard: »Die Moderne und ihr Mittelalter. Eine folgenreiche Problemgeschichte«, in: Peter Segl (Hrsg.): Mittelalter und

Moderne. Entdeckung und Rekonstruktion der mittelalterlichen
Welt. Sigmaringen 1997, S. 307–364

Wettlaufer, Jörg: Das Herrenrecht der ersten Nacht. Hochzeit, Herrschaft und Heiratszins im Mittelalter und in der frühen Neuzeit.
Frankfurt/Main 1999

Vom Totalitären des Glaubens

Buschbell, Christina: Die Inquisition im Hochmittelalter. Wurzeln,
Bedeutung, Missbräuche. Hamburg 2010

Kras, Pawel: The System of the Inquisition in Medieval Europe.
Berlin 2020

Lambert, Malcolm: Ketzerei im Mittelalter. Eine Geschichte von
Gewalt und Scheitern. Freiburg 1991

Lea, Henry Charles: Geschichte der Inquisition im Mittelalter, 3 Bände.
Nördlingen 1987

Oberste, Jörg: Ketzerei und Inquisition im Mittelalter. Darmstadt 2012

Schwerhoff, Gerd: Die Inquisition, München 2019[4]

Segl, Peter (Hrsg.): Die Anfänge der Inquisition im Mittelalter.
Köln 1993

Haudrauf, Haudegen, Hallodri

Asbridge, Thomas: Richard I. The Crusader King. London 2018

Berg, Dieter: Richard Löwenherz. Darmstadt 2007

Fischer, Robert-Tarek: Richard Löwenherz, 1157–1199. Mythos und
Realität. Köln 2006

Kessler, Ulrike: Richard I. Löwenherz. König, Kreuzritter, Abenteurer.
Graz 1995

Krohn, Rüdiger: »›Rîchardes lob gemêret wart mit hôher werdekeit‹.
Der Löwenherz-Mythos in Mittelalter und Neuzeit«, in: Müller,
Ulrich/Wunderlich, Werner (Hrsg.): Herrscher, Helden, Heilige
(= Mittelalter-Mythen, 1), Sankt Gallen 1996, S. 133–153

Markowski, M.: »Richard Lionheart. Bad King, bad Crusader?«
Journal of Medieval History 23 (1997), S. 351–365

Schubert, Alexander: Richard Löwenherz. König – Ritter – Gefangener. Regensburg 2017

Von Geheimwissen und Gier

Barber, Malcolm: The Trial of the Templars. Cambridge 2006[2]
Burgtorf, Jochen/Crawfor, Paul F./Nicholson, Helen J. (Hrsg.): The Debate on the Trial of the Templars (1307–1314). Farnham 2010
Burgtorf, Jochen/Lotan, Shlomo/Mallorquí-Ruscalleda, Enric (Hrsg.): The Templars. The Rise, Fall and Legacy of a Military Religious Order. Milton 2021
Demurger, Alain: Der letzte Templer. Leben und Sterben des Großmeisters Jacques de Molay. München 2004
Elm, Kaspar: »Der Templerprozeß (1307–1312)«, in: Alexander Demandt (Hrsg.): Macht und Recht. Große Prozesse in der Geschichte. München 1990, S. 81–101
Jones, Dan: Die Templer. Aufstieg und Untergang von Gottes heiligen Kriegern. München 2019
Sarnowsky, Jürgen: Die Templer. München 2017

Verrat oder Verleumdung

Čuvalo, Ante: Historical Dictionary of Bosnia and Herzegovina (= European Historical Dictionaries, 25), Lanham 1997
Hoare, Marko Attila: The History of Bosnia. From the Middle Ages to the Present Day. London 2007
Hösch, Edgar: Geschichte der Balkanländer. Von der Frühzeit bis zur Gegenwart. München 2002[4]
Malcolm, Noel: Geschichte Bosniens. Frankfurt/Main 1996
Pinson, Mark (Hrsg.): The Muslims of Bosnia-Herzegovina. Their Historic Development from the Middle Ages to the Dissolution of Yugoslavia (= Harvard Middle Eastern Monographs, 28). Cambridge/Mass 1996[2]

Das Vorbild aller Vampire

Bohn, Thomas u.a. (Hrsg.): Vlad der Pfähler – Dracula. Tyrann oder
   Volkstribun? Wiesbaden 2017
Cazacu, Matei: Dracula (= East Central and Eastern Europe in the
   Middle Ages, 450–1450, 46). Leiden 2017
Haumann, Heiko: Dracula. Leben und Legende. München 2011
Märtin, Ralf-Peter: Dracula. Das Leben des Fürsten Vlad Tepes.
   Frankfurt/Main 2016
Miller, Elizabeth (Hrsg.): Bram Stoker's Dracula: A Documentary
   Volume (= Dictionary of Literary Biography, 304). Detroit 2005
Murray, Paul: From the Shadow of Dracula. A Life of Bram Stoker.
   London 2004

Vom undankbaren Enkel schlechtgeredet

Clark, Christopher: Preußen. Aufstieg und Niedergang 1600–1947.
   Stuttgart 2007³
Göse, Frank: Friedrich I. (1657–1713). Ein König in Preußen.
   Regensburg 2012
Gutberlet, Bernd Ingmar: Friedrich der Große. Eine Reise zu den
   Orten seines Lebens. Darmstadt 2011
Kunisch, Johannes: Dreihundert Jahre Preußische Königskrönung.
   Eine Tagungsdokumentation (= Forschungen zur Brandenburgi-
   schen und Preußischen Geschichte N. F., Beih. 6). Berlin 2002
Neumann, Hans-Joachim: Friedrich I. Der erste König der Preußen.
   Berlin 2001

Der Marquis und die Jesuiten

Bernecker, Walther L./Herbers, Klaus: Geschichte Portugals.
   Stuttgart 2013
Cubitt, Geoffrey: »Conspiracism, Secrecy and Security in Restoration
   France. Denouncing the Jesuit Menace«, Historical Social Research
   38,1 (2013), S. 107–128

Fischer, Heinz-Joachim: Der heilige Kampf. Geschichte und Gegenwart der Jesuiten. München 1987

Hanke, René:»Pombal und die Jesuiten«, in: Reinalter, Helmut/ Klueting, Harm (Hrsg.): Der aufgeklärte Absolutismus im europäischen Vergleich. Wien 2002, S. 129–155

Oliveira Marques, António Henrique R. de: Geschichte Portugals und des portugiesischen Weltreichs. Stuttgart 2001

Schöne Fassaden für die geliebte Zarin

Adamczyk, Theresia:»Die Reise Katharinas II. nach Südrussland im Jahre 1787«, Jahrbücher für Kultur und Geschichte der Slaven N. F. 6 (1930), S. 25–53

Donnert, Erich: Das russische Zarenreich. Aufstieg und Untergang einer Weltmacht. München 1992, S. 202ff.

Montefiore, Simon Sebag: Katharina die Große und Fürst Potemkin. Eine kaiserliche Affäre. Frankfurt/Main 2009

Solovytchik, George: Potemkin. Soldat, Staatsmann, Liebhaber und Gemahl der Kaiserin Katharina der Großen. Stuttgart 1953

Zernack, Klaus (Hrsg.): Handbuch der Geschichte Russlands, Bd. 2: Vom Randstaat zur Hegemonialmacht. Stuttgart 2001

Das schlechtgeredete Geschlecht

Aurell, M. (Hrsg.): Aliénor d'Aquitaine. Nantes 2004

Bedford, Sarah: Lucrezia Borgia. Life, Love and Death in Renaissance Italy. London 2004

Simone Bertière: Marie-Antoinette l'insoumise. Paris 2002

Bradford, Ernle: Cleopatra. London 2000

Corbier, Mireille:»The Women of the Domus Augusta«, in: Okon, Danuta/Briks, Piotr (Hrsg.): Elites in the Ancient World. Szeczin 2015, S. 91–106

D'Ambra, Eve: Roman Women. Cambridge 2007

Fagan, Garrett G.:»Messalina's Folly«, Classical Quarterly 52 (2002), S. 566–579

Flori, Jean: Aliénor d'Aquitaine. La Reine Insoumise. Paris 2004

Geiger, Ruth-Esther: Marilyn Monroe. Reinbek 2006

Ginsburg, Judith: Constructions of Female Power in the early Roman Empire. Oxford 2006

Hardman, John: Marie-Antoinette. New Haven 2019

Hausmann, Friederike: Lucrezia Borgia. Glanz und Gewalt. München 2019

Hellmann, Johanna: Marie Antoinette in Versailles. Politik, Patronage und Projektionen. Münster 2020

Leaming, Barbara: Marilyn Monroe. Die Biographie jenseits des Mythos. München 1999

Mailer, Norman : Marilyn Monroe. Eine Biographie. München und Zürich 1993

Minella, A.-G.: Aliénor d'Aquitaine. Paris 2004

Neumann, Florian: Die Wahrheit über Lucrezia Borgia. Ditzingen 2019

Pernoud, Régine: Königin der Troubadoure. Eleonore von Aquitanien. München 1979

Schäfer, Christoph: Kleopatra (= Gestalten der Antike). Darmstadt 2019

Smith, Matthew: Warum musste Marilyn Monroe sterben? Frankfurt/Main 2003

Summers, Anthony: Marilyn Monroe. Die Wahrheit über ihr Leben und Sterben, Düsseldorf 1992

Temporini-Gräfin Vitzthum, Hildegard (Hrsg.): Die Kaiserinnen Roms. Von Livia bis Theodora. München 2002

Turner, Ralph V.: Eleonore von Aquitanien. Königin des Mittelalters. München 2012

Uhl, Alois: Lucrezia Borgia. Biographie. Düsseldorf 2008

Vincent Cronin: Ludwig XVI. und Marie-Antoinette. Eine Biographie. Hildesheim 1993

Vones-Liebenstein, Ursula: Eleonore von Aquitanien. Herrscherin zwischen zwei Reichen. Göttingen 2000

Walker, Susan/Higgs, Peter (Hrsg.): Kleopatra of Egypt: From history to Myth. London 2001

Ungeliebt und kühl verabschiedet?

Burgdorf, Wolfgang: Ein Weltbild verliert seine Welt. Der Untergang des Alten Reiches und die Generation von 1806 (= Bibliothek Altes Reich, 2). München 2006

Gutberlet, Bernd Ingmar: Die 33 wichtigsten Ereignisse der deutschen Geschichte. Bergisch Gladbach 2008

Hufeld, Ulrich (Hrsg.): Der Reichsdeputationshauptschluss von 1803. Eine Dokumentation zum Untergang des Alten Reiches. Köln 2003

Schmidt, Georg: Die Geschichte des Alten Reiches. Staat und Nation in der Frühen Neuzeit, 1495–1806. München 1999

Wüst, Wolfgang: »Ende statt Anfang? Der 6. August 1806«, in: Conze, Eckart/Nicklas, Thomas (Hrsg.): Tage deutscher Geschichte. Von der Reformation bis zur Wiedervereinigung. München 2004, S. 73–98

Tropischer Samen, imperialistische Fänge

Coates, Austin: The Commerce in Rubber: The First 250 years. Singapore 1987

Collier, Richard: The River that God forgot. The Story of the Amazon Rubber Boom. New York 1968

Dean, Warren: Brazil and the Struggle for Rubber. A Study in Environmental History. Cambridge 1987

Desmond, Ray: Kew. The History of the Royal Botanic Gardens. London 1995

Jackson, Joe: The Thief at the End of the World. Rubber, Power, and the Seeds of Empire. New York 2008

Lane, Ann: »The Pacific as rhizome: The case of Sir Henry Alexander Wickham, planter, and his transnational plants«, in: Deacon, Desley/Russell, Penny/Woollacott, Angela (Hrsg.): Transnational Ties. Australian Lives in the World. Acton 2008, S. 183–195

Märchenhafte Bauwut

Bonk, Sigmund/Peter Schmid (Hrsg.): Königreich Bayern. Facetten bayerischer Geschichte, 1806–1919. Regensburg 2005

Botzenhart, Christof: »Ein Schattenkönig ohne Macht will ich nicht sein«. Die Regierungstätigkeit König Ludwigs II. von Bayern. München 2004

Hacker, Rupert: »König Ludwig II., der Kaiserbrief und die ›Bismarck'schen Gelder‹«, Zeitschrift für Bayerische Landesgeschichte 65 (2002), S. 911–990

Häfner, Heinz: Ein König wird beseitigt. Ludwig II. von Bayern. München 2008

Hilmes, Oliver: Ludwig II. Der unzeitgemäße König. München 2013

Merta, Franz: »›Gottes Licht auf Erden zu verkünden‹. Das Herrscherethos Ludwigs II. von Bayern und die Entstehung des König-Ludwig-Kults«, Zeitschrift für Bayerische Landesgeschichte 56 (1993), S. 725–768

Schuldzuweisungen unter Diktatoren

Kadell, Franz: Katyn. Das zweifache Trauma der Polen. München 2011

Sanford, George: Katyn and the Soviet Massacre of 1940. Truth, Justice and Memory. London 2005

Urban, Thomas: Katyn 1940. Geschichte eines Verbrechens. München 2015

Weber, Claudia: Krieg der Täter. Die Massenerschießungen von Katyn. Hamburg 2015

Zaslawsky, Victor: Klassensäuberung. Das Massaker von Katyn. Berlin 2007

Von Hinfälligkeit und Weichenstellung

Dülffer, Jost: Jalta, 4. Februar 1945. Der Zweite Weltkrieg und die Entstehung der bipolaren Welt. München 1998

Harbutt, Fraser J.: Yalta 1945. Europe and America at the Crossroads. Cambridge 2010

Plokhy, Serhii M.: Yalta. The price of Peace. New York 2010

Weinberg, Gerhard L.: Visions of Victory. The Hopes of Eight World War II Leaders. New York 2005

Westad, Odd Arne: Der Kalte Krieg. Eine Weltgeschichte. Stuttgart
    2019

Staatsstreich im Kreuzfeuer

Eckel, Jan: »Salvador Allende und die weltpolitischen Konflikte der
    siebziger Jahre«, in: Später, Jörg/Zimmer, Thomas (Hrsg.): Lebens-
    läufe im 20. Jahrhundert. Göttingen 2019, S. 287–305
García, Fernando Diego/Sola, Oscar (Hrsg.): Salvador Allende. Das
    Ende einer Ära. Berlin 1998
Rector, John L.: The History of Chile. Westport 2003
Tobler, Hans Werner/Bernecker, Walther L. (Hrsg.): Lateinamerika im
    20. Jahrhundert (= Handbuch der Geschichte Lateinamerikas, 3).
    Stuttgart 1996
Wessel, Günther: Die Allendes. Mit brennender Geduld für eine
    bessere Welt. Frankfurt/Main 2002

In heikler Mission

Axt, Heinz-Jürgen: »Hat Genscher Jugoslawien entzweit? Mythen
    und Fakten zur Außenpolitik des vereinten Deutschlands«,
    Europa-Archiv 12 (1993), S. 351–360
Conversi, Daniele: German-Bashing and the Breakup of Yugoslavia
    (= The Donald W. Treadgold Papers, 16). Seattle 1998
Eisermann, Daniel: Der lange Weg nach Dayton. Die westliche
    Politik und der Krieg im ehemaligen Jugoslawien 1991–1995.
    Baden-Baden 2000
Giersch, Carsten: Konfliktregulierung in Jugoslawien 1991–1995.
    Die Rolle von OSZE, EU, UNO und NATO. Baden-Baden 1998
Gow, James: Triumph of the Lack of Will. International Diplomacy
    and the Yugoslav War. London 1997
Maull, Hanns W./Stahl, Bernhard: »Durch den Balkan nach Europa?
    Deutschland und Frankreich in den Jugoslawienkriegen«, Politi-
    sche Vierteljahresschrift 43 (2002), S. 82–111
Witte, Eric A.: Die Rolle der Vereinigten Staaten im Jugoslawien-

Konflikt und der außenpolitische Handlungsspielraum der
Bundesrepublik Deutschland (1990–1996), (= Mitteilungen des
Osteuropa-Instituts München, 32). München 2000

Der erschlichene Kirchenstaat

Fried, Johannes:»Die Konstantinische Schenkung«, in: Fried, Johan-
nes/Rader, Olaf B. (Hrsg.): Die Welt des Mittelalters. Erinnerungs-
orte eines Jahrtausends. München 2011, S. 295–311

Fried, Johannes: Donation of Constantine and Constitutum Constantini. The Misinterpretation of a Fiction and its Original Meaning
(= Millennium-Studien, 3). Berlin 2007

Fuhrmann, Horst:»Konstantinische Schenkung und abendländisches
Kaisertum«, Deutsches Archiv zur Erforschung des Mittelalters 22
(1966), S. 63–178

Gericke, W.:»Wann entstand die Konstantinische Schenkung?«,
Zeitschrift für Rechtsgeschichte, Kanon. Abt. 43 (1957), S. 1–88

Monumenta Germaniae Historica (Hrsg.): Fälschungen im Mittelalter
(= Schriften der MGH, 33). Hannover 1988

Müller, Daniel E. D.:»›Magna Charta of all Claims of the Papacy‹?
The Impact of the Constitutum Constantini on the Argument in
Favour of the Papal Primacy«, Römische Quartalschrift für Christ-
liche Altertumskunde und Kirchengeschichte 114 (2019), S. 80–116

Stammbaum-Lyrik fürs Ahnenrenommee

Angenendt, Arnold:»Der eine Adam und die vielen Stammväter. Idee
und Wirklichkeit der Origo gentis im Mittelalter«, in: Wunderli,
Peter (Hrsg.): Herkunft und Ursprung. Historische und mythische
Formen der Legitimation. Sigmaringen 1994, S. 27–52

Borgolte, Michael:»Europas Geschichten und Troia. Der Mythos im
Mittelalter«, Troia. Traum und Wirklichkeit (Ausst.-Kat.). Stuttgart
2001, S. 190–203

Brückle, Wolfgang:»Noblesse oblige. Trojasage und legitime
Herrschaft in der französischen Staatstheorie des späten Mittel-

alters«, in: Heck, Kilian/Jahn, Bernhard (Hrsg.): Genealogie als Denkform in Mittelalter und Früher Neuzeit. Tübingen 2000, S. 39–65

Graus, František: »Troja und trojanische Herkunftssage im Mittelalter«, in: Erzgräber, Willi (Hrsg.): Kontinuität und Transformation der Antike im Mittelalter. Sigmaringen 1989, S. 25–44

Holladay, Joan A.: Genealogy and the Politics of Representation in the High and Late Middle Ages. Cambridge 2019

Melville, Gert/Rehberg, Karl-Siegbert (Hrsg.): Gründungsmythen, Genealogien, Memorialzeichen. Beiträge zur institutionellen Konstruktion von Kontinuität. Köln 2004

Wolf, Kordula: Troja – Metamorphosen eines Mythos. Französische, englische und italienische Überlieferungen des 12. Jahrhunderts im Vergleich. Berlin 2009

Die harte Währung heiliger Knochen

Angenendt, Arnold: Die Gegenwart von Heiligen und Reliquien. Münster 2010

Dinzelbacher, Peter/Bauer, Dieter R. (Hrsg.): Heiligenverehrung in Geschichte und Gegenwart. Ostfildern 1990

Ehlers, Joachim: »Politik und Heiligenverehrung in Frankreich«, in: Petersohn, Jürgen (Hrsg.): Politik und Heiligenverehrung im Hochmittelalter, Sigmaringen 1994, S. 149–175

Gemeinhardt, Peter: Antonius – der erste Mönch. Leben, Lehre, Legende. München 2013

Hägg, Tomas: »Fiction and Fact in the Life of St. Antony«, in: Roilos, Panagiotes (Hrsg.): Medieval Greek Storytelling. Fictionality and Narrative in Byzantium. Wiesbaden 2014, S. 31–40

Mayr, Markus: Geld, Macht und Reliquien. Wirtschaftliche Auswirkungen des Reliquienkultes im Mittelalter (= Geschichte und Ökonomie, 6). Innsbruck 2000

Mischlewski, Adalbert: »Die Antoniusreliquien in Arles – eine noch heute wirksame Fälschung des 15. Jahrhunderts«, Fälschungen im

Mittelalter (= Schriften der MGH, 33), Bd. 5, Hannover 1988,
S. 417–431

Sörries, Reiner: Was von Jesus übrig blieb. Die Geschichte seiner
Reliquien. Darmstadt 2012

Wipszycka, Ewa: »La Vita Antonii confrontée avec la réalité géogra-
phique«, in: Zanetti, Ugo/Lucchesi, Enzo (Hrsg.), Aegyptus
christiana. Mélanges d'Hagiographie égyptienne et orientale.
Genf 2004, S. 235–248

Erschwindelte Freiheit

Kleßmann, Eckart: Geschichte der Stadt Hamburg. Hamburg 2002

Reincke, Heinrich: »Hamburgs Aufstieg zur Reichsfreiheit«, Zeitschrift des Vereins für hamburgische Geschichte 67 (1961),
S. 16–34

Theuerkauf, Gerhard: »Urkundenfälschungen der Stadt und des
Domkapitels Hamburg in der Stauferzeit«, Fälschungen im
Mittelalter (= Schriften der MGH, 33), Bd. 3, Hannover 1988,
S. 397-431

Erzfälschung für den Ruhm

Griesser-Stermscheg, Martina et al.: Falsche Tatsachen. Das Privilegium Maius und seine Geschichte. Wien 2018

Just, Thomas/Sommerlechner, Andrea (Hrsg.): Privilegium maius.
Autopsie, Kontext und Karriere der Fälschungen Rudolfs IV. von
Österreich (= Veröff. des Instituts für Österreichische Geschichts-
forschung, 69). Wien 2018

Lhotsky, Alfons: Privilegium maius. Die Geschichte einer Urkunde.
München 1957

Niederstätter, Alois: Die Herrschaft Österreich. Fürst und Land im
Spätmittelalter (= Österreichische Geschichte, 4). Wien 2001

Herrscherliche Geschäfte mit Söldnern

Auerbach, Inge: Die Hessen in Amerika, 1776–1783. Darmstadt 1996

Gräf, Holger: Die »Hessians« im Amerikanischen Unabhängigkeits-
krieg (1776–1783), Neue Quellen, neue Medien, neue Forschungen. Marburg 2014
Ingras, Charles W.: The Hessian mercenary state. Cambridge/Mass.
1987
Kratzmann, Horst: Hessische Soldaten im Amerikanischen Unabhän-
gigkeitskrieg. Die Soldatenvermietungen des Hessischen Landgrafen Friedrich II. Groß-Gerau 2013
Wir Wilhelm von Gottes Gnaden. Die Lebenserinnerungen Kurfürst
Wilhelms I. von Hessen 1743–1821. Frankfurt/Main 1996

Das Kriegskalkül des Diktators

Chlewnjuk, Oleg: Stalin. Eine Biographie. München 2015
Creuzberger, Stefan: Stalin. Machtpolitiker und Ideologe. Stuttgart
2009
Hildermeier, Manfred: Die Sowjetunion 1917–1991. Entstehung und
Niedergang des ersten sozialistischen Staates. München 2016[3]
Kellmann, Klaus: Stalin. Eine Biographie. Darmstadt 2005
Slutsch, Sergej: »Stalin und Hitler 1933–1941: Kalküle und Fehlkalku-
lationen des Kreml«, in: Zarusky, Jürgen (Hrsg.): Stalin und die
Deutschen. Neue Beiträge der Forschung. München 2006, S. 59–88
Slutsch, Sergej: »Stalins ›Kriegsszenario 1939‹: Eine Rede, die es nie
gab. Die Geschichte einer Fälschung«, Vierteljahreshefte für
Zeitgeschichte 52 (2004), S. 597–635
Weber, Claudia: Stalin, Hitler und die Geschichte einer mörderischen
Allianz 1939–1941. München 2019

Ein Medienskandal erster Güte

Buchwald, Manfred: »Die Sensation als Droge. Die ›Hitler-Tage-
bücher‹«, in: Hafner, Georg M. Hafner/Jacoby, Edmund (Hrsg.):
Die Skandale der Republik. Hamburg 1990, S. 227–231
Koch, Peter-Ferdinand: Der Fund. Die Skandale des »Stern«, Gerd
Heidemann und die Hitler-Tagebücher. Hamburg 1990

Picker, Günther: Der Fall Kujau. Chronik eines Fälschungsskandals. Berlin 1992.

Seufert, Michael: Der Skandal um die Hitler-Tagebücher. Frankfurt/ Main 2011

Fälschen statt Zahlungsunfähigkeit

Großbölting, Thomas (Hrsg.), Friedensland, Leseland, Sportnation? DDR-Legenden auf dem Prüfstand. Berlin 2009, S. 22–49

Grosser, Dieter: Das Wagnis der Währungs-, Wirtschafts- und Sozialunion. Politische Zwänge im Konflikt mit ökonomischen Regeln (= Geschichte der deutschen Einheit, 2). Stuttgart 1998

Jenkis, Helmut: »Die Einheit von Wirtschafts- und Sozialpolitik – das Scheitern von Erich Honecker«, in: Timmermann, Heiner (Hrsg.): Die DDR – Erinnerung an einen untergegangenen Staat (= Dokumente und Schriften der Europäischen Akademie Otzenhausen, 88), Berlin 1999, S. 63–88

Karlsch, Rainer: »›Weltniveau‹. Spitzenleistungen in Technik und Produktion?«,

Schwarzer, Oskar: Sozialistische Zentralplanwirtschaft in der SBZ, DDR. Ergebnisse eines ordnungspolitischen Experiments (1945– 1989) (= Vierteljahrschrift für Sozial- und Wirtschaftsgeschichte, Beih. 143). Stuttgart 1999

Sleifer, Jaap: Planning Ahead and Falling Behind. The East German Economy in Comparison with West Germany 1936–2002 (= Jahrbuch für Wirtschaftsgeschichte, Beih. 8). Berlin 2006

Steiner, André: Von Plan zu Plan. Eine Wirtschaftsgeschichte der DDR. Berlin 2007

Eine Revolution wird gekapert

Georgescu, Vlad: The Romanians. A History. Columbus 1991

Kunze, Thomas: Nicolae Ceaușescu – Eine Biographie. Berlin 2009

Oschlies, Wolf: Ceausescus Schatten verschwindet. Politische Geschichte Rumäniens 1988–1998. Köln 1998

Rau, Milo (Hrsg.): Die letzten Tage der Ceausescus. Dokumente, Materialien, Theorie. Berlin 2010

Ein Geheimbund mit Absichten

Bieberstein, Johannes Rogalla von: Die These von der Verschwörung 1776–1945. Philosophen, Freimaurer, Liberale und Sozialisten als Verschwörer gegen die Sozialordnung. Frankfurt/Main 1976

Binder, Dieter A.: Die diskrete Gesellschaft. Geschichte und Symbolik der Freimaurer. Graz 1988

Dickie, John: Die Freimaurer. Der mächtigste Geheimbund der Welt. Frankfurt/Main 2020

Giese, Alexander: Die Freimaurer. Eine Einführung. Wien 2021

Hoffmann, Stefan-Ludwig: Die Politik der Geselligkeit. Freimaurerlogen in der deutschen Bürgergesellschaft 1840–1918. Göttingen 2000

Reinalter, Helmut: Die Geschichte der Freimaurerei in den europäischen Staaten (= Interdisziplinäre Forschungen, 35). Innsbruck 2020

Hinterrücks und hinterhältig

Evans, Richard J.: Das Dritte Reich und seine Verschwörungstheorien. München 2021

Grady, Tim: A Deadly Legacy. German Jews and the Great War. London 2017

Petzold, Joachim: Die Dolchstoßlegende. Eine Geschichtsfälschung im Dienst des deutschen Imperialismus und Militarismus. Berlin 1963

Ruge, Wolfgang: Hindenburg. Porträt eines Militaristen. Berlin 1977[3]

Vascik, George S./Sadler, Mark R.: The Stab-in-the-Back Myth and the Fall of the Weimar Republic. A History in Documents and Visual Sources. London 2016

Das stets wirksame Gift des Antisemitismus

Benz, Wolfgang: Antisemitismus. Präsenz und Tradition eines Ressentiments. Schwalbach 2015

Benz, Wolfgang: Die Protokolle der Weisen von Zion. Die Legende
von der jüdischen Weltverschwörung. München 2007

Bronner, Stephen Eric: Ein Gerücht über die Juden. Die »Protokolle
der Weisen von Zion« und der alltägliche Antisemitismus. Berlin
1999

Butter, Michael: »Nichts ist, wie es scheint«. Über Verschwörungstheorien, Frankfurt/Main 2018

Dotterweich, Volker: »Von der ›Brunnen-‹ zur ›Rassenvergiftung‹.
Transformation und Trivialisierung einer antijüdischen Legende
– zum Beispiel A. Dinter und H. St. Chamberlain«, in: Dotterweich, Volker (Hrsg.): Mythen und Legenden in der Geschichte.
München 2004, S. 203–242

Erb, Rainer: Die Legende vom Ritualmord. Zur Geschichte der
Blutbeschuldigung gegen Juden. Berlin 1993

Heil, Johannes: »Gottesfeinde« – »Menschenfeinde«. Die Vorstellung
von jüdischer Weltverschwörung (13. bis 16. Jahrhundert). Essen
2006

Horn, Eva/Hagemeister, Michael (Hrsg.): Die Fiktion der jüdischen
Weltverschwörung. Zu Text und Kontext der »Protokolle der
Weisen von Zion«. Göttingen 2012

Koenen, Gerd: »Mythen des 19., 20. und 21. Jahrhunderts«, in:
Heilbronn, Christian/ Rabinovici, Doron/Sznaider, Natan (Hrsg.):
Neuer Antisemitismus? Fortsetzung einer globalen Debatte. Berlin
2019, S. 92–127

Matussek, Carmen: Der Glaube an eine »jüdische Weltverschwörung«.
Die Rezeption der »Protokolle der Weisen von Zion« in der
arabischen Welt. Berlin 2012

Waibl-Stockner, Jasmin: »Die Juden sind unser Unglück«. Antisemitische Verschwörungstheorie und ihre Verankerung in Politik und
Gesellschaft. Wien 2009

Webman Esther (Hrsg.): The Global Impact of the Protocols of the
Elders of Zion: A Century-Old Myth. London 2011

Zeitenwende mit Erklärungsbedarf

Dunbar, David/Reagan, Brad: Debunking 9/11 Myths. Why Conspiracy Theories can't Stand Up to the Facts. New York 2006

Jaecker, Tobias:»Von ›Petronazis‹ und der ›Kosher Nostra‹ Verschwörungstheorien zum 11. September«, in: Jäger, Thomas (Hrsg.): Die Welt nach 9/11. Auswirkungen des Terrorismus auf Staatenwelt und Gesellschaft. Wiesbaden 2011, S. 927–945

Jaecker, Tobias: Antisemitische Verschwörungstheorien nach dem 11. September. Neue Varianten eines alten Deutungsmusters. Münster 2005

Knight, Peter:»Outrageous Conspiracy Theories: Popular and Official Responses to 9/11 in Germany and the United States«, New German Critique 35,1 (2008), S. 165–193

Olmsted, Kathryn S.: Real Enemies. Conspiracy Theories and American Democracy, World War I to 9/11. Oxford 2009

Poppe, Sandra/Schüller, Thorsten/Seiler, Sascha (Hrsg.): 9/11 als kulturelle Zäsur. Repräsentationen des 11. September 2001 in kulturellen Diskursen, Literatur und visuellen Medien. Bielefeld 2009

Theveßen, Elmar: Nine Eleven. Der Tag, der die Welt veränderte. Berlin 2011

Einzeltäterthese gegen Verschwörungsglaube

Gagné, Michel Jacques: Thinking Critically about the Kennedy Assassination. Debunking the Myths and Conspiracy Theories. New York 2022

George, Alice L.: The Assassination of John F. Kennedy. Political Trauma and American Memory. New York 2012.

Horn, Eva: Der geheime Krieg. Verrat, Spionage und moderne Fiktion. Frankfurt/Main 2007

Kaiser, David: The Road to Dallas. The Assassination of John F. Kennedy. Cambridge 2008

Knight, Peter: The Kennedy Assassination. Edinburgh 2007

Posner, Gerald: Case Closed: Lee Harvey Oswald and the Assassination of President Kennedy. New York 1993

Rinella, Michael A. (Hrsg.): Reporting on the Kennedy Assassination. Lawrence 2017

Hollywood auf dem Mond

Chaikin, Andrew: Man on the Moon. New York 1994

Eversberg, Thomas: Hollywood im Weltall – Waren wir wirklich auf dem Mond? Heidelberg 2012

Grinstead, Daniel: Die Reise zum Mond. Zur Faszinationsgeschichte eines medienkulturellen Phänomens zwischen Realität und Fiktion. Berlin 2009

Kresken, Rainer/Dambeck, Thorsten: »Das Apollo-Komplott«, Bild der Wissenschaft 9 (2007), S. 94–97

Percy, David/Bennett, Mary: Dark Moon. Kempton 2001

Blutiges Herbstende

Aust, Stefan: Der Baader-Meinhof-Komplex. Hamburg 1997

Diewald-Kerkmann: Gisela: »Die Rote Armee Fraktion im Originalton. Die Tonbandmitschnitte vom Stuttgarter Stammheim-Prozess«, Zeithistorische Forschungen 5,2 (2008), S. 299–312

Peters, Butz: Tödlicher Irrtum. Die Geschichte der RAF. Frankfurt/Main 2007

Terhoeven, Petra: Die Rote Armee Fraktion. Eine Geschichte terroristischer Gewalt. München 2017

Winkler, Willi: Die Geschichte der RAF. Reinbek 2008

Der Autor

BERND INGMAR GUTBERLET, geb. 1966, ist Historiker. Er studierte in Berlin und Budapest und arbeitet heute als Publizist in Berlin. In vielen Büchern vermittelt er zwischen Wissenschaft und »interessierten Laien«, weil er findet, dass fundierte Recherche und komplexe Zusammenhänge nicht auf Kosten der Verständlichkeit und des Lesevergnügens gehen müssen. Zuletzt veröffentlichte er »Heimsuchung. Seuchen und Pandemien: Vom Schrecken zum Fortschritt«. Neben seiner publizistischen Tätigkeit macht Gutberlet außerdem als Stadtführer in Berlin Geschichte zugänglich – so mit seiner Berlin Pandemie-Tour.

www.berlinfirsthand.de

© 2022 Europa Verlag in der Europa Verlage GmbH, München
Umschlaggestaltung:
Hauptmann & Kompanie Werbeagentur, Zürich,
unter Verwendung eines Motivs von © Meytens / Bridgeman Images
Redaktion: Franz Leipold
Layout & Satz: Robert Gigler, München
Gesetzt aus der Minion Pro
Druck und Bindung: Pustet, Regensburg
ISBN 978-3-95890-498-9

www.europa-verlag.com